普通高等教育“十三五”规划教材

高级财务会计

姚　瑶　王运启　王丽娟　主　编

李雪梅　周于岚　徐谈春雯　副主编

上海财经大学出版社

图书在版编目(CIP)数据

高级财务会计/姚瑶,王运启,王丽娟主编. —上海:上海财经大学出版社,2020.8
(普通高等教育“十三五”规划教材)
ISBN 978-7-5642-3606-9/F・3606

Ⅰ.①高… Ⅱ.①姚…②王…③王… Ⅲ.①财务会计-高等学校-教材 Ⅳ.①F234.4

中国版本图书馆 CIP 数据核字(2020)第 144324 号

□ 责任编辑 杨 闯
□ 封面设计 贺加贝

高级财务会计

姚 瑶 王运启 王丽娟 主 编
李雪梅 周于岚 徐谈春雯 副主编

上海财经大学出版社出版发行
(上海市中山北一路 369 号 邮编 200083)
网 址:http://www.sufep.com
电子邮箱:webmaster@sufep.com
全国新华书店经销
上海新文印刷厂有限公司印刷装订
2020 年 8 月第 1 版 2024 年 8 月第 4 次印刷

787mm×1092mm 1/16 16.75 印张 408 千字
印数:6 001—7 000 定价:49.80 元

前言

随着社会经济快速发展，企业需要面对合并、跨国贸易等特殊业务事项，针对这些特殊业务，原有的财务会计处理方法已难以适应，因此，高级财务会计在原有的财务会计基础上应运而生。近几年，会计准则变化较大，对会计人员技能要求也越来越高，为此编者以培养应用型会计人才为目标，结合最新会计准则编写了本教材。本教材具有以下特色：

一、严格依据最新政策，内容与时俱进

自2018年以来，财政部陆续修订颁布一些新的会计准则和会计准则解释，包括《企业会计准则第7号——非货币性资产交换》《企业会计准则第12号——债务重组》《企业会计准则第21号——租赁》等。在本教材编写过程中，编者严格按照最新会计准则和最新税法政策进行写作。

二、理论与实践相结合，注重学做合一

本教材主要面向高等院校应用型会计人才，借鉴了财政部发布的应用指南以及国内外最新的教材，融合了当前最新的相关理论知识。每章开篇通过“导读案例”，激发学生思考；通过“学习目标”，让学生明确学习的重难点。在阐述每章内容时，都有大量“例题讲解”模块，使得学生能够全面系统掌握所学知识。每章结尾通过“本章习题”，帮助学生自我测试学习效果。教材编排具有严密的知识结构体系，注重学生分析问题和实际操作能力的培养，让学生做到理实合一、学做合一。

三、范围适当合理，内容循序渐进

高级财务会计与中级财务会计没有统一的划分界限，中级财务会计主要研究企业一般经济业务事项的会计核算，而高级财务会计主要研究较为特殊业务的会计核算。全书共十二章，主要内容包括外币折算会计，非货币性资产交换业务，或有事项业务，债务重组业务，借款费用业务，租赁会计业务，所得税会计业务，会计政策、会计估计变更和差错更正业务，资产负债表日后事项业务，企业合并，合并财务报表业务。内容范围合理，各章节顺序从易到难、循序渐进，便于学生对知识内容的学习与理解。

本教材由姚瑶、王运启、王丽娟担任主编，李雪梅、周于岚、徐谈春雯担任副主编。具体分工如下：姚瑶（第一、二、三、九、十章）；王运启（第十一、十二章）；李雪梅（第四、八章）；周于岚（第五、六章）；徐谈春雯（第七章）。

本教材在编写过程中得到了广西大学行健文理学院和上海财经大学出版社的大力帮助，属于广西大学行健文理学院2020年院级教育教学改革工程项目“翻转课堂模式下《高级财务会计》改革研究”（Y2020JGB07）阶段性研究成果。由于编者水平有限，加上会计准则不断变化，内容相对较为复杂，书中难免存在不足之处，恳请各位读者批评与指正。

编　者
2020年8月

目 录

第一章

总　论

导读案例

在某大学“高级财务会计”理论课上，学生们对高级财务会计理论进行着激烈的争论。一位来自外资企业的学生撰写的论文吸引了众人关注。现摘录其论文要点如下：

关于会计目标问题。会计目标是企业制定会计制度所依据的最基础的概念，主要解决会计信息向哪些方面提供和起什么作用的问题。我国《企业会计准则——基本准则》第四条规定，企业应当编制财务会计报告。财务会计报告的目标是向财务会计报告使用者提供与企业财务状况、经营成果和现金流量等有关的会计信息，反映企业管理层受托责任履行情况，有助于财务会计报告使用者做出经济决策。财务会计报告使用者包括投资者、债权人、政府及其有关部门和社会公众等。会计受制于会计环境，在特殊情况下高级财务会计目标应有别于一般会计环境中的目标，这并不仅仅是出于“稳健”态度的考虑。

关于会计假设问题。会计假设被会计界认为是自我证明的会计环境命题，在会计理论中通常被认为是会计原则赖以存在的基本假定前提条件。按照词典中的解释，“前提”是指在推理上可以推出另一个判断的判断，是事物发生或发展的先决条件。按照我国著名会计学家葛家澍教授的观点，会计前提是建立会计信息系统所依据的前提条件。多少年来，会计假设与会计环境基本一致，因而使得会计主体、持续经营、会计分期和货币计量成为传统会计理论的坚实根据。

关于会计概念问题。在会计理论中会计概念是指对会计要素所下的定义，其目的是解决会计要素的确认与计量和报告。在诸多会计概念中，收益是最为重要的一个，会计界常用净利润替代，被称为会计收益，以与经济学上的收益概念相区别，实际上涉及资本和收益的划分。人们认为只有在资本得以维护或回收以后，才应确认收益，因此采用什么样的资本概念直接影响收益的确认与计量。国际会计准则委员会在《关于编制和提供财务报表的框架》中认为，选择什么样的资本概念要以财务报表使用者的需要为基础。如果使用者主要关心名义上的投入资本或投入资本的购买力，采用的是资本的财务概念；如果关心的是企业营运能力，采用的是资本的实物概念；按照财务资本概念，在扣除本期的所有者分配和所有者出资后，期末净资产的财务（或货币）金额，才算赚得利润，会计界称之为财务资本保全。按照实物资本概念，在扣除本期的所有者分配和所有者出资后，企业的期末实物生产能力（或营运能力）必须大于期初实物生产能力（或营运能力），才算赚得利润……

请思考：

1. 高级财务会计与中级财务会计目标是否有所不同？
2. 为什么会计基本假设的松动会导致高级财务会计的产生和发展？
3. 高级财务会计应包括哪些内容？

学习目标

1. 了解高级财务会计的产生和发展。
2. 掌握高级财务会计的含义和特征。
3. 明确高级财务会计核算的范围。

第一节　高级财务会计的产生和发展

一、高级财务会计的产生

在多个版本的教材中，高级财务会计有许多不同的称谓，诸如高级会计学、高等会计学、企业特殊业务会计、特殊行业会计等。在教材中，大多没有对其进行明确和严格的定义。那么，高级财务会计包含哪些内容，它是何时产生的，何时被纳入现今会计课程的教材体系的呢？

如同会计学领域许多其他名词以及课程的开设一样，高级财务会计是从国外引入的。早期的高级财务会计教材，在内容、体例编排上，基本都遵照西方“Advanced Financial Accounting”的内容和结构来安排。国外涉及高级管理会计的教材有专门的“Advanced Management Accounting”（高级管理会计），因此，“Advanced Financial Accounting”就只讲述高级财务会计的内容，无论其内涵还是外延，都秉承了对外报告会计的核心思想。虽然国内有些教材的名称叫“高级会计学”，但教材包含的内容仍然归属财务会计体系。

大部分会计学原理教材中，达成共识的是，会计的产生及其每个阶段的发展都是经济发展的产物。高级财务会计也不例外，高级财务会计是客观经济环境发生变化引起会计假设松动后，人们对背离会计假设的特殊会计事项进行理论和方法研究的成果。

（一）企业规模的不断扩张

企业自由竞争促进企业规模不断扩大，公司间相互渗透形成了庞大的企业集团，母子公司成为一种普遍的社会现象。企业集团内部母公司与子公司、子公司和子公司之间同样存在广泛的业务往来。母公司所有者除了关心母公司本身的财务状况和经营成果以外，还关心整个企业集团的财务情况，进而导致合并报表的广泛应用，从而产生了一些重要思想，如经济实体的概念、合并商誉等。对于跨国性的集团公司，当所属国外子公司财务报表中使用的货币种类与母公司不同时，则需首先进行外币报表折算，然后再编制合并报表。

(二)通货膨胀的普遍加剧

1973 年发生的第一次石油危机,原油价格从每桶不到 3 美元涨到超过 13 美元;随后 1978 年发生的第二次石油危机,导致原油价格从 1979 年开始暴涨,从每桶 13 美元猛增到 1981 年的 34 美元。除此之外,初级产品、工资的上涨也导致了消费品价格猛涨。通货膨胀的存在和发展,必然严重地冲击财务会计的币值稳定假设,如果不采取一定的措施对物价变动影响进行剔除,必然影响会计信息质量和会计信息价值的实现。

(三)贸易投资自由化、跨国经营普遍化

从内部来说,竞争的加剧使得很多企业开始寻求将生产基地迁移到一些原材料和人工成本更低廉的国家和地区,以降低产品成本;从外部来说,随着 20 世纪 40 年代世界银行和国际货币基金组织相继成立,1961 年世界经济合作组织成立,都给当时的跨国经营、国际贸易带来更多的机会。经营形式的多元化、多角化和多样化,催生了企业合并、合并财务报表、外币交易与折算等新的会计事项与业务。

(四)企业并购破产潮流席卷全球

各国企业为了增强竞争实力,占有市场的更大份额,都在积极寻求合作伙伴,建立联盟,对资产进行重组合并。企业的兼并与合并、清算与破产,严重地冲击了会计主体假设与持续经营假设,企业的兼并与合并不仅需要进行相应的账务处理,也可能需要编制合并报表;企业的清算与破产,宣告原有的企业不复存在,这必然与企业持续经营假设相矛盾,如何进行清算破产会计的核算,也是会计领域的一个新问题。

(五)金融发展国际化

由于国际资本市场的快速发展,各种衍生金融工具应运而生,并得到快速发展。国际资金的流速加快、流量增多,期货交易、融资租赁等行业蓬勃发展,使各国家之间交易投资的规模扩大、频率增高,国际间的依赖性增大。国际金融市场的形成,各种衍生金融工具的创新,期货市场和租赁业务的发展,必然出现风险及逃避风险,远期汇率与即期汇率,租赁契约、残值担保等一系列特殊问题。

面对会计领域诸多的新问题,原有的财务会计框架难以容纳,必须在原有财务会计学的基础上,建立一门新的学科来解决这些会计领域的新问题,于是高级财务会计应运而生。

二、高级财务会计的发展

(一)萌芽期

现代会计从其一开始就孕育了高级财务会计的胚芽。西方国家工业革命和产业革命的成功,有力地推动了社会生产力的发展,于是出现了第一次企业兼并、合并的浪潮,企业的兼并、合并必然产生母、子公司,因而也就在会计上必然要编制合并报表,以完整地反映企业集团的财务状况与营运能力。

第一次世界大战后,美国的经济得到了快速发展,又产生了第二次企业兼并高潮,“把一部门的各个生产环节兼并在一个企业,各种工序相互结合,连续作业,形成一个统一运行的联合体”;第二次企业兼并浪潮使股份公司得到进一步的发展与完善,导致了合并报表的广泛使用,从而产生了一些重要思想,包括实体经济的概念,合并所产生的商誉问题,等等。在这一时期,西方主要工业国家出现了持续通货膨胀的局面,通货膨胀必然影响到财务信息的准确性,引起人们的关注,美国早期会计学家亨利·W. 斯威尼(Henry Whitcomb Sweeney)

在 1936 年就出版了《稳定币值会计》(*Stabilized Accounting*)一书，提出了对通货膨胀进行会计处理的方法，被会计界誉为英文文献中物价变动会计的首创模式，通货膨胀会计思想的出现，标志着高级财务会计进入了萌芽期。

(二)发展期

第二次世界大战之后，西方主要工业国家因战争而兴盛的军事工业逐步向民用工业转变，这就需要更新设备和扩大投资。而传统的信贷方式已无法满足由此产生旺盛的资金需求。在银行和企业的共同参与下，在 20 世纪 50 年代就产生了融资租赁业务，以解决各国资金不足的问题，融资租赁业务一出现就促使了租赁会计的产生。1953 年，美国会计程序委员会(Committee on Accounting Procedure，CAP)发表了《会计研究公告第 43 号》，提出融资租赁会计处理方法的若干意见。

20 世纪 60 年代末，世界经济出现了迅猛发展的局面，科学技术的突破，新兴工业部门如计算机、激光、宇航、核能、海洋开发、合成材料等新兴产业相继兴起，必然产生拥有巨额资金的强大垄断企业，因而出现了第三次企业兼并浪潮，"本次企业兼并是以混合兼并占主导地位，把互无关联的各类企业，通过兼并，凑合成一个混合体，这个混合体在一个企业主统一指挥、统一管理、统一经营下进行运转"。美国会计程序委员会(CAP)针对企业兼并浪潮，于 1959 年分别发表了会计研究公告第 51 号《合并财务报表》，对合并报表的编制提出了若干指导意见。

20 世纪 60 年代，西方国家发生了持续的通货膨胀，对会计信息的真实性和有用性产生了较大的冲击，会计理论界和实务界开始对此关注，并进行了研究，逐步形成了不同的学术观点和学术流派，如古典学派、新古典学派和激进学派等。这些不同的学派，构成了物价变动会计的雏形。针对物价变动对财务会计的影响，美国注册会计师协会(American Institute of Certified Public Accountants，AICPA)于 1963 年发表了其第 6 号会计研究论文集："呈报物价水准变动的财务影响"。美国会计原则委员会(Accounting Principle Board，APB)于 1960 年发表了第 3 号公告："重编一般物价水准变动的财务报表"，以指导会计处理物价变动对财务信息质量的影响。在这一时期，美国为了加强对企业所得税的征管，允许应税收益与会计收益有一定的区别，如何重新计算应税收益将直接影响企业交纳所得税的多少，影响企业的净收益，因此所得税会计也应运而生。

20 世纪 50—60 年代是高级财务会计发展时期，其主要内容已基本形成，并已具有一定的会计处理规则，在西方国家的高校已出现了高级财务会计教程，并进入了西方国家的大学课堂，但高级财务会计的内容尚不完善，有待于进一步发展。

(三)成熟期

进入 20 世纪 70 年代，出现了庞大的跨国集团公司。跨国集团公司的出现，必然引起会计计量单位的多元化，即外币和本位币的双重计量单位，于是就产生了大量的外币业务和汇兑业务。跨国集团公司编制合并报表还涉及外币折算问题等，这些都是传统财务会计无法解决的问题。为了指导处理这些新的会计事项，美国财务会计准则委员会(FASB)于 1973 年颁发了第 1 号财务会计准则公告《外币业务的揭示》，于 1975 年颁布了第 8 号财务会计准则公告《外币交易和外币财务报表换算的会计处理》。在这一时期，西方国家已健全了期货交易市场，尤其是金融期货交易和期权交易得到了较大的发展，大批的期货交易必然引起大量的期货交易的会计事项，为了指导这些期货交易事项的会计处理，美国财务会计准则委员会于1984年颁布了第80号财务会计准则公告《期货合同的会计处理》,形成了期货会计。

与此同时,西方国家通货膨胀逐步加剧,形成了许多物价变动会计理论与模式。国际会计准则委员会(IASC)于1977年颁布了第8号准则公告《会计对物价变动的反映》、1981年颁布了第15号准则公告《反映物价变动影响的资料》、1989年颁布了第29号准则公告《恶性通货膨胀经济中的财务报告》,形成了系统的一般物价水平会计的理论与方法。美国证券交易委员会(SEC)于1978年颁布第190号财务会计准则公告《会计文告集》,要求证券上市交易的各大公司必须编报现行重置成本报表,美国财务会计准则委员会要求各大公司不仅编报一般物价水平会计补充报表,而且还同时要求编制现行成本会计补充报表。

自20世纪80年代以来,西方发达国家掀起了第四次企业兼并、合并浪潮。国际上相互投资、母子公司的投资,为了逃避各种税收,利用各国的税法和有关法律进行内部价格转移和财产转移等,对原有的所得税会计处理形成了较大的冲击,美国财务会计准则委员会于1987年颁布了第96号财务会计准则公告《所得税会计》,尔后分别于1988年和1991年相继颁布了第100号和第109号财务会计准则公告《所得税会计——FASB第96号公告生效日期的推迟》。

自20世纪80年代以来,随着会计环境的变化,高级财务会计的基本内容、处理指导思想和方法基本形成,并得到了会计职业界的广泛认可与接受,这标志着高级财务会计学的成熟,它开始以一门独立于中级财务会计和管理会计之外的新学科形象出现在会计学科体系之中。

第二节 高级财务会计的基本理论

一、高级财务会计的含义

为适应和促进社会经济的不断发展,核算和监督在新的社会经济条件下出现的"特殊经济业务",向企业的投资者、债权人和政府有关主管部门提供更为真实有用的相关会计信息,就必然会促使一批会计学者和实际工作者去研究原有的财务会计理论和方法以及所应创建的新的会计理论和方法。这种研究、应用和修正原有的财务会计理论和方法以及创建新的会计理论和方法,用以核算和监督在新的社会经济条件下出现的"特殊经济业务",向外部与企业有利害关系者提供更为真实有用和相关经济信息的会计学科,我们称之为"高级财务会计"。

根据我国当前会计工作的实际情况,并考虑到今后的发展,我们将高级财务会计的概念定义为:高级财务会计是随着社会经济的发展,对原有的财务会计内容进行补充、延伸和拓展的一种会计,即利用财务会计的固有方法,对现有财务会计未包括的业务,或者需要深入进行论述的业务以及随着客观经济环境变化而产生的一些特殊业务进行核算和监督的会计。高级财务会计包括特殊业务会计和特殊行业会计两部分。特殊业务会计主要是针对一些特殊的、比较深奥的会计课题展开探讨,如合并财务报表、所得税会计、套期会计、资产减值会计等;特殊行业会计是指有着鲜明行业特点的企业、事业单位的会计问题,如房地产会计、石油天然气会计、原保险会计、再保险会计等。

二、高级财务会计的特征

高级财务会计是在初级、中级财务会计理论与方法的基础上，对企业出现的特殊交易或事项进行会计处理的理论与方法的总称，它具有如下特征：

（一）高级财务会计属于财务会计

财务会计是与管理会计相对应的一门学科，由基础会计学（或称初级财务会计）、中级财务会计和高级财务会计构成一个完整体系。基础会计学主要阐述会计确认、计量、记录和报告的一般原理，属于入门课程；中级财务会计着重阐述企业一般会计事项，如货币资金、应收款项、存货、流动负债及长期负债、投资、固定资产、损益、所有者权益等事项的会计处理，是财务会计一般理论与方法的运用；高级财务会计着重研究企业因各种原因所面临的特殊事项的会计处理。

与初级财务会计和中级财务会计相同，高级财务会计解决的问题仍然是经济事项的对外报告问题。也就是说，高级财务会计与中级财务会计的目标是一致的，都是向企业外部投资者、债权人以及其他与企业有利害关系的人提供有关企业财务状况、经营情况和经营成果的信息，以满足他们做出决策时对财务会计信息的需求。

因此，高级财务会计着重研究企业因各种原因所面临的特殊事项的会计处理，它与基础会计学、中级财务会计互为补充、相得益彰，共同构成了财务会计学的完整体系。

（二）高级财务会计研究对象具有特殊性

中级财务会计的对象是企业发生的一般事项，属于企业经营过程中的经常性事项，如收入、固定资产、存货、应收款项、应付款项等。高级财务会计的对象是特殊事项，侧重于对特殊会计业务进行论述，包括特殊行业会计问题等，如企业合并、合并报表、外币折算、通货膨胀折算、破产清算等。高级财务会计运用传统的财务会计理论与方法，以及在新的社会经济条件下发展的财务会计理论与方法，对在新的社会经济条件下出现的传统财务会计中不予包括或不经常发生的企业特殊业务进行核算和监督，向与企业有经济利害的关系者提供决策有用的会计信息和经济管理活动。

（三）高级财务会计理论的修正性

会计所处的客观经济环境的变化突破了原有的会计假设，出现了特殊的经济业务与会计事项，因而严格遵循四项会计假设的传统财务会计无法适应，并因此形成了高级财务会计，如当原会计实体无法持续其经营活动时，破产清算会计理论与方法则应运而生；当物价波动冲击着货币计量假设中隐含的币值稳定假设时，人们必须要寻求新的会计模式来替代“历史成本/名义货币”会计模式。

三、高级财务会计的理论基础

传统会计假设是指我国财政部于 1992 年 11 月 30 日颁布的《企业会计准则》第一章中的四项基本前提，即会计主体假设、持续经营假设、会计分期假设和货币计量假设。它是将变化不定的社会经济环境设为不变，并据此选定会计处理方法，确定会计要素的确认、计量和报告等有关业务。但在现行经济环境条件下，出现了基本假设相矛盾的多种情况。

（一）会计主体假设的放宽

会计主体假设主要是设定会计为之服务的对象，即限定会计核算的空间范围。但是，现代经济的发展和由此出现的会计业务已向这项假设提出了挑战。例如，已构成母、子公司关系的企业集团出现后，会计为之服务的主体已具有了双重性，会计核算的空间范围已处于一种模糊状态；如果企业集团的母公司本身也是一家大企业，下设若干个表现为独立会计主体的分支机构，若干个负责不同地区、不同行业的事业部和子公司时，其会计核算的空间范围就更加难以掌握；还有，近年来出现并快速发展的以基金为主体的单位和以各种基金为主体的会计（如基金单位会计、非营利组织会计、投资性主体）也很难用传统的会计主体理论予以清楚地说明，尤其是特殊目的实体（Special Purpose Entity，SPE）的出现。在此种情况下，只是一般地阐明会计主体与企业法人主体不是同一概念、会计主体会随情况的变化而有不同的层次是难以令人信服的。

在当前情况下，会计主体假设已随客观经济环境的变化而有了新的更丰富的内容，实践促使会计这一假设有了松动，在此基础上产生了超越该假设前提条件的分支机构会计、合并会计报表、分部报告、基金会计等新的会计业务。我们应将这样的会计业务归为高级财务会计的内容。

（二）持续经营假设的松动

持续经营假设设定了企业在未来的一定时期内不会进行解体清算的前提条件，企业要在此基础上组织会计核算。但是，企业在未来的时期内能否持续经营取决于多种因素。换言之，现代经济中的很多不确定性因素可能随时导致企业解散、重组或者破产。显而易见，企业因各种原因而形成的解体、清算、重组乃至破产，都是对持续经营假设的否定。

宣告破产清算或改组的企业，意味着其正常生产经营活动即行停止，从而持续经营假设不再存在，原有的会计核算方法也不能继续使用。取而代之的是，法院在宣告公司破产之日起 15 日内成立清算小组来接管企业。清算小组以可变现净值确认清算期间取得的资产和负债，以历史成本计量清算前形成的资产和负债，从而确认清算损益。对于改组企业，原企业被新公司所取代，其资产将以市价入账，原留存利润被消除，某些债权人可能成为新股东，公司章程也会被加以修改等。

（三）会计分期假设的突破

会计分期假设将企业持续不断的经营活动人为地划分为等距的会计期间，为分期确定企业经营损益设定了前提条件。无论从哪个角度来看，会计分期都是非常重要的，它是权责发生制的基础，也是会计确认、计量的依据。但是，随着客观经济环境变化而出现的新的经济业务也波及了这一假设，从而形成了依赖这一假设不能解决的一些会计事项。例如，由于企业有一些特殊的跨期分摊事项，由此形成了所得税费用的跨期摊配；由于只以会计年度为对外报告的期间而提供的会计信息不能满足报表使用者的需要，由此有了中期会计报告事项和以企业清算期为特殊报告期的特有报告事项；另外，期货业务、衍生金融工具的出现与发展，已使现行的定期财务报告制度难以及时提供有效的信息，这些业务事项都要求依据各类专门事项而确定出独特的损益确认期限，因此也就有了对期货、期汇等业务进行核算和报告的专门规定等。

由此可知，超越常规，亦即等距期间前提条件的松动，也形成了一些中级财务会计难以容纳的会计业务，它们也是高级财务会计的内容。

（四）货币计量假设的松动

众所周知，货币计量假设已在现实的经济活动中受到了巨大撼动。会计要以货币为共同计量单位的含义已由同一企业拥有不同货币而转化为“记账本位币假设”;货币的币值不变含义也由持续的物价变动而否定,陆续出现了物价变动会计的几种模式。在这种情况下,记账本位币制度下的一种货币被另一种货币所计量的事实,已很难再用货币计量假设说明;而物价变动对社会经济带来的影响又强烈地冲击着建立在货币计量假设基础之上的历史成本原则,使会计界在痛定思痛之时不得不寻求新的会计计量方式。很明显,货币计量假设的松动,使外币业务会计和物价变动会计成了现实的会计业务并由高级财务会计处理,而建立在原有货币计量假设基础之上的会计业务只能是中级财务会计学阐述的内容。

除此之外,20 世纪 90 年代后逐渐兴起虚拟公司(virtual corporation),即“两个或两个以上具有资源互补优势的企业,为达到某些共同的战略目标,通过各种协议、契约结成的利益风险共享的松散型联合体,是一种企业间的暂时联盟形式”(艾柯卡研究小组,1991)。其公司经营在空间上无形、时间上预期有限、以信息网络为支持和媒介,对传统的四项基本会计假设都带来了极大冲击:从会计主体假设来说,虚拟公司作为一种暂时的动态联盟,不具有法人实体,更不具备实在的经营场所和设备,因为其通过网络通信技术来实现资源的高效配置,导致虚拟公司的边界都难以界定;从持续经营假设来说,由于虚拟公司的组建仅仅为了快速捕捉市场机遇,一旦机遇消失或项目完成,虚拟公司也就随之解体,因此,传统的持续经营假设基础上来划分资本性支出和收益性支出的做法在虚拟公司将不再适用;从会计分期假设来说,具有临时性和动态性的虚拟公司,并不需要人为地从会计期间划分上来定期报告,基于发达信息网络通信技术基础上的实时报告将取而代之;从货币计量假设来说,记账本位币唯一、币值稳定是其隐含假设,虚拟公司的主要资源是知识产权和人力资本,而这种资源却使得货币计量变得极为困难。

第三节　高级财务会计的范围界定

一、确定研究范围的基本原则

(一)理论层面

应以会计事项是否超越会计假设的范围作为基本标志。既然客观经济环境的变化所造成的会计假设松动是高级财务会计产生的基础,划分中、高级财务会计内容的主要依据理所当然就是会计假设。据此,限定在会计假设时空范围内的为中级财务会计;超出了会计假设时空范围的为高级财务会计。可见,以超出会计假设范围为基本标志是确定高级财务会计的客观依据,是否属于高级财务会计的内容首先应符合这一基本要求。

(二)实务层面

既体现已颁布的相关规范,同时兼顾前瞻性要求,高级财务会计研究的问题不应完全偏重于已颁布的会计准则和会计制度的有关规定,无论是涉及的范围,还是提出的观点,应具有一定的前瞻性。有人认为,高级财务会计就是讲解会计准则的,这应该是不正确的观点。随着会计环境的变化,正确的做法应该是既要考虑已经颁布实施的规范,同时将会计实务中出现的一些高难度问题以及新问题融入其中。

在实务中,我们要适当考虑高级财务会计与中级财务会计内容之间如何有效分工和衔接。一般的会计事项经过长期实践后，表现出比较成熟的常规内容。而高级财务会计，就是在一般常规内容上的延伸，不管是方法上还是理论上都暂时未趋于统一，从而不具有固定性。但是，由于两者之间的密切联系是毋庸置疑的，常规内容和超常规内容的成熟与否也是相对的，就在所难免地使得一些完整的业务类型会交织在两部分内容之中，客观上存在学科体系中各门类的分工、协调和衔接问题。因此，有些内容原本一般财务会计中已经涉及，只是遇到新情况后需要部分调整的，不妨仍然保留在中级财务会计中作进一步深化处理；而有些内容已从整体上（或主体部分）超出了常规范围，即使有次要部分仍属常规内容，也应将其完整内容交由高级财务会计来研究。

二、确定研究范围的内容

高级财务会计研究的内容，除了前文涉及的会计基本假设松动所引起的业务，还包括如下业务：

（一）对会计原则强化和延伸的业务

传统的财务会计原则对复杂经济业务的会计处理仍起作用，但在应用中得到了进一步强化和延伸。

通过融物最终达到融资目的的租赁业务是现代企业的一项重要的经济活动，以资本租赁为例，尽管在财产所有权上的风险和报酬的大部分均由承租人负担，但其所有权仍归出租人所有，所以客观上在整个租赁期内形成所有权与经营权分离。租金总额由设备买价、租期内价款的利息和租赁费用三部分组成，因此租金总额必定高于设备买价。在租约到期时，一般涉及余值问题（余值是否担保）。上述诸问题的会计处理都需要对传统意义上的资产取得的确认、计价、价值补偿等方面的理论进一步强化和延伸。

所得税会计问题的产生，拓展了配比原则的含义，使其不再局限于收入与费用的配比，还包括利润与费用的配比。基于以国家利益为中心这一大原则，所得税的会计核算在借鉴传统财务会计理论的基础上更富于弹性，表现在：

1. 收入、费用确认的口径、时间上体现政府意图；

2. 在收入确认方面，权责发生制的税务会计由于在一定程度上被现金流动原则所覆盖而包含着一定的收付实现制的方法；

3. 在费用扣除问题上，税务会计尽可能避免财务会计上采用的审慎原则，即倾向较早报告收入或较迟报告费用。

（二）仅在某类企业中存在的特殊业务

相对于传统的现货交易而言，为了解决现货交易中因供需变化而产生的价格波动等矛盾，出现了与现货交易相对应的远期交易。在远期交易方式下，交易双方在交易合同中订明交易商品的数量、品种规格、价格、付款方式、交货时间等，在合同规定的时间内履行交付商品或支付货款的义务即所谓期货业务。与常规的现货交易相比，其会计处理也相对特殊，包括投资、缴纳期货保证金、平仓了结合约、实物交割以及在会计报表上列示等方面内容。

有些企业常在外地设立分店以图经营的发展，谋取更多的利润。作为所有者权益统一而组织形式特殊的总分店经营方式，企业除了进行本身的对外业务核算外，总店和分店之间的往来核算也占了比较大的比重。总店向分店发送商品的计价、联合会计报表的编制等方面都与传统的会计核算原则存在较大差异；总店在奖金和商品购销上对分店的控制程度不同，分店的制度也各不相同；商品的计价和传统的计价方法存在较大差异，从而形成了总分店会计。

随着现代经济活动的国际化，国际经营业务和流动日益增多，使得很多企业在其经营活动中会发生诸多涉及外国货币的经济业务，但各国会计的计量单位一般都是本国货币。由于不同国家的货币币值不尽相同，并经常处于波动之中，因而产生了与外国企业进行以外币标价的交易；为了避免可能发生外汇风险而签订的远期外汇合同套期保值业务，把公司国外经营的财务报表折算成以公司记账本位币反映的财务报表等诸多外币业务，以及由此而产生的汇兑损益等处理都是高级财务会计有待解决的难题。

（三）特殊经营方式紧密相关的业务

通常意义上现代企业组织形式是属于公司的形式，但是还有两种广泛采用的企业组织形式——独资与合伙，它们与公司组织形式的主要差别是其负有无限责任。基于此，独资企业和合伙企业的所有者权益并不仅仅反映其原始投资和追加投资数额，同时还应反映业主企业现金和资产的情况，业主本人受惠而支用企业的资金，收回企业的应收账款而业主自己留用的资金；独资企业不作为一个独立存在的纳税人，而是独资企业的业主将其所有来自企业和其他一切来源的应纳税所得或损失填到其个人的纳税申报表中。

合伙企业的合伙关系是根据契约而产生的，尽管从会计的观点出发把合伙企业当作一个独立营业个体来处理，但在法律上并不具备法人资格；按照有关的法律规章的规定，在合伙活动范围内所发生的事情，每个合伙人都是其余各个合伙人的代理人。在权益转让和利益分配上均区别于公司形式。合伙企业同样是非纳税主体，而将每一合伙人应享的收益份额纳入其本人的纳税申报中，从而导致其会计核算的特殊性。

第四节　高级财务会计的核算内容

汇总诸多版本教材，对高级财务会计核算内容的介绍有如下这些：物价变动会计、总分支机构会计、破产清算会计、非货币性资产交换、分部报告、企业合并、合并财务报表、租赁业务、所得税会计、会计变更和差错更正、资产负债表日后事项、借款费用、或有事项、外币折算、股份支付、债务重组等。本教材内容的编排，理论上遵循前人的研究成果，但更注重理论与实务的结合，兼具时效性和实践指导功能，具体内容如下：

一、外币折算业务

《企业会计准则第 19 号——外币折算》中规定，外币交易是指以外币计价或者结算的交易。记账本位币是指企业经营所处的主要经济环境中的货币。随着我国经济全球化的逐步深入发展，企业生产经营范围已经突破了国界，由此产生了以外币计价和结算的生产经营活动，如进口原材料、引进设备、对外提供商品和劳务、国际技术转让、国际金融借贷、境外投资、境外筹资等外币业务活动。

在我国，企业通常应选择人民币作为记账本位币；业务收支以人民币以外的货币为主的企业，可以选定其中一种货币作为记账本位币，但编制的财务报表应当折算为人民币。

二、非货币性资产交换的业务

非货币性资产交换是指交易双方主要以存货、固定资产、无形资产和长期股权投资等非货币性资产进行的交换，该交换一般不涉及货币性资产，或只涉及少量货币性资产（即补价）。

非货币性资产交换准则所述的非货币性资产交换是企业之间主要以非货币性资产形式进行的互惠转让，即企业取得一项非货币性资产，必须以付出自己拥有的非货币性资产作为代价，而不是单向的非互惠转让。《企业会计准则第 7 号——非货币性资产交换》着重解决了以非货币性资产交换方式换入资产的成本确定和资产交换产生损益的确认问题。

三、或有事项的业务

或有事项是指由过去的交易或事项形成的潜在业务，其存在需通过未来不确定事项的发生或不发生予以证实；或过去的交易或事项形成的现时义务，履行该义务不太可能导致经济利益流出企业或该义务的金额不能可靠地计量。或有事项作为一种潜在因素直接影响着企业的持续经营和发展，它的不确定性也影响了投资者对企业的财务质量、财务状况以及企业会计信息可靠性的正确判断。当前，绝大部分上市公司在或有事项相关信息的处理、披露上是不明确、不完整的。上市公司必须分清引起或有事项的业务类别，加强或有事项的管理，严格控制可能带来损失的或有事项的发生，降低企业财务风险和经营风险，并根据会计准则，对或有事项应予以充分的披露和揭示。

四、债务重组的业务

在市场经济条件下，竞争日趋激烈，企业为此需要不断地根据环境的变化调整经营策略，防范和控制经营及财务风险。但有时，由于各种因素（包括内部和外部）的影响，企业可能出现一些暂时性或严重的财务困难，致使资金周转不灵，难以按期偿还债务。在此情况下，作为债权人，一种方式是可以通过法律程序要求债务人破产，以清偿债务；另一种方式是可以通过债务重组的方式，根据《企业会计准则第 12 号——债务重组》规定，不改变交易对手方的情况下，经与债务人协定或法院裁定，就清偿债务的时间、金额或方式等重新达成协议。

五、借款费用的业务

借款费用是指企业因借款而发生的利息及其他相关成本。借款费用包括借款利息、折价或者溢价的摊销、辅助费用以及因外币借款而发生的汇兑差额等。按照《企业会计准则第 17 号——借款费用》的规定，企业发生的借款费用可直接归属于符合资本化条件的资产的购建或生产的，应当予以资本化。计入相关资产成本；其他借款费用，应当在发生时根据其发生额确认为费用，计入当期费用。

六、租赁的会计业务

租赁业务本是一项存在已久的经营业务，但长期以来也只是进行着一种对不动产的传统租赁，业务形式比较单一。可是自 20 世纪 50 年代以来，由于第二次世界大战结束，西方工业处于由军用品生产转为民用品生产的阶段，设备亟待更新，急需大量资金。由于传统的信贷方式无法满足旺盛的投资需求，因而在银行和企业的共同参与下，现代租赁业务应运而生，开始出现专营租赁业务的公司，大量开展新形式的融资租赁业务，并在之后的一段时期获得迅速发展。以融资租赁业务为代表的现代租赁业务与传统租赁业务有着很大的差别，因此也就必然产生了不同于传统租赁会计的有关现代租赁的特殊会计。

租赁是出租人与承租人之间以合同形式规定双方的权利和义务，由承租人向出租人租用可在特定时间内使用的特定资产，并支付租金的行为。传统租赁通常只涉及出租人、承租人两方当事者，主要表现为融物。现代意义上的租赁则是涉及多方当事人的一种新的信贷活动，通过融物达到融资的目的。租赁可按多种标准分类，各国通用的做法是按其性质分类。按与租赁资产所有权有关的全部风险是否转移为标志，可将租赁业务分为融资租赁与经营租赁；按照租赁资产的资金来源，将租赁分为直接融资租赁、售后回租、杠杆租赁。一般来说，经营租赁的会计处理比较简单，而融资租赁的会计处理则较复杂，这也是本教材研究的内容。

七、企业所得税的会计业务

企业所得税会计是研究处理会计收益和应税收益差异的会计理论和方法，是税务会计的一个分支，是反映企业所得税的确认、计量和报告的一整套会计原理、程序和方法。在具体计算时需要将会计所得额按税法规定进行特殊计算调整和账务处理，由此产生递延所得税资产和递延所得税负债。这也是当前新的社会经济条件下任何企业都会发生的特殊会计业务。

八、会计政策、会计估计变更和差错更正的业务

会计政策是指企业在会计确认、计量和报告中所采用的原则、基础和会计处理方法。企业采用的会计计量基础也属于会计政策。会计估计是指企业对其结果不确定的交易或事项以最近可利用的信息为基础所作的判断。前期差错是指由于没有运用或错误运用信息，而对前期财务报表造成省略或错报。任何企业在符合上述条件时，均可能产生会计政策、会计估计和差错更正等的会计业务，按照《企业会计准则第 28 号——会计政策、会计估计变更和差错更正》的规定，会计政策的变更采用追溯调整法，会计估计的变更采用未来适用法。这对于进一步规范企业会计政策变更、会计估计变更和会计差错更正的会计核算和相关信息的披露，提高会计信息的相关性和可靠性，推动市场经济的发展，有着非常重要的意义。

九、资产负债表日后事项的业务

资产负债表日后事项是指自年度资产负债表日至财务会计报告批准报告日之间发生的需要调整或说明的事项。资产负债表日后事项是指自资产负债表日至财务报告批准报出日之间发生的有利或不利事项，包括资产负债表日后调整事项和资产负债表日后非调整事项。对于其中的调整事项，应按本准则对调整事项的要求，进行相关的账务处理，并调整资产负债表日已编制的财务会计报表；对于其中的非调整事项，应按本准则对非调整事项的要求，在财务会计报表附注中披露。所有上市公司均要按照《企业会计准则》的规定对资产负债表日后事项进行相关账务处理和披露。

十、企业合并、合并报表的业务

传统财务会计一般都是以单一的独立核算单位为会计主体，它所核算的内容一般是由其所属各不独立核算单位构成的不可分割的统一整体的各种经济活动。但是随着各国经济的不断发展壮大，不断发生企业合并，使得一些集团公司、跨国公司和设有分支机构的大公司等复合型的会计主体不断出现。这些集团公司、跨国公司所属的各子公司以及大公司所属的各分支机构大多为一些会计独立核算单位。它们之间以及与母公司或子公司之间往往有着一些特殊的经济业务。为反映这类复合会计主体中的特殊经济业务及复合会计主体范围的财务状况和经营状况，各集团公司、总公司及所属子公司或分支机构必然要进行些特殊的会计业务处理。这些特殊的会计业务处理主要有：

1. 企业合并的会计业务

企业合并是指两个或两个以上彼此独立的具有法人资格的企业相互联合组成一个统一经营管理的企业，或一家企业通过一定并购方式取得对另一家或几家企业的控制权而形成的一些会计主体变更的经济活动。企业合并可采用多种方式进行，但均需进行产权合并、债务重组、权益确定、合并费用的支付等一系列特殊会计业务，包括企业合并的账务处理和企业合并后，作为一个报告主体如何编制反映其合并日财务状况、经营成果及现金流量的合并财务报表等。

2. 集团公司的母公司与子公司、子公司之间，总公司与所属分支机构及各分支机构之间往来的会计业务

集团公司的母公司与子公司、子公司之间，以及总公司与所属分支机构和各分支机构之间，往往会发生各种经济往来业务，其中有的单纯是内部资金的转移，有的则是内部商品的购销和非流动资产销售。由于各个集团公司和总公司对所属企业规定的会计政策不同，日常账务处理的方法不同，因此，对这些内部往来业务必须进行特殊的会计账务处理。

3. 企业合并和集团公司建立后的报告主体合并会计报表编制的会计业务

为反映企业合并后的财务状况和盈利能力，合并企业除作为报告主体，在合并日要编制反映合并企业整体的财务状况的合并会计报表外，一个集团公司建立以后还要定期编制反映集团整体盈利能力的合并会计报表。虽然原企业、集团公司的母公司和子公司作为独立核算单位均编制各自的通用会计报表，但在编制反映集团公司中整体实务的报告主体合并会计报表时，不能简单地将合并的原企业、母公司与子公司个别会计报表中的相同会计数据简单加总，而是要在加总过程中将个别会计报表中因会计政策和账务处理方法不同而影响合并会计报表真实性的因素加以消除，以使与企业集团有利害关系者全面掌握合并企业、集团公司建立后的财务状况和盈利能力。因此，在编制合并会计报表时必然存在特殊会计业务。

本章习题

一、单项选择题

1. 企业将融资租入的设备作为固定资产核算所体现的会计信息质量要求是（　　）。

A. 可比性　　B. 谨慎性　　C. 实质重于形式　　D. 重要性

2. 下列资产中，属于企业资产范围的是(　　)。

A. 盘亏的固定资产　　B. 筹建期间发生的开办费

C. 经营租赁方式租入的设备　　D. 融资租赁方式租入的设备

3. 下列经济业务中，会引起公司股东权益总额发生变化的是(　　)。

A. 用资本公积转增股本　　B. 向投资者分配股票股利

C. 向投资分配现金股利　　D. 用盈余公积弥补亏损

4. 下列项目中，能同时引起资产和所有者权益发生变化的是(　　)。

A. 接受投资者投入专利　　B. 预收客户款项

C. 收回应收账款　　D. 应收票据背书购买存货

5. 下列关于负债和所有者权益的表述中，错误的是(　　)。

A. 负债和所有者权益都是权益人对企业资产提出的要求权

B. 债权人承担的风险大于所有者权益投资人

C. 所有者权益的金额取决于资产和负债的计量结果

D. 在企业清算时，负债通常优先于所有者权益进行清偿

6. 下列选项中，不符合历史成本计量属性的是(　　)。

A. 发出存货计价所使用的先进先出法

B. 无形资产摊销

C. 以公允价值计量且其变动计入当期损益的金融资产的期末计价

D. 长期股权投资权益法核算

二、多项选择题

1. 下列各项中，体现实质重于形式这一会计信息质量要求的有(　　)。

A. 符合条件的或有事项确认为预计负债

B. 将融资租入的生产设备确认为本企业的资产

C. 对应收账款计提坏账准备

D. 母公司编制财务报表

2. 下列做法中，违背会计信息质量可比性要求的有(　　)。

A. 投资性房地产的后续计量由公允价值模式改为成本模式

B. 因预计发生年度亏损，将以前年度计提的坏账准备全部予以转回

C. 因减少投资，使原投资比例由20%降低为10%，而对被投资单位不再具有重大影响，将长期股权投资由权益法改为以公允价值计量且其变动计入当期损益的金融资产核算

D. 因追加投资，使原投资比例由30%增加到80%，而对被投资单位由具有重大影响变为具有控制权，将长期股权投资由权益法改为成本法核算

3. 下列各项中，属于会计要素计量属性的有(　　)。

A. 现值　　B. 公允价值　　C. 重置价值　　D. 可变现价值

4. 按照我国会计准则的规定，会计核算的基本假设包括(　　)。

A. 会计主体　　B. 持续经营　　C. 复式记账　　D. 会计分期

E. 货币计量

5. 下列各项中，符合谨慎性会计信息质量要求的有(　　)。

A. 因企业实现利润超过预期，对厂房大幅计提减值准备

B. 计提商誉减值准备

C. 将长期借款利息全部资本化

D. 债务重组日不确认或有应收金额

三、判断题

1. 管理会计和财务会计是会计的两大分支。(　　)

2. 企业发生亏损，其所有者权益必定减少。(　　)

3. 中级财务会计依赖大量的估计，因此从某种程度上是不精确的。(　　)

4. 法律主体必定是会计主体，会计主体也必定是法律主体。(　　)

5. 某一会计事项是否具有重要性，在很大程度上取决于会计人员的职业判断。对于同一会计事项，在某一企业具有重要性，在另一企业不一定具有重要性。(　　)

第二章

外币折算

导读案例

中国铁建股份有限公司 2019 年半年报中披露的有关外币业务的部分信息

中国铁建股份有限公司，由中国铁道建筑总公司（改制后更名为中国铁道建筑集团有限公司）独家发起设立，于 2007 年 11 月 5 日在北京成立，为国资委管理的特大型建筑企业。2008 年 3 月 10 日和 3 月 13 日，公司人民币内资股（A 股）和境外上市外资股（H 股）分别在上海证券交易所和香港联交所上市。

公司业务涵盖工程承包、勘察、设计咨询、工业制造、房地产开发、物流与物资贸易等，具有科研、规划、勘察、设计、施工、监理、维护、运营和投融资等完善的行业产业链。在高原铁路、高速铁路、高速公路、桥梁、隧道和城市轨道交通工程设计及建设领域，确立了行业领导地位。目前，公司经营业务遍及包括我国台湾在内的全国 32 个省、自治区、直辖市和我国香港、澳门特别行政区，以及世界 121 个国家。

中国铁建 2019 年半年报中报表附注中披露的与外币货币性项目有关的部分信息如表 2—1 所示。

表 2—1　　外币货币性项目的部分信息　　单位：千元

项　目		2019 年 6 月 30 日		
		外币余额	折算汇率	人民币余额
货币资金	美元	2 686 654	6.874 7	18 469 940
	欧元	83 402	7.817 0	651 954
	其他			306 814
应收账款	美元	88 250	6.874 7	606 691
	阿尔及利亚第纳尔	12 734 030	0.057 4	731 533
	其他			136 451

续表

项　目		2019年6月30日		
		外币余额	折算汇率	人民币余额
短期借款	美元	34 700	6.874 7	238 552
	欧元	51 009	7.817 0	398 740
	其他			225 247
⋮				⋮

2. 外币报表折算差额的信息

中国铁建2018年、2019年半年报资产负债表上“股东权益”下“其他综合收益”项目披露的部分信息如表2—2所示。

表2—2　“其他综合收益”项目的部分信息　单位：千元

项　目	2019年1—6月	2018年1—6月
将重分类进损益的其他综合收益(损失)		
权益法下可转损益的其他综合收益(损失)	144 985	(7 664)
其他债权投资的公允价值变动	(183)	—
外币财务报表折算差额	(72 342)	(228 908)

请思考：

1. 什么是外币货币性项目？什么是折算汇率？如何选择折算汇率？
2. 什么是外币报表折算差额？外币报表折算差额如何计算？

学习目标

1. 了解外币折算业务的含义和内容。
2. 掌握记账本位币的确定方法，掌握外币交易会计确认与计量。
3. 掌握我国现行外币财务报表的折算方法。

第一节　外币折算概述

随着经济全球化的逐步深入和发展，企业生产经营范围已经突破了国界，延伸和发展到其他国家和地区，因而产生了以外币计价和结算的生产经营活动，如进口原材料、引进设备、对外提供商品和劳务、国际技术转让、国际金融借贷、境外投资、境外筹资等外币业务活动。因此，企业在会计核算中不可避免地要涉及外币业务，在会计计量中也必然要导入外币单位。此外，随着世界经济全球化的发展，一些企业在国外设立了相应的经营管理机构，以适应其跨国经营和直接投资的需要，如在境外设立分公司负责某一国家和地区的销售业务；设立子公司负责某一国家和地区的生产经营业务。无论是分公司还是子公司，由于是在其所在国或地区进行生产经营活动，其绝大部分活动是以所在国或地区的货币计量和编制报表的。2006年，财政部发布的《企业会计准则第19号——外币折算》规定，会计核算以人民币为记账本位币。业务收支以人民币以外的货币为主的企业，也可以选定某种外币作为记账本位币，但编制的财务报表应当折算为人民币反映。境外企业向我国有关部门编报财务报表，应当折算为人民币反映。也就是说，我国企业正式编制财务报表的货币只能是人民币，而记账本位币是可以选择的。

因此，总公司在汇总各境外分公司等分支机构以外币表示的财务报表或母公司将其境外子公司纳入合并报表范围编制财务报表时，都有必要将境外分支机构或境外子公司的财务报表折算为以总公司或母公司记账本位币表示的财务报表。

一、记账本位币的确定

（一）记账本位币的含义

记账本位币是指企业经营所处的主要经济环境中的货币，这里的"主要经济环境"通常是企业主要收入和支出现金的经济环境。提出记账本位币概念的本质要求是：企业对外币交易进行确认与计量时，需将外币金额折算成记账本位币金额。从这个意义来讲，理解记账本位币的概念是学习外币折算会计的起点。

理解记账本位币的概念时，应注意两个问题：

第一，我国《企业会计准则第19号——外币折算》中界定的"记账本位币"与《国际会计准则第21号——汇率变动的影响》中使用的"功能货币"（functional currency），两者的含义相同，都是指企业经营所处主要经济环境中的货币。

第二，"记账本位币"与《国际会计准则第21号——汇率变动的影响》中使用的"列报货币"（presentation currency），两者的侧重点不同，前者是企业记账时作为基本计量尺度的货币，后者则是列报财务报表所使用的货币。同一企业的记账本位币和列报货币可能相同，也可能不同。我国《企业会计准则第19号——外币折算》中规定，企业通常应选择人民币作为记账本位币；业务收支以人民币以外的货币为主的企业，也可以选择其中一种货币作为记账本位币，但是编制的财务报表应当折算为人民币，也就是说，列报货币为人民币。本章以下内容如不作特别说明，都假定记账本位币与列报货币相同。

（二）企业记账本位币的确定

企业应当根据经营所处的主要经济环境选定记账本位币，在选定记账本位币时应当考虑下列因素：

1. 该货币主要影响商品和劳务的销售价格，通常以该种货币进行商品和劳务销售价格的计价和结算。如国内甲公司为从事贸易的企业，90%以上的销售收入以人民币计价和结算，人民币就是影响甲公司商品和劳务销售价格的主要货币。

2. 该货币主要影响商品和劳务所需人工、材料和其他费用，通常以该货币进行上述费用的计价和结算。如国内乙公司为工业企业，所需机器设备、厂房、人工以及原材料等都是在国内采购，以人民币计价和结算，人民币就是影响乙公司商品和劳务所需人工、材料和其他费用的主要货币。

3. 融资活动获得的货币以及从经营活动中收取的款项所使用的货币。

需要说明的是，在确定企业的记账本位币时，上述因素的重要程度因企业具体情况不同而不同，需要企业管理者根据实际情况进行判断。但是，这并不意味着企业管理者可以根据需要随意选择记账本位币。该货币一经确定，不得随意改变，除非与确定记账本位币相关的企业经营所处的主要经营环境发生重大变化。

(三)境外经营记账本位币的确定

境外经营是指企业在境外的子公司、合营企业、联营企业、分支机构。当企业在境内的子公司、联营企业、合营企业或者分支机构选定的记账本位币不同于企业的记账本位币时，也应当视同境外经营。会计准则中所说的境外经营是一个广义的概念，子公司、合营企业、联营企业、分支机构是否属于境外经营，不是以位置是否在境外为判定标准，而是要看其选定的记账本位币是否与企业相同。

企业选定境外经营的记账本位币，除考虑前面所讲的因素外，还应考虑下列因素：

1. 境外经营对其所从事的活动是否拥有很强的自主性。如果境外经营所从事的活动是企业经营活动的延伸，该境外经营应当选择与企业记账本位币相同的货币作为记账本位币，如果境外经营所从事的活动拥有极大的自主性，则不能选择与企业记账本位币相同的货币作为记账本位币。

2. 境外经营活动中与企业的交易是否在境外经营活动中占有较大比重。如果境外经营与企业的交易在境外经营活动中所占的比例较高，境外经营应当选择与企业记账本位币相同的货币作为记账本位币；反之，应选择其他货币。

3. 境外经营活动产生的现金流量是否直接影响企业的现金流量、是否可以随时汇回。如果境外经营活动产生的现金流量直接影响企业的现金流量，并可随时汇回，境外经营应当选择与企业记账本位币相同的货币作为记账本位币；反之，应选择其他货币。

4. 境外经营活动产生的现金流量是否足以偿还其现有债务和可预期的债务。如果境外经营活动产生的现金流量在企业不提供资金的情况下，难以偿还其现有债务和正常情况下可预期的债务，境外经营应当选择与企业记账本位币相同的货币作为记账本位币；反之，应选择其他货币。

【例 2—1】 国内甲公司以人民币作为记账本位币，该公司在欧盟国家设有一家子公司乙公司，乙公司在欧洲的经营活动拥有完全的自主权，可以自主决定其经营政策、销售方式和进货来源等。甲公司与乙公司除投资与被投资关系外，基本不发生业务往来，乙公司的产品主要在欧洲市场销售，其一切费用开支等均由乙公司在当地自行解决。由于乙公司主要收支的经济环境在欧洲，且乙公司对其自身经营活动拥有很强的自主性，乙公司与甲公司除了投资和被投资关系外，基本无其他业务。因此，乙公司应当选择欧元作为其记账本位币。

(四)记账本位币的变更

记账本位币一经选定，不得随意变更。企业因经营所处的主要经济环境发生重大变化，确需变更记账本位币的，应当采用变更当日的即期汇率将所有项目折算为变更后的记账本位币。一般应在新的会计年度开始时变更，并在变更年度的会计报告中做出必要说明。具体变更有以下两种情况：

1. 由于当初对企业经营特点缺乏正确的判断而错选了记账本位币，予以更正。此情况应视为一种会计差错更正，以新的记账本位币重述原来所编制的会计报表。

2. 企业根据当时经营的特点正确选择了记账本位币，但当前企业的经营特点和经营环境发生了重大变化，这些变化明确表明原有的记账本位币不再适用。这种情况导致的记账本位币变更，属于会计变更的一种特殊类型，它是因为发生的交易或事项与以前发生的交易或事项有实质的不同而采用新的会计原则，这种变更不属于会计政策变更，故采用未来适用法进行处理，而不用重述以前年度编制的财务报表。

二、汇率与汇率变动的影响

（一）汇率

汇率是一个国家（或地区）的货币换算成另一个国家（或地区）的货币的比率，或者说是两个国家（或地区）的不同货币之间的比价。

按汇率的表示方式不同，汇率有直接汇率和间接汇率两种。直接汇率是一定数量的外币折算为本国货币的金额。其特点是：本国货币的数额随着汇率的变化而变化，本国货币币值的大小与汇率的高低成反比。目前，包括我国在内的大多数国家都采用直接汇率。间接汇率是一定数量的本国货币折算为外币的金额。其特点是：外币的数额随着汇率的变化而变化，本国货币币值的大小与汇率的高低成正比。

按照外汇交易的交割期限不同，汇率分为即期汇率和远期汇率。即期汇率是指立即交付的汇率；远期汇率是在未来某一日交付时的汇率。汇率还可分为现行汇率和历史汇率、记账汇率和账面汇率等。现行汇率是指资产负债表日的汇率，历史汇率是指当取得外币资产或承担外币债务时的汇率；记账汇率是目前对外币交易进行确认时采用的折算汇率，账面汇率是对外币交易进行确认时曾经采用的折算汇率。记账汇率通常采用即期汇率；而过去的记账汇率就是今天的账面汇率，从这个意义上来说，账面汇率往往是历史汇率。

（二）汇率变动的影响

汇率变动的影响是指对同样数量的外币金额采用不同的汇率进行折算而产生的折合为记账本位币的差额，它反映了汇率变动给企业带来的利得或损失，所以，汇率变动的影响也称为汇兑差额、汇兑损益。

汇兑损益主要与外币交易的折算有关。一方面，随着汇率的变动，同样一笔外币金额采用不同时点（交易发生日、结算日、资产负债表日）的汇率进行折算，折合成的记账本位币折算金额就会出现差额。另一方面，在货币兑换业务中，由于两种货币所采用的汇率不同，也会导致折合成的记账本位币出现差额。

汇兑损益还可能与外币财务报表折算有关。在对外币财务报表进行折算时，由于对不同的项目采用不同的折算汇率而导致的折算为记账本位币的差额，通常称为外币报表折算差额。广义的汇兑损益应该包含外币报表折算差额。

汇兑损益的类别如图 2—1 所示：

【例 2—2】 甲企业以人民币作为记账本位币。2×19 年 12 月 9 日甲企业向乙企业赊销价格为 10 000 美元的原材料，当日的即期汇率为 1 美元＝7.040 5 元人民币；12 月 31 日的汇率为 1 美元＝6.980 4 元人民币；2×20 年 1 月 9 日收到企业支付货款日的即期汇率为 1 美元＝6.926 7 元人民币。

【分析】

根据上述资料，甲企业发生外币交易时按当时的汇率进行折算，其 10 000 美元的应收账款记账本位币为 70 405 元人民币；2×19 年 12 月 31 日，该笔外币应收账款的记账本位币

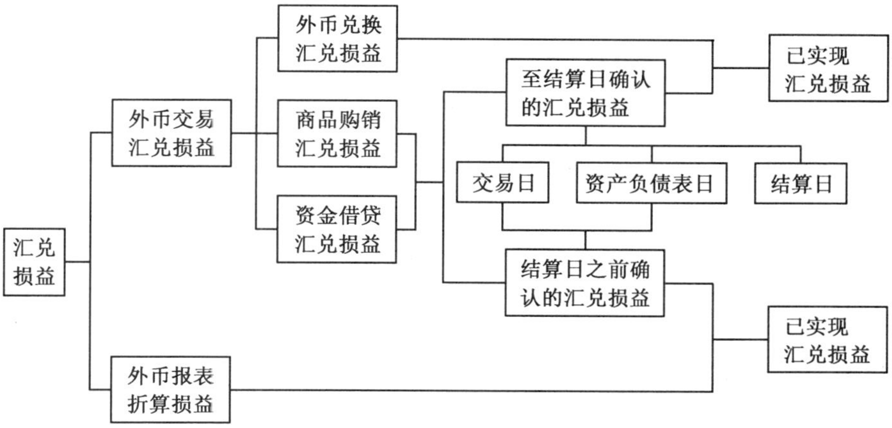

图 2—1　汇兑损益的类别

金额为 69 804 元人民币，这就出现了 601 元人民币未结算货款的未实现汇兑损失；2×20 年 1 月 9 日收到 10 000 美元按当日汇率折算，其记账本位币金额为 69 267 元人民币，从而产生 537 元人民币的汇兑损失。至此，已结算货款的全部已实现汇兑损失 1 138 元人民币。

三、外币折算会计的内容

正如前述，外币折算包括外币交易的折算和外币报表的折算两项内容。

外币交易的折算实际上包括两大环节：一是在交易发生日对外币交易进行初始确认与计量；二是在结算日或资产负债表日（会计期末）对外币项目进行后续计量。外币交易初始确认与计量的核心问题是如何将外币金额折算成记账本位币金额；会计期末后续计量的关键是如何确定外币项目的报告值，而期末报告价值取决于外币金额与折算汇率。所以，确定外币项目期末报告价值的同时必然涉及对汇兑差额的确认与计量。

在外币财务报表折算中，对同一张财务报表中不同项目如何进行折算，对不同的财务报表如何分别进行折算，出现的折算差额应该如何反映，是我们接下来要学习的内容。

图 2—2 是对上述内容的简要描述：

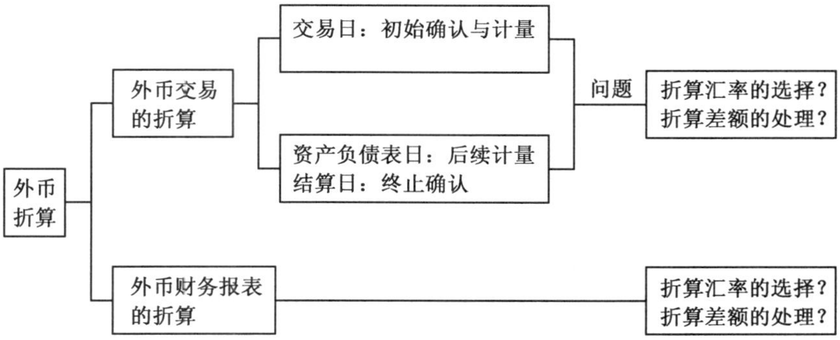

图 2—2　外币折算会计问题的主要内容

综上所述，外币折算会计要解决的问题主要包括：

1. 对外币交易的初始确认与后续计量应该如何选择折算汇率？

2. 外币交易的汇兑损益应如何确认与计量？

3. 对外币财务报表进行折算时应如何选择折算汇率？

4. 外币报表折算差额如何列报？

第二节 外币交易的会计处理

一、外币交易的记账方法

外币交易的记账方法有外币统账制和外币分账制。外币统账制是指企业在发生外币交易时，即折算为记账本位币入账。外币分账制是指企业在日常核算时分别币种记账，资产负债表日分别货币性项目和非货币性项目调整。货币性项目按资产负债表日即期汇率折算，产生的汇兑差额计入当期损益。非货币性项目按交易日即期汇率折算。

货币性项目是企业持有的货币和将以固定或可确定金额的货币收取的资产或者偿付的负债。货币性项目分为货币性资产和货币性负债，货币性资产包括现金、银行存款、应收账款和应收票据以及持有至到期投资等；货币性负债包括应付账款、其他应付款、短期借款、应付债券、长期借款、长期应付款等。

从我国目前的情况看，绝大多数企业采用外币统账制，只有银行等少数金融企业由于外币交易频繁，涉及外币币种较多，可以采用分账制方法进行日常核算。无论是采用分账制记账方法，还是采用统账制记账方法，只是账务处理的程序不同，而产生的结果应当相同，即计算出的汇兑差额相同；相应的会计处理也相同，即均计入当期损益。

本教材主要介绍外币统账制下的账户设置及其会计核算的基本程序。

二、外币交易的账户设置

外币统账制方法下，对外币货币性项目采用复币式记账，即记录外币、汇率、记账本位币金额。不单独设置一级科目，只需在相应货币性项目的一级科目下设置二级科目。例如，在银行存款、应收账款等科目下设置一级科目“美元户”，反映这些一级科目中以美元计价的交易金额。折算后的记账本位币金额与其他明细科目的记账本位币金额均在一级科目反映。

对外币交易金额因汇率变动而产生的差额，在“财务费用”科目下设置二级科目“汇兑损益”反映。该科目借方反映因汇率变动而产生的汇兑损失，贷方反映因汇率变动而产生的汇兑收益。期末余额结转到“本年利润”科目后，一般无余额。

三、外币交易的确认与计量

（一）初始确认时折算汇率的选择

根据现行会计准则，企业对外币交易进行初始确认时，应采用交易发生日的即期汇率将外币金额折算为记账本位币金额；也可以按照系统合理的方法确定的、与交易日即期汇率近似的汇率折算，近似汇率通常为当期平均汇率或加权平均汇率等。但是，对于收到的投资者以外币投入的资本，只能采用交易日即期汇率折算。

1. 外币兑换业务

外币兑换业务是指企业从银行等金融机构买入外汇或将外汇卖给银行等金融机构，以及将一种外币兑换为另一种外币的经济业务。

(1)企业向银行出售外汇

企业把持有的外汇出售给银行，银行按买入价将人民币兑付给企业。企业按实际得到的人民币金额借记“银行存款(人民币)”科目，按实际兑出的外币额与按企业选定的折算汇率折算的人民币金额贷记“银行存款(外币户)”科目，因银行买入价与折算汇率不一致而产生的汇兑损益，计入“财务费用”科目。

【例 2—3】 甲企业本期到银行将 50 000 美元兑换为人民币，银行当日的美元买入价为 1 美元=6.221 7 元人民币，卖出价为 1 美元=6.299 3 元人民币。

有关会计处理如下：

借:银行存款——人民币户 (USD50 000×6.221 7)　　311 085
　　财务费用——汇兑损益　　3 880
　　贷:银行存款——美元户 (USD50 000×6.299 3)　　314 965

(2)企业向银行购入外汇

企业因业务需要从银行买入外汇时，一方面按银行的卖出价计算应支付的记账本位币金额并登记入账，另一方面按从银行取得的外汇金额和折算汇率折合为记账本位币登记外币存款账户，差额产生的汇兑损益，计入“财务费用”科目。

【例 2—4】 乙企业因外币支付需要，从银行购入 10 000 美元，银行当日的美元卖出价为 1 美元=6.299 3 元人民币，当日买入价为 1 美元=6.273 2 元人民币。

有关的会计处理如下：

借:银行存款——美元户 (USD10 000×6.273 2)　　62 732
　　财务费用——汇兑损益　　261
　　贷:银行存款——美元户 (USD10 000×6.299 3)　　62 993

2. 外币购销业务

企业发生买入或卖出以外币计价的商品或劳务时，应按企业选定的折算汇率将外币金额折算为记账本位币入账。期末(月末、季末、年末)，对所有外币账户余额按期末市场汇率进行调整，调整后差额计入“财务费用”科目。

【例 2—5】 甲公司记账本位币为人民币，外币交易采用交易日即期汇率折算。2×19 年 5 月 10 日，向法国某公司出售一批商品，货款 10 000 欧元。当日的即期汇率为 1 欧元=7.336 3 元人民币。截至 2×19 年 5 月 31 日货款尚未收到，当日的即期汇率为 1 欧元=7.421 6 元人民币。2×19 年 6 月 8 日收回货款，当日即期汇率为 1 欧元=7.565 5 元人民币。

甲公司账务处理如下：

2×19 年 5 月 10 日，销售商品时：

借:应收账款——欧元户(EUR10 000×7.336 3)　　73 363
　　贷:主营业务收入　　73 363

2×19 年 5 月 31 日，按期末即期汇率折算：

借:应收账款——欧元户[EUR10 000×(7.421 6－7.336 3)] 853
贷:财务费用——汇兑差额 853

2×19 年 6 月 8 日,收回货款:

借:银行存款——人民币户(EUR10 000×7.565 5) 75 655
贷:应收账款——欧元户 74 216
财务费用——汇兑差额 1 439

【例 2－6】 甲公司属于增值税一般纳税人,记账本位币为人民币,其外币交易采用交易日即期汇率折算。2×19 年 10 月 8 日,甲公司从国外乙公司购入某原材料 30 000 美元,当日的即期汇率为 1 美元＝7.129 6 元人民币,按照规定应缴纳的进口关税为 21 388.8 元人民币,支付进口增值税税 27 805.44 元人民币,货款尚未支付,进口关税及增值税已有银行存款支付。2×19 年 10 月 31 日,甲公司尚未支付所欠货款,当日的即期汇率为 1 美元＝7.046 4 元人民币。2×19 年 11 月 10 日,甲公司支付上述所欠货款,当日即期汇率为 1 美元＝6.995 4 元人民币。

甲公司账务处理如下:

2×19 年 10 月 8 日,购买原材料:

借:原材料——××材料 (USD30 000×7.129 6＋21 388.8) 235 276.8
应交税费——应交增值税(进项税) 27 805.44
贷:应付账款——乙公司(美元户) 213 888
银行存款 (21 388.8＋27 805.44) 49 194.24

2×19 年 10 月 31 日,按期末即期汇率折算:

借:应付账款——乙公司(美元户)[30 000×(7.1296－7.0464)] 2 496
贷:财务费用——汇兑差额 2 496

2×19 年 11 月 10 日,支付货款:

借:应付账款——乙公司(美元户)(30 000×7.046 4) 211 392
贷:银行存款——甲公司(人民币户)(30 000×6.995 4) 209 862
财务费用——汇兑损益 1 530

3. 外币借贷业务

外币借款是企业外币筹资的重要方式。企业应将借入的外币按当日或当期期初的市场汇率折算为记账本位币入账。

【例 2－7】 甲公司 2×18 年 7 月 1 日从中国银行借入 10 000 美元,期限为 1 年。假定美元贷款利率为 5%。借入时的市场汇率为 1 美元＝6.617 1 元人民币。2×18 年 12 月 31 日的即期汇率为 1 美元＝6.875 5 元人民币。2×19 年 6 月 30 日偿还贷款本金和利息,还款日即期汇率为 1 美元＝6.711 2 元人民币。

甲公司账务处理如下:

2×18 年 7 月 1 日从中国银行取得借款时:

借:银行存款——美元户 (10 000×6.617 1) 66 171
贷:短期借款——美元户 (10 000×6.617 1) 66 171

6 个月后,2×18 年 12 月 31 日甲公司计提利息:

应付利息＝10 000×5%×6÷12×6.875 5＝1 718.875(元)

借：财务费用——利息支出　　1 718.875

　贷：应付利息　　1 718.875

计算“短期借款——美元户”账户的年末调整损益：

10 000×(6.875 5－6.617 1)＝2 584(元)

借：财务费用——汇兑损益　　2 584

　贷：短期借款——美元户　　2 584

2×19 年 6 月 30 日计提利息：

应付利息＝10 000×5%×6÷12×6.711 2＝1 677.8(元)

借：财务费用——利息支出　　1 677.8

　贷：应付利息　　1 677.8

计算 2×19 年 6 月 30 日“应付利息”的汇兑损益：

10 000×5%×6÷12×(6.875 5－6.711 2)＝41.075(元)

计算 2×19 年 6 月 30 日“短期借款”的汇兑损益：

10 000×(6.875 5－6.711 2)＝1 643(元)

借：应付利息——美元　　41.075

　短期借款——美元　　1 643

　贷：财务费用——汇兑损益　　1 684.075

2×19 年 6 月 30 日，还本付息：

借：应付利息——美元（10 000×5%×6.711 2）　　3 355.6

　短期借款——美元（10 000×6.711 2）　　6 711 2

　贷：银行存款——美元　　70 467.6

4. 接受外币资本投资

企业收到投资者以外币投入的资本，无论是否有合同约定汇率，均不得采用合同约定汇率和即期汇率的近似汇率折算，而是采用交易日即期汇率折算。这样，外币投入资本与相应的货币性项目的记账本位币金额相同，不产生外币资本折算差额。

【例 2－8】 甲公司的记账本位币为人民币，2×19 年 8 月 31 日，与某外商签订投资合同，当日收到外商投资资本 10 000 英镑，当日汇率为 1 英镑＝8.696 1 元人民币（假定投资合同约定的汇率为 1 英镑＝8.369 5 元人民币）。

甲公司账务处理如下：

借：银行存款——英镑户（GBP10 000×8.696 1）　　86 961

　贷：实收资本　　86 961

(二)外币项目期末报告价值及汇兑损益的确定

企业在报告期末，应当采用下列方法确定外币项目的报告价值及汇兑损益：

1. 外币货币性项目

按外币余额和报告期末的即期汇率折算的记账本位币余额作为报告价值。这就意味着期末要根据汇率的变动将汇兑差额调整外币货币性项目的记账本位币余额，这是货币性项目应按现时价值报告这一计量特性所要求的。

对于外币货币性项目，通常情况下的汇兑损益，计入当期损益（“财务费用”科目）；属于符合资本化条件的借款费用组成部分的汇兑损益，计入有关资产成本；属于清算期间的汇兑损益，计入清算费用。

【例 2—9】 甲公司对外币交易采用交易日即期汇率作为折算汇率。2×19 年 10 月有关外币应收账款的资料如下：

(1)月初“应收账款——美元户”的余额是：美元余额 20 000 美元，折合记账本位币余额为 140 000 元；

(2)10 月 10 日收回月初外币应收账款余额中的 4 000 美元；

(3)10 月 12 日销售商品一批，货款 30 000 美元，货款的 40%于 28 日收到；

(4)10 月 10 日的汇率为 1 美元＝7.119 8 元人民币，10 月 12 日的汇率为 1 美元＝7.086 8 元人民币，10 月 28 日的汇率为 1 美元＝7.058 3 元人民币，10 月 31 日的汇率为 1 美元＝7.054 1 元人民币。

甲公司有关外币交易的会计处理如下：

(1)10 月 10 日收回应收账款 4 000 美元：

借：银行存款——美元户 (4 000×7.119 8)　　28 479.2

　贷：应收账款——美元户　　28 479.2

(2)10 月 12 日销售商品：

借：应收账款——美元户 (30 000×7.086 8)　　212 604

　贷：主营业务收入　　212 604

(3)10 月 28 日收到 12 000 美元：

借：银行存款——美元户 (12 000×7.058 3)　　84 699.6

　贷：应收账款——美元户　　84 699.6

(4)10 月 31 日调整外币应收账款账户余额并确认汇兑损益。有关计算见表 2—3：

表 2—3　“应收账款——美元户”账户余额调整计算表

项　目		计算过程
期末外币余额(美元)		20 000－4 000＋30 000－12 000＝34 000
期末即期汇率		7.054 1
调整后期末记账本位币余额(元)		34 000×7.054 1＝239 839.4
调整前期末记账本位币余额(元)		140 000－28 479.2＋212 604－84 699.6＝239 425.2
调整金额(元)	汇兑损益	239 839.4－239 425.2＝414.2
	其中：已实现汇兑损益	4 000×(7.119 8－7)＋12 000×(7.058 3－7.086 8)＝137.2
	未实现汇兑损益	16 000×(7.054 1－7)＋18 000×(7.054 1－7.086 8)＝277

根据表 2—3，报告期末调整外币账户余额的账务处理为：

借：应收账款——美元户　　414.2

　贷：财务费用——汇兑损益　　414.2

2. 外币非货币性项目

(1)以公允价值计量的外币非货币性项目，按外币公允价值余额和公允价值确定当日的即期汇率折算的记账本位币余额作为报告价值。这意味着期末计量公允价值变动损益时要考虑汇率的变动，这是公允价值计量所要求的。

【例 2—10】　甲股份有限公司的记账本位币为人民币。2×19 年 12 月 8 日，甲股份有限公司以每股 1.5 美元的价格购入乙公司股票 10 000 股作为交易性金融资产，当日汇率为 1 美元＝7.034 8 元人民币，款项已付。2×19 年 12 月 31 日，由于市价变动，当月购入的乙公司股票的市价变为每股 1 美元，当日汇率为 1 美元＝6.980 4 元人民币。2×20 年 1 月 20 日，甲公司将该股票按当日市价每股 1.2 美元全部售出，所得价款 12 000 美元，当日即期汇率为 1 美元＝6.858 9 元人民币。假定不考虑相关税费的影响。

甲公司账务处理如下：

2×19 年 12 月 8 日，甲股份有限公司购入股票时：

借：交易性金融资产——成本(10 000×1.5×7.034 8)　　105 522

　　贷：银行存款——美元　　105 522

2×19 年 12 月 31 日，确认该交易性金融资产的报告价值并确认汇率变动损益(公允价值变动损益)：

借：公允价值变动损益 (105 522－10 000×1×6.980 4)　　35 718

　　贷：交易性金融资产——公允价值变动损益　　35 718

该损益 35 718 元人民币既包含甲公司所购乙公司股票公允价值变动的影响，又包含人民币与美元之间汇率变动的影响。

2×20 年 1 月 20 日，售出该股票：

借：银行存款——美元户(10 000×1.2×6.858 9)　　82 306.8

　　贷：交易性金融资产(10 000×1×6.980 4)　　69 804

　　　　投资收益(69 804－82 306.8)　　12 502.8

同时：

借：投资收益　　35 718

　　贷：公允价值变动损益　　35 718

(2)采用成本与可变现净值孰低法进行后续计量且期末采用了以外币反映的可变现净值计量的外币非货币性项目，按外币表示的可变现净值与期末的即期汇率折算的记账本位币余额作为报告价值。这意味着，期末确认资产减值损失时要考虑汇率的变动，符合可变现净值计量的要求。

【例 2—11】　甲公司以人民币为记账本位币。2×19 年 11 月 20 日，甲公司以每台 2 000 英镑的价格从英国某供应商中购入商品 10 台，并于当日支付了相关货款。2×19 年 12 月 31 日，已售出设备 2 台，国内市场仍无该设备供应，但该商品在国际市场上的价格已下跌到每台 1 950 英镑。已知，11 月 20 日的即期汇率为 1 英镑＝9.076 25 元人民币，12 月 31 日的即期汇率为 1 英镑＝9.163 4 元人民币。

甲公司账务处理如下：

11 月 20 日，购入设备时：

借：库存商品 (2 000×10×9.076 25)　　181 525

　　贷：银行存款——英镑　　181 525

12 月 31 日，由于库存 8 台商品的市场价格下跌，表明其可变现净值低于成本，应计提存货跌价准备：

计提的存货跌价准备＝2 000×8×9.076 25－1 950×8×9.163 4＝2 271(元)

借:资产减值损失　　2 271

　贷:存货跌价准备　　2 271

(3)以历史成本计量的外币非货币性项目,按外币余额和交易发生日的即期汇率折算的记账本位币余额作为报告价值。这意味着,不必根据汇率变动带来的汇兑差额调整这些外币非货币性项目的记账本位币余额。

对于外币非货币性项目,即使按照公允价值或可变现净值计量,其汇率变动的影响也不需要单独计量并确认为汇兑损益。与以公允价值计量的外币非货币性项目有关的汇率变动的影响,计入公允价值变动损益;与以可变现净值计量的外币非货币性项目有关的汇率变动的影响,计入资产减值损失。

(三)信息披露

企业应当在财务报表附注中披露以下与外币交易折算相关的信息:

1. 企业及其境外经营选定的记账本位币及选定的原因,记账本位币发生变更的,说明变更理由;

2. 采用近似汇率的,说明近似汇率的确定方法;

3. 计入当期损益的汇兑差额。

第三节　外币财务报表的折算

一、外币财务报表折算的原因

外币财务报表折算是指将以外币表述的财务报表折算为以记账本位币表述的财务报表。之所以要进行外币报表折算,主要出于以下三方面原因:

第一,编制合并财务报表的需要。跨国公司的母公司及所有子公司,虽在经营上彼此相对独立,子公司还是独立的法律主体。但是,作为一个整体,跨国公司又必须将母公司与所有子公司的财务报表加以合并,以揭示整体的财务状况、经营成果和现金流量等情况。所以,当子公司编制的财务报表所使用的货币单位不同于母公司所使用的货币单位时,应先将外币折算成以母公司编制货币表示的财务报表。

第二,报告和评价国外分支机构和子公司经营业绩的需要。母公司对国外分支机构和子公司经营业绩的评价,有赖于财务报表。由于国外分支机构和子公司编制财务报表所使用的货币单位可能各不相同,这就给母公司相互比较和评价各分支机构和子公司业绩带来了困难,只有将它们的财务报表统一折算成用母公司编报币种表述的报表,才便于比较和评价。

第三,传播会计信息的需要。现代企业尤其是跨国公司的股东跨越国界已不足为奇,这就要求会计信息能够在国际上广为传播,能够为国外股东所理解。为此,也要求进行财务报表折算。

从上述分析可见,外币财务报表折算的实质不过是将不同货币单位表述的财务报表改按另一种选定的货币单位进行重新表述,从而使财务报表以统一的计量单位综合反映企业整体的财务状况或经营成果,或满足财务报表特殊使用者的特定需要。

二、外币财务报表的折算

目前，国际上对外币财务报表的折算方法主要有流动与非流动法、货币性与非货币性法、时态法、现行汇率法。我国外币财务报表的折算采用的是现行汇率法。因此，本教材主要就现行汇率法下外币财务报表折算进行阐述。

(一)外币财务报表折算原则

现行汇率法下，在对企业境外经营财务报表进行折算前，应当调整境外经营的会计期间和会计政策，使之与企业会计期间和会计政策相一致，根据调整后的会计政策及会计期间编制相应货币(记账本位币以外)的财务报表，再按照以下原则对境外经营财务报表进行折算：

1. 资产负债表中的资产和负债项目，采用资产负债表日的即期汇率折算，所有者权益项目除"未分配利润"项目外，其他项目采用发生时的即期汇率(即历史汇率)折算。其中"未分配利润"项目的折算金额来源于所有者权益变动表的期末余额。

2. 利润表中的收入和费用项目，采用交易发生日的即期汇率或即期汇率的近似汇率(即平均汇率)折算。

3. 产生的外币财务报表折算差额，在资产负债表中所有者权益项目下"其他综合收益"项目中列示。在编制合并会计报表时，应在合并资产负债表中"其他综合收益"项目中列示。

【例 2－12】 国内甲公司的记账本位币为人民币，该公司仅有一全资子公司乙公司，除此之外，无其他境外经营。乙公司设在美国，自主经营，所有办公设备及大多数人工成本等均以美元支付，除极少量商品购自甲公司外，其他的商品采购均来自当地，乙公司对所需资金自行在当地融资、自担风险。因此，根据记账本位币的选择确定原则，乙公司的记账本位币应为美元。2×19 年 12 月 31 日，甲公司准备编制合并财务报表，需要先将乙公司的美元账务报表折算为人民币表述。乙公司的有关资料如下：

2×19 年 12 月 31 日的即期汇率为 1 美元＝6 元人民币；2×19 年的平均汇率为 1 美元＝6.2 元人民币，实收资本为 125 000 美元，发生日的即期汇率为 1 美元＝6.3 元人民币；2×18 年 12 月 31 日的即期汇率为 1 美元＝6.25 元人民币，累计盈余公积为 11 000 美元，折算为人民币 90 300 元，累计未分配利润为 20 000 美元，折算为人民币 166 000 元，乙公司在年末提取盈余公积 6 000 美元。

乙公司相关利润表、资产负债表、所有者权益变动表的编制分别如表 2－4、表 2－5 和表 2－6 所示。

表 2－4　　**甲公司 2×19 年 12 月利润表**　　单位：元

项　目	本年累计数(美元)	汇率	折算为人民币金额
一、营业收入	105 000	6.2	651 000
减：营业成本	5 000	6.2	310 000
税金及附加	6 000	6.2	37 200
销售费用	8 000	6.2	49 600
管理费用	12 000	6.2	74 400
财务费用	10 000	6.2	62 000
二、营业利润	19 000		117 800

续表

项 目	本年累计数(美元)	汇率	折算为人民币金额
加:营业外收入	5 000	6.2	31 000
减:营业外支出	4 000	6.2	24 800
三、利润总额	20 000		124 000
减:所得税费用(税率 25%)	5 000	6.2	31 000
四、净利润	15 000		93 000
五、每股收益	—		—

表 2—5　　甲公司 2×19 年 12 月资产负债表　　单位:元

资 产	期末数(美元)	汇率	折算为人民币金额	负债和所有者权益	期末数(美元)	汇率	折算为人民币金额
流动资产				流动负债			
货币资金	20 000	6	120 000	短期借款	10 000	6	60 000
交易性金融资产	10 000	6	60 000	应付票据	2 000	6	12 000
应收票据	8 000	6	48 000	应付账款	15 000	6	90 000
应收账款	22 000	6	132 000	应付职工薪酬	12 000	6	72 000
存货	40 000	6	240 000	应交税费	3 000	6	18 000
流动资产合计	100 000		600 000	流动负债合计	42 000		252 000
				非流动负债			
				长期借款	17 000	6	102 000
				长期应付款	20 000	6	120 000
				非流动负债合计	37 000	6	222 000
				所有者权益			
				实收资本	125 000	6.3	787 500
				盈余公积	17 000		105 400
固定资产	120 000	6	720 000	未分配利润	29 000		179 800
无形资产	30 000	6	180 000	报表折算差额	0		—46 700
非流动资产合计	150 000		900 000	所有者权益合计	171 000		1 026 000
资产合计	250 000		1 500 000	负债和所有者权益合计	250 000		1 500 000

表 2—6　　甲公司 2×19 年 12 月所有者权益变动表　　单位:元

项 目	实收资本			盈余公积			未分配利润		外币报表折算差额	所有者权益合计
	美元	折算汇率	人民币	美元	折算汇率	人民币	美元	人民币		人民币
一、本年初余额	125 000	6.3	787 500	11 000		68 200	15 000	93 000		948 700

续表

项目	实收资本			盈余公积			未分配利润		外币报表折算差额	所有者权益合计
	美元	折算汇率	人民币	美元	折算汇率	人民币	美元	人民币		人民币
二、本年增减变动额										
(一)净利润							20 000	124 000		124 000
(二)直接计入所有者权益的利得和损失										
其中:外币报表折算差额									—46 700	—46 700
(三)利润分配										
1. 提取盈余公积				6 000	6.2	37 200	—6 000	—37 200		
三、本年末余额	125 000	6.3	787 500	17 000		105 400	29 000	179 800	—46 700	1 026 000

(二)特殊项目的处理

1. 少数股东应分担的外币报表折算差额

在企业境外经营为其子公司的情况下,企业在编制合并财务报表时,应按少数股东在境外经营所有者权益中所享有的份额计算少数股东应分担的外币财务报表折算差额,并计入少数股权权益列示于合并资产负债表,不再单独反映少数股东权益对应的外币折算差额。

2. 实质上构成对境外经营净投资的外币货币性项目产生的汇兑差额的处理

母公司含有实质上构成对子公司(境外经营)净投资的外币货币性项目的情况下,在编制合并财务报表时,应根据以下两种情况编制抵销分录。

(1)实质上构成对子公司净投资的外币货币性项目以母公司或子公司的记账本位币反映,则应在抵销长期应收应付项目的同时,将其产生的汇兑差额转入"其他综合收益"项目即,借记或贷记"财务费用——汇兑差额"科目,贷记或借记"其他综合收益"。

(2)实质上构成对子公司净投资的外币货币性项目以母、子公司的记账本位币以外的货币反映,则应将母、子公司此项外币货币性项目产生的汇兑差额相互抵销,差额转入"其他综合收益"项目。

如果合并财务报表中各子公司之间也存在实质上构成对另一子公司(境外经营)净投资的外币货币性项目,在编制合并财务报表时应比照上述编制相应的抵销分录。

三、恶性通货膨胀经济中境外经营财务报表的折算

(一)恶性通货膨胀经济的判定

当一个国家经济环境显示出(但不局限于)以下特征时,应当判定该国处于恶性通货膨胀经济中:

1. 3年累计通货膨胀率接近或超过100%。
2. 利率、工资和物价与物价指数挂钩;物价指数是物价变动趋势和幅度的相对数。
3. 一般公众不是以当地货币,而是以相对稳定的外币为单位作为衡量货币金额的基础。
4. 公众倾向于以非货币性资产或相对稳定的外币来保存自己的财富,持有的当地货币立即用于投资以保持购买力。

5. 即使信用期限很短，赊销、赊购交易仍按补偿信用期预计购买力损失的价格成交。

(二)处于恶性通货膨胀经济中的境外经营财务报表的折算

企业在通过合并或权益法核算将处于恶性通货膨胀经济中境外经营的财务报表纳入本企业财务报表时，需要先对其财务报表进行重述。对恶性通货膨胀经济情况下外币财务报表的折算，应先对资产负债表项目运用一般物价指数予以重述，对利润表项目运用一般物价指数变动予以重述，再按照最近资产负债表日的即期汇率进行折算。即采取先消除恶性通货膨胀的影响，再进行折算的办法。

1. 资产负债表项目的重述

第一，对于现金、应收账款、其他应收款等货币性项目，其已经以资产负债表日的计量单位表述，因此不需要进行重述。

第二，对于已按可变现净值列报的存货，因其已按资产负债表日的计量单位表述，所以也不需要进行重述。

第三，对于以按公允价值计量的金融资产、投资性房地产等非货币性项目，因其已按资产负债表日的公允价值列示，所以也不需要进行重述。

第四，对于其他非货币性项目，应自购置日起根据购置日至资产负债表日期间的一般物价指数变动，对各项目的历史成本和累计折旧(累计摊销)等进行重述。

2. 利润表的项目的重述

对利润表所有项目的金额都需要自其初始确认之日起，以一般物价指数变动予以重述，以使利润表所有项目都以资产负债表日的计量单位表示。重述过程产生的差额计入净利润。

(三)境外经营的处置

企业可以通过出售、清算、返还股东或放弃全部或部分权益等方式处置其在境外经营中的利益。

企业应在处置境外经营的当期，将已列入合并财务报表所有者权益的外币财务报表折算差额中与境外经营有关的部分，自所有者权益项目转入处置当期损益。如果是部分处置境外经营的，则按照处置比例计算处置部分的外币报表折算差额，转入处置当期的损益。

四、外币财务报表折算信息的披露

按照我国《企业会计准则第 19 号——外币折算》的规定，企业应当在附注中披露与外币折算有关的下列信息：

1. 企业及其境外经营选定的记账本位币及选定的原因，记账本位币发生变更的，说明变更理由。

2. 计入当期损益的汇兑差额。

3. 处置境外经营对外币财务报表折算差额的影响。

本章习题

一、单项选择题

1. 下列有关记账本位币的说法中，正确的是(　　)。

A. 记账本位币一经选定，不得变更

B. 如果变更记账本位币，有可能产生汇兑差额

C. 企业的主要经济环境发生变化时可变更记账本位币

D. 如果变更记账本位币，企业应当在附注中披露变更理由

2. 如果企业因经营所处的主要经济环境发生重大变化而变更记账本位币，应采用规定的折算汇率将所有项目折算为变更后的记账本位币，这里所说的规定折算汇率是指(　　)。

A. 变更当期的期初汇率　　B. 变更当期的期末汇率

C. 变更当日的即期汇率　　D. 资产负债表日的即期汇率

3. 甲公司拥有其子公司乙公司80%的股权，因其采用的记账本位币与母公司不一致而确定的外币报表折算差额为90 000元。甲公司编制的合并报表中“外币报表折算差额”体现的金额是(　　)元。

A. 90 000　　B. 72 000　　C. 18 000　　D. 0

4. 某企业对外币业务采用发生日的即期汇率进行折算，按月计算汇兑损益。6月10日销售价款为50万美元产品一批，货款尚未收到，当日的即期汇率为1美元=7.25元人民币。6月30日的即期汇率为1美元=7.28元人民币。7月20日销售价款为40万美元产品一批，货款尚未收到，当日的即期汇率为1美元=7.24元人民币。7月31日即期汇率为1美元=7.23元人民币，货款于8月22日收回。该外币应收账款7月份发生的汇兑收益为(　　)万元。

A. 2.9　　B. 1.9　　C. −2.9　　D. −1.9

5. N外商投资企业采用交易发生日的即期汇率折算外币业务，期初即期汇率为1美元=7.23元人民币。本期收到外商作为投资而投入的设备一台，投资各方确认的价值为45万美元，交易发生日的即期汇率为1美元=7.25元人民币，另发生运费4.5万元人民币，进口关税11.25万元人民币，安装调试费6.75万元人民币，该设备的入账价值为(　　)万元人民币。

A. 347.85　　B. 348.75　　C. 346　　D. 347.5

6. 丙公司以人民币为记账本位币。2×19年11月20日以每台2 000美元的价格从美国某供应商手中购入国际最新型号H商品10台，并于当日支付了相应货款(假定丙公司有美元存款)。2×19年12月31日，已售出H商品2台，国内市场仍无H商品供应，但H商品在国际市场价格已降至每台1 950美元。11月20日的即期汇率是1美元=7.8元人民币，12月31日的汇率是1美元=7.9元人民币。假定不考虑增值税等相关税费，丙公司20×6年12月31日应计提的存货跌价准备为(　　)元人民币。

A. 3 120　　B. 1 560　　C. 0　　D. 3 160

7. 国内甲公司的记账本位币为人民币。20×6年12月5日以每股7港元的价格购入乙公司的H股20 000股作为交易性金融资产，当日汇率为1港元=1元人民币，款项已支付。20×6年12月31日，当月购入的乙公司H股的市价变为每股8港元，当日汇率为1港元=0.9元人民币。假定不考虑相关税费的影响。甲公司20×6年12月31日应确认的公允价值变动损益为(　　)元人民币。

A. 1 800　　B. 2 000　　C. −4 000　　D. 4 000

8. 现行汇率法下，外币报表的折算差额应列示于(　　)。

A. 利润表　　B. 利润分配表

C. 合并报表　　　　　　　　　　　　　　D. 资产负债表的所有者权益项目下

9. 甲公司记账本位币为人民币，其一境外子公司记账本位币为美元，期初汇率为1美元=6.1元人民币，期末汇率为1美元=6.2元人民币。假定该子公司利润表采用中间汇率折算，该子公司资产负债表中盈余公积期初数为50万美元，折合人民币310万元人民币，本期提取盈余公积70万美元，则该子公司本期资产负债表盈余公积的期末余额为(　　)万元人民币。

A. 744　　B. 737　　C. 380　　D. 740.5

10. 甲公司以人民币为记账本位币，发生外币交易时采用交易日的即期汇率折算。甲公司12月20日进口一批原材料并验收入库，货款尚未支付；该批原材料成本为100万美元，当日的即期汇率为1美元=6.8元人民币。至12月31日，甲公司仍未支付上述货款，甲公司银行存款美元账户余额为1 000万美元，按年末即期汇率调整前的人民币账面余额为7 020万元，当日即期汇率为1美元=6.5元人民币。不考虑增值税等其他因素影响，上述交易或事项对甲公司12月份营业利润的影响金额为(　　)万元人民币。

A. 30　　B. −496　　C. −490　　D. −520

二、多项选择题

1. 企业在选定记账本位币时，通常应综合考虑几项因素。下列各项中属于这些因素的是(　　)。

A. 该货币主要影响商品或劳务所需人工费用、材料费用

B. 保存从经营活动中收取款项时所使用的货币

C. 该货币主要影响商品和劳务销售价格

D. 融资活动获得的资金所使用的货币

2. 外币折算准则规范的外币交易包括(　　)。

A. 买入或卖出以外币计价的商品或劳务

B. 借入或借出外币资金

C. 其他以外币计价或结算的交易

D. 外币报表折算

3. 根据现行会计准则，外币报表折算时，下列项目中不能采用资产负债表日即期汇率进行折算的是(　　)。

A. 营业成本　　B. 营业收入　　C. 未分配利润　　D. 持有至到期投资

4. 企业发生各类外币业务形成的折算差额，根据不同业务可能计入的账户有(　　)。

A. 公允价值变动损益　　B. 财务费用

C. 在建工程　　D. 其他综合收益

E. 制造费用

5. 下列情况中，企业应确定人民币作为记账本位币的有(　　)。

A. 甲公司系国内外贸自营出口企业，超过80%的营业收入来自向美国的出口，其商品销售价格主要受美元的影响，以美元计价

B. 乙企业除厂房设施、30%的人工成本在国内以人民币计价，生产所需原材料、机器设备及70%以上的人工成本以美元在美国采购

C. 丙企业的人工成本、原材料以及相应的厂房设施、机器设备等95%以上在国内采购并以人民币计价，丙企业取得美元营业收入在汇回国内时直接兑换成了人民币存款，且丙企业对美元波动产生的外币风险进行了套期保值

D. 丁企业对外融资的90%以人民币计价并存入银行，企业超过80%的营业收入以人民币计价，其商品销售价格主要受人民币的影响，以人民币计价

E. 戊企业80%的经营收入都以人民币计价并结算

6. 下列关于记账本位币的选择和变更的表述中，正确的有(　　)。

A. 我国企业选择人民币以外的货币作为记账本位币的，在编制财务报表时应折算为人民币

B. 记账本位币的选择应根据企业经营所处的主要经济环境的改变而改变

C. 只有当企业所处的主要经济环境发生重大变化时，企业才可以变更记账本位币

D. 企业经批准变更记账本位币的，应采用变更当日的即期汇率将所有项目折算为变更后的记账本位币

7. 甲公司以人民币为记账本位币，其外币业务仅为美元业务，对外币业务采用交易发生日的即期汇率为折算汇率，按月计算汇兑损益。2×19年6月，应收账款外币项目期初余额为400万美元，全部为上月销售产品产生，5月末汇率为1美元=6.81元人民币。当月甲公司发生的外币交易如下：

(1)2日，以美元购入原材料，支付价款300万美元，当日即期汇率为1美元=6.8元人民币；

(2)15日，收回上月因销售业务产生的应收账款400万美元，当日即期汇率为1美元=6.85元人民币，期末即期汇率为1美元=6.82元人民币。

期末原材料尚未领用，可变现净值为290万美元。假定不考虑其他因素，则甲公司的下列处理中正确的有(　　)。

A. 存货项目期末应计提的存货跌价准备为62.2万元

B. 应收账款期末汇兑差额为16万元

C. 存货项目期末列报金额为2 040万元

D. 本月因上述业务影响损益的金额为-46.2万元

三、判断题

1. 企业对于外币交易涉及的所有会计要素都应设置外币账户予以反映。　(　　)

2. 即期汇率的近似汇率通常是指当期期初汇率。　(　　)

3. 即使企业对日常外币交易采用即期汇率的近似汇率折算，但企业收到投资者以外币投入的资本也只能采用交易日的即期汇率进行折算。　(　　)

4. 根据我国现行会计准则，企业的境外经营如果处于恶性通货膨胀环境，企业对境外经营的外币报表进行折算前，要先消除通货膨胀对该财务报表项目的影响。　(　　)

5. 企业期末确认的外币账户的汇兑差额必然是未实现汇兑损益。　(　　)

四、计算及账务处理题

1. 某企业以人民币作为记账本位币。2×19年11月1日该企业从银行借入年利率为6%

的 1 000 万美元的一年期借款，当日的即期汇率为 1 美元=7.4 元人民币；11 月 30 日的即期汇率为 1 美元=7.5 元人民币；12 月 31 日的即期汇率为 1 美元=7.8 元人民币。其他业务略。

要求：根据上述资料，进行如下会计处理：

(1)计算 2×19 年年末“短期借款——美元”的记账本位币余额；

(2)计算 2×19 年计入“财务费用”的金额；

(3)编制 2×19 年与该业务有关的会计分录；

(4)指出该业务对企业 2×19 年税前利润的影响数。

2. 某企业以人民币作为记账本位币。2×19 年 11 月 1 日该企业销售商品，货款 1 000 万美元，当时尚未收款；根据合同规定，企业在 12 月 20 日收到 40%的货款。销货当天的即期汇率为 1 美元=7.4 元人民币；12 月 20 日的即期汇率为 1 美元=7.5 元人民币；12 月 31 日的即期汇率为 1 美元=7.8 元人民币。相关税费和其他业务略。

要求：根据上述资料，进行如下会计处理：

(1)计算确定该企业 2×19 年年末“应收账款——美元”的记账本位币余额；

(2)计算确定该企业 2×19 年年末确认的与应收账款有关的汇兑差额；

(3)编制 2×19 年与该业务有关的会计分录。

五、综合题

甲公司以人民币为记账本位币，对外币业务采用交易日即期汇率折算，属于增值税一般纳税企业。

(1)2×19 年 1 月 20 日，以人民币银行存款偿还 2×18 年 11 月应付账款 100 万美元，银行当日卖出价为 1 美元=7.14 元人民币，银行当日买入价为 1 美元=7.10 元人民币，交易发生日的即期汇率为 1 美元=7.12 元人民币。2×18 年 12 月 31 日，即期汇率为 1 美元=7.15 元人民币。

(2)2×19 年 2 月 20 日，收到某公司偿还应收账款 500 万美元，并兑换为人民币。银行当日卖出价为 1 美元=7.16 元人民币，银行当日买入价为 1 美元=7.14 元人民币，交易发生日的即期汇率为 1 美元=7.15 元人民币。

(3)2×19 年 10 月 20 日，当日即期汇率是 1 美元=7.3 元人民币，以 0.2 万美元每台的价格从美国购入国际最新型号的健身器材 500 台(该健身器材在国内市场尚无供应)，并于当日支付货款。按照规定计算应交纳的进口关税为 5 万元人民币，支付的进口增值税为 117.6 万元人民币。

(4)2×19 年 10 月 25 日，以每股 6.5 港元的价格购入乙公司的 H 股 500 万股作为交易性金融资产，另支付交易费用 10 万港元，当日汇率为 1 港元=1.1 元人民币，款项已用港元支付。

(5)2×19 年 12 月 31 日，健身器材库存尚有 100 台，国内市场仍无该型号健身器材供应，其在国际市场的价格已降至 0.18 万美元/台。12 月 31 日的即期汇率是 1 美元=7.2 元人民币。假定不考虑增值税等相关税费。

(6)2×19 年 12 月 31 日，乙公司 H 股的市价为每股 6 港元，当日汇率为 1 港元=1.2 元人民币。

要求：编制 2×19 年上述各月的会计分录(单位以万元人民币表示)。

第三章

非货币性资产交换

导读案例

成都前锋电子股份有限公司重大资产置换报告书

股票代码:600733　股票简称:S＊ST前锋

前锋股份以截至2017年10月31日拥有的全部资产和负债作为置出资产,与北汽集团截至2017年10月31日持有的北汽新能源股份中的等值部分进行置换,前锋股份置出的全部资产、负债、业务由北汽集团指定四川新泰克承接。

根据天健兴业出具的经北京市国资委核准的《置出资产评估报告》(天兴评报字[2017]第1529号),本次置出资产采用资产基础法评估,并以资产基础法的结果作为定价依据。截至2017年10月31日,拟置出资产净资产账面价值为7 307.68万元,评估价值为18 708.61万元,增值额为11 400.93万元,增值率为156.01%。经上市公司与北汽集团协商,置出资产的交易作价确定为18 708.61万元。根据天健兴业出具的经北京市国资委核准的《置入资产评估报告》(天兴评报字[2017]第1028号),本次交易标的北汽新能源100%股权采用资产基础法和市场法评估,并以市场法的结果作为定价依据。截至2017年10月31日,北汽新能源100%股权评估值为2 884 955.47万元,相较经审计的账面净资产1 646 278.55万元,评估增值1 238 676.92万元,增值率为75.24%。经上市公司与交易对方协商,置入资产的交易作价确定为2 884 955.47万元。

本次交易完成后,公司的总资产、净资产规模将大幅增加,公司的营业收入、净利润都将实现较大提高,并进一步提升上市公司业绩水平,增强公司竞争实力。根据致同会计师事务所出具的《前锋股份电子股份有限公司2016年度及2017年1—10月备考合并财务报表审阅报告》(致同审字[2018]第110ZA0880号),本次交易前后,公司的主要财务指标如表3—1所示:

表3—1　　成都前锋交易前后主要财务指标　　单位:万元

指标名称	本次交易前(2016年度)	本次交易后(2016年度)
资产总额	37 126.18	1 635 980.37

续表

指标名称	本次交易前(2016 年度)	本次交易后(2016 年度)
股东权益	22 963.32	495 218.17
归属母公司的股东权益	18 484.27	494 480.5
营业收入	536.76	937 153.01
利润总额	−3 080.37	9 871.89
净利润	−4 331.51	10 841.81
归属母公司股东的净利润	−3 340.21	12 820.33

请思考：

1. 四川前锋与四川新泰克的上述资产置换是否属于非货币性资产交换?
2. 四川前锋对此项非货币性资产交换应如何作会计处理?
3. 为什么资产置换后四川前锋的营业收入、净利润会有较大提高?

学习目标

1. 理解非货币性资产交换的概念及界定。
2. 熟练掌握非货币性资产交换——公允价值计量的会计处理。
3. 熟练掌握非货币性资产交换——账面价值计量的会计处理。

第一节　非货币性资产交换概述

一、货币性资产与非货币性资产的含义

货币性资产是指企业持有的货币资金和将以固定或可确定的金额收取的资产，主要包括库存现金、银行存款、应收账款、应收票据和准备持有至到期的债券投资等。

非货币性资产是指交易双方主要以存货、固定资产、无形资产和长期股权投资等非货币性资产进行交换。该交换不涉及或只涉及少量的货币性资产(即补加)，主要包括存货(原材料、包装物、低值易耗品、库存商品、委托加工物资、委托代销商品等)、长期股权投资、投资性房地产、固定资产、在建工程、工程物资、无形资产等。

非货币性资产的基本特征是:其为企业带来未来经济利益的金额是不固定的或不可确定的。这一特征导致非货币性资产交换在取得资产的入账价值的确定、交换损益的确定等方面，可能有别于通常意义上的资产交易。

二、非货币性资产交换的界定

非货币性资产交换中，不涉及货币资金，或只涉及少量的货币资金，这个“少量”的界限，成为判断相关交易是否属于非货币性资产交换的依据之一。

实务中，在界定一项交易是否属于非货币性资产交换，从而适用《企业会计准则第 7 号——非货币性资产交换》时，至少应注意三点：

第一，非货币性资产交换一般不涉及货币性资产，但有时可能涉及少量货币性资产，亦即“补价”。这个补价应低于换入资产公允价值的 25%（对支付补价方而言），或者应低于换出资产公允价值的 25%（对收取补价而言）。换言之，如果支付的补价高于（或等于）换入资产公允价值的 25%，或者收取的补价高于（或等于）换出资产公允价值的 25%，则相关交易应被界定为货币性资产交换，从而应遵循《企业会计准则第 14 号——收入》的规定。

第二，非货币性资产交换是企业间非货币性资产形式的互惠转让，不包括企业与其所有者或所有者以外其他方进行的非货币性资产非互惠转让。比如，企业用非货币性资产作为股利发放给股东、企业收到政府无偿提供的非货币性资产等，不属于非货币性资产交换，应分别遵循《企业会计准则第 37 号——金融工具列报》和《企业会计准则第 16 号——政府补助》的规定。

第三，企业合并中取得的非货币性资产、债务重组中取得的非货币性资产以及以发行股票形式作为对价而取得的非货币性资产，均不适用非货币性资产交换准则的规范，而应分别遵循《企业会计准则第 20 号——企业合并》《企业会计准则第 12 号——债务重组》和《企业会计准则第 37 号——金融工具列报》的规定。

【例 3—1】　2016 年 11 月 7 日，云南煤业能源股份有限公司（股票代码：600792，简称云煤能源）与昆明钢铁控股有限公司（简称昆钢控股）签订资产置换协议，云煤能源以持有的昆明焦化制气有限公司（简称昆焦制气）100%股权与昆钢控股持有的云南昆钢重型装备制造集团有服公司（简称昆钢重装）100%股权的等值部分进行置换，拟置出资产的交易价格为 56 002.24 万元，拟置入资产的交易价格为 52 614.07 万元，本次资产置换的差额为 3 388.17 万元，由昆钢控股于拟置入资产交割日后 5 个工作日内以现金向云煤能源补足。

要求：

请判断该项资产置换交易是否属于非货币性资产交换，并给出判断依据。

分析思路：

要判断该项资产置换是否属于非货币性资产交换，首先，要看双方交换的资产是否为非货币性资产；其次，如果涉及补价，则需计算补价占整个资产交换全额的比例，看其是否低于 25%，当这两个条件同时满足时，则表明该项资产置换是非货币性资产交换。本案例中，云煤能源与昆钢控股采取的是以股换股的方式，即以长期股权投资换长期股权投资，长期股权投资属于非货币性资产，因此第一个条件满足。然后来看补价是否符合少量补价的界定，此项资产置换中，补价为 3 388.17 万元，置换的资产中金额较高者为 56 002.24 万元，由于 3 388.17/56 002.24×100%＝6.05%＜25%，由此少量补价的条件满足。

基于以上分析，可以判定本案例中的资产置换属于非货币性资产交换。

【例 3—2】　山西安泰集团股份有限公司（股票代码：600408，简称安泰集团）于 2015 年 9 月 30 日召开临时股东大会，审议通过了与山西新泰钢铁有服公司（简称新泰钢铁）的重大资产置换议案。

安泰集团以其持有的安泰冶炼 51%股权与新泰钢铁持有的安泰型钢 100%股权进行置换，安泰冶炼 51%股权的交易价格为 38 881.38 万元，安泰型钢 100%股权的交易价格为 139 980.48 万元。差额部分以安泰集团对交易对方的其他应收款作为对价支付。

安泰集团与新泰钢铁于 2015 年 11 月 3 日签署置入资产交割确认函和置出资产交割确认函，确认 2015 年 12 月 9 日为置入标的资产交割日，2015 年 10 月 27 日为置出标的资产交割日，交割完成后，安泰集团已合法持有安泰型钢 100%股权，安泰型钢成为安泰集团全资子公司：新泰钢铁已合法持有安泰冶炼 51%股权，安泰冶炼成为新泰钢铁子公司，假定该非货币性资产交换具有商业实质。

要求：

请判断该项资产置换交易是否属于非货币性资产交换，并给出判断依据。

分析思路：

本案例与【例 3－1】类似，仍然是以股换股的形式，这也是上市公司使用频率最高的资产置换方式。唯一不同的是，本案例所涉及的货币性资产（补价）不是现金，而是其他应收款。根据货币性资产的定义，其他应收款是属于货币性资产。接下来就是判定该补价是否符合少量补价的界定。安泰集团换出的长期股权投资（安泰冶炼股权）金额为 38 881.38 万元，换入的长期股权投资（安泰型钢）为 139 980.48 万元，两者的差额为 101 099.1 万元，用差额除以置换资产中金额较高者 139980.48 万元，即(101 099.1/139 980.48)×100%＝72.22%＞25%。

从计算结果可以看出，尽管双方置换的资产为非货币性资产，但补价远远高于少量补价的标准 25%，因此可以判定该项资产置换不属于非货币性资产交换。本案例中还需注意的是，补价并不一定都是现金，也有可能是其他符合货币性资产定义的资产，如应收账款、应收票据、其他应收款等。

三、非货币性资产交换的主要内容

非货币性资产交换的核心会计问题是换入资产如何计量、交换损益是否确认以及如何计量。

通常情况下，货币性资产交换中，购买方可以根据支付的购买价款确定购入资产的入账价值，销售方则可根据取得的资产售价与售出资产的账面价值之差为基础计量损益。而非货币性资产交换则不然，非货币性资产交换中，参与交换的任意一方均涉及换入资产的入账和换出资产转出处理，从而引发需要特别关注的会计问题。

非货币性资产交换会计确认与计量的主要内容有：

第一，换入资产是按照换出资产的账面价值还是公允价值入账，或者按照换入资产的公允价值入账？

第二，是否需要确认交换损益？

第三，资产交换中的相关税费是否影响换入资产入账价值或交换损益的确定？

第四，如果涉及补价，如何确定换入资产的入账价值？是否涉及交换损益的确定？

第五，如果换入、换出多项资产，如何确定每项资产的入账价值？是否涉及交换损益的确定？

第二节　非货币性资产交换的确认和计量

一、确认和计量原则

在非货币性资产交换的情况下，不论是一项资产换入一项资产、一项资产换入多项资产，还是多项资产换入一项资产、多项资产换入多项资产，换入资产的成本都有两种计量基础。

（一）公允价值

非货币性资产交换同时满足下列两个条件的，应当以公允价值和应支付的相关税费作为换入资产的成本，公允价值与换出资产账面价值的差额计入当期损益。

1. 该项交换具有商业实质。

2. 换入资产或换出资产的公允价值能够可靠地计量。

资产存在活跃市场是资产公允价值能够可靠计量的明显证据，但不是唯一要求，符合下列三种情形之一的，公允价值视为能够可靠地计量。

（1）换入资产或换出资产存在活跃市场。对于存在活跃市场的存货、长期股权投资、固定资产、无形资产等非货币性资产，应当以该资产的市场价格为基础确定其公允价值。

（2）换入资产或换出资产不存在活跃市场，但同类或类似资产存在活跃市场。对于同类或类似资产存在活跃市场的存货、长期股权投资、固定资产、无形资产等非货币性资产，应当以同类或类似资产市场价格为基础确定其公允价值。

（3）换入资产或换出资产不存在同类或类似资产的可比市场交易、采用估值技术确定的公允价值满足一定的条件。采用估值技术确定的公允价值必须符合以下条件之一，视为能够可靠计量：①采用估值技术确定公允价值估计数的变动区间很小；②在公允价值估计数变动区间内，各种用于确定公允价值估计数的概率能够合理确定。

以上三种资产存在活跃市场的情形中，公允价值的可靠性依次递减，第（1）种情形下的公允价值计量最可靠，第（2）种情形次之，第（3）种情形可靠性较弱。当采用估值技术确定公允价值时，由于估值方法具有非唯一性且涉及人为的主观判断因素，不同估值方法下公允价值可能存在较大差异，很有可能成为企业操纵会计信息的工具。

（二）账面价值

非货币性资产交换不具有商业实质或换入、换出资产的公允价值均不能可靠计量的，应以换出资产的账面价值和应支付的相关税费作为换入资产的成本，无论是否支付补价，均不确认损益，收到或支付的补价作为确定换入资产成本的调整因素。

二、商业实质的判断

（一）判断标准

判断一项非货币性资产交换是否具有商业实质，主要看交换双方是否基于平等自愿、公平互利的原则进行交易。当换入的非货币性资产比换出的非货币性资产对企业能产生更大的效用，或者换句话说，换入的非货币性资产与换入企业其他现有资产相结合能够产生更大的效用，使换入企业受该换入资产影响产生的现金流量与换出资产明显不同时，则表明该项非货币性资产交换具有商业实质。

根据《企业会计准则第 7 号——非货币性资产交换》的规定，符合下列条件之一的，视为具有商业实质。

1. 换入资产的未来现金流量在风险、时间和金额方面与换出资产显著不同

(1)未来现金流量的风险、金额相同，时间不同。此种情形是指换入资产和换出资产产生的未来现金流量总额相同，获得这些现金流量的风险相同，但现金流入企业的时间明显不同。如某企业以一批存货换入一项设备，假设在两者风险、金额相同情况下，因存货流动性强，相对于设备这一固定资产，能在较短时间内产生现金流。

(2)未来现金流量的时间、金额相同，风险不同。此种情形是指换入资产和换出资产产生的未来现金流量时间和金额相同，但企业获得现金流量的不确定性存在明显差异。如某企业以其不准备持有至到期的国库券换入一幢房屋以备出租，该企业预计未来每年收到的国库券的利息与房屋租金在金额和流入时间上相同，但是国库券利息通常风险很小，而租金的取得需要依赖承租人的财务及信用情况，两者现金流量的风险或不确定性程度存在明显差异。

(3)未来现金流量的风险、时间相同，金额不同。此种情形是指换入资产和换出资产产生的未来现金流量总额相同，预计为企业带来现金流量的时间跨度相同，风险也相同，但各年产生的现金流量金额存在明显的差异。如某企业以其商标权换入另一企业新开发的专利技术，预计二者的使用寿命相同，在使用寿命内为企业带来的现金流量也相同，但是新开发的专利技术现金流量在开始阶段明显少于后期，而另一商标权每年产生的现金流量较均衡，因此二者在每年现金流量上有显著差异。

2. 换入资产与换出资产的预计未来现金流量现值不同，且其差额与换入资产和换出资产的公允价值相比是重大的

这种情况是指换入资产对换入企业的特定价值(即预计未来现金流量现值)与换出资产存在明显差异。准则所指资产的预计未来现金流量现值，应当按照资产在持续使用过程中和最终处置时所产生的预计税后未来现金流量，根据企业自身而不是市场参与者对资产特定风险的评价，选择恰当的折现率对其进行折现后的金额加以确定。

如某企业以一项专利权换入另一企业拥有的长期股权投资，该项专利技术与该长期股权投资的公允价值相同，两项资产未来现金流量的风险、时间和金额也相同，但对换入企业而言，换入该项长期股权投资使该企业对被投资方由重大影响变为控制关系，从而使得换入企业产生的预计未来现金流量现值与换出的专利权有较大差异；另一企业换入的专利权能够解决生产中的技术难题，从而使得换入企业产生的预计未来现金流量现值与换出的长期股权投资存在明显差异，因而两项资产的交换具有商业实质。

(二)关联方之间交换资产与商业实质的关系

在确定非货币性资产交换是否具有商业实质时，企业应当关注交易各方之间是否存在关联关系。关联关系的存在可能导致发生的非货币性资产交换不具有商业实质，但并不是说一定不具有商业实质。

第三节　非货币性资产交换的会计处理——公允价值计量模式

一、换入资产入账价值的确定

在换入资产基于公允价值计价的情况下，换入资产的入账金额原则上应基于换出资产的公允价值予以确定，除非有确凿证据表明换入资产的公允价值比换出资产的公允价值更加可靠。这也意味着，换出资产的公允价值具有优先权，只有当换出资产的公允价值不能可靠计量时，才会退而求其次采用换入资产的公允价值作为换入资产入账价值的计价基础。

（一）不涉及补价的情况

换入资产的成本＝换出资产公允价值＋换出资产增值税销项税税额－换入资产可抵扣的增值税进项税额＋支付的应计入换入资产成本的相关税费

（二）涉及补价的情况

换入资产的成本＝换出资产公允价值＋换出资产增值税销项税税额－换入资产可抵扣的增值税进项税额＋支付的应计入换入资产成本的相关税费＋支付的补价（－收到的补价）

二、换出资产公允价值与其账面价值差额的处理

换出资产公允价值与其账面价值的差额，应当按照不同情况处理：

第一，换出资产为存货的，应当作为销售处理，按其公允价值确认收入，同时结转相应的成本，如【例3－3】。

第二，换出资产为固定资产、无形资产的，换出资产公允价值与其账面价值的差额，计入“资产处置损益”，如【例3－4】。

第三，换出资产为长期股权投资、可供出售金融资产和交易性金融资产等投资性资产的，换出资产公允价值与其账面价值的差额计入投资收益，并将投资性资产持有期间计入“其他综合收益”的公允价值变动额转入“投资收益”，如【例3－5】。

需要说明的是，上述三类换出资产中，存货类的会计处理较为特殊，其换出资产交换损益是间接计量的，即按公允价值确认营业收入，按账面价值结转营业成本，交换损益体现为两者的差额；而其他两类换出资产的交换损益是直接计量的，即按账面价值贷记“换出资产”，公允价值与账面价值的差额直接计入“资产处置损益”或“投资收益”，差额是借方还是贷方，取决于公允价值是小于账面价值还是大于账面价值，如【例3－6】。

【例3－3】　甲企业2×19年11月1日用一批自产的库存商品（应税消费品）与乙企业交换一幢用于经营性出租的厂房。甲企业该批商品的账面价值为400万元，交换日的公允价值为500万元；乙企业该幢投资性房地产按成本模式进行后续计量，其账面价值为480万元（原始价值600万元，累计折旧120万元），交换日的公允价值为500万元，甲企业该商品适用的消费税税率为10%，甲、乙企业适用的增值税税率为13%。甲企业对换入的经营性出租厂房按公允价值模式计量，乙企业将换入的资产作为原材料使用。双方经判断，此项交换具有商业实质。其他相关税费略。

根据上述资料，进行相关账务处理：

(1)甲企业相关账务处理

①确认资产交换：

借：投资性房地产　　5 650 000
　贷：主营业务收入　　5 000 000
　　应交税费——应交增值税(销项税)　　650 000

②确认营业成本、税金及附加：

借：主营业务成本　　4 000 000
　贷：库存商品　　4 000 000
借：税金及附加　　500 000
　贷：应交税费——应交消费税　　500 000

(2)乙企业相关账务处理

①确认资产交换：

借：原材料　　4 350 000
　应交税费——应交增值税(进项税)　　650 000
　贷：其他业务收入　　5 000 000

②确认营业成本、税金及附加：

借：其他业务成本　　4 800 000
　投资性房地产累计折旧　　1 200 000
　贷：投资性房地产　　6 000 000

(3)交换损益分析：

甲企业实现的交换收益为：

主营业务收入－主营业务成本－税金及附加＝5 000 000－4 000 000－5 00 000＝500 000(元)；

乙企业实现的交换收益为：

其他业务收入－其他业务成本＝5 000 000－ 4 800 000＝200 000(元)。

【例 3－4】 甲企业 2×19 年 10 月 1 日用一项专利权与乙企业交换一项生产用节能设备，甲企业该专利权的账面价值为 100 万元(原始成本 120 万元，累计摊销 20 万元)，公允价值为 110 万元；乙企业该项设备的账面价值为 105 万元(原始价值 155 万元，累计折旧 50 万元)，公允价值为 100 万元，乙企业用银行存款 1 万元支付运杂费等。双方经判断，此项交换具有商业实质。其他相关税费略。

根据上述资料，进行相关账务处理：

(1)甲企业确认资产交换：

借：固定资产　　1 000 000
　累计摊销　　200 000
　贷：无形资产　　1 100 000
　　资产处置损益　　100 000

上述账务处理增加了甲企业的税前利润 10 万元。

(2)乙企业的账务处理：

①结转固定资产账面价值：

借：固定资产清理　　1 050 000

　　累计折旧　　500 000

　　贷：固定资产　　1 550 000

②确认资产交换：

借：无形资产　　1 000 000

　　资产处置损益　　60 000

　　贷：固定资产清理　　1 050 000

　　　　银行存款　　10 000

上述账务处理中乙企业确认交换损失 6 万元。

【例 3—5】 甲企业与乙企业经协商，甲企业以其拥有的用于经营出租目的的一幢公寓楼与乙企业持有的交易目的的股票投资交换。甲企业的公寓楼符合投资性房地产定义，但甲企业未采用公允价值模式计量。在交换日，该幢公寓楼的账面原价为 9 000 万元，已提折旧 1 500 万元，未计提减值准备，在交换日的公允价值和计税价格均为 8 000 万元；乙企业持有的交易目的的股票投资账面价值为 6 000 万元，乙企业对该股票投资采用公允价值模式计量，在交换日的公允价值为 7 500 万元，由于甲企业急于处理该公寓楼，乙企业仅支付了 450 万元给甲企业。乙企业换入公寓楼后仍然继续用于经营出租目的，并拟采用公允价值计量模式，甲企业换入股票投资后也仍然用于交易目的。假定该项交易过程中不涉及相关税费。

【分析】

该项资产交换涉及收付货币性资产，即补价 450 万元。

对甲企业而言，收到的补价(450 万元)÷换出资产的公允价值(7 950 万元)(换入股票投资公允价值 7 500 万元＋收到的补价 450 万元)＝5.7%＜25%，属于非货币性资产交换。

对乙企业而言，支付的补价(450 万元)÷换入资产的公允价值(8 000 万元)＝5.6%＜25%，属于非货币性资产交换。

本例属于以投资性房地产换入以公允价值计量且其变动计入当期损益的金融资产。对甲企业而言，换入交易目的的股票投资使得其可以在希望变现时取得现金流量，但风险程度要比租金稍大。用于经营出租目的的公寓楼，可以获得稳定均衡的租金流，但是不能满足企业急需大量现金的需要。因此，交易性股票投资带来的未来现金流量在时间、风险方面与用于出租的公寓楼带来的租金流有显著区别，因而可判断两项资产的交换具有商业实质。同时，股票投资和公寓楼的公允价值均能够可靠地计量，因此甲乙企业均应当以公允价值为基础确定换入资产的成本，并确认产生的损益。

(1)甲企业账务处理如下：

①结转投资性房地产账面价值：

借：其他业务成本　　75 000 000

　　投资性房地产累计折旧　　15 000 000

　　贷：投资性房地产　　90 000 000

②确认资产交换：

借：交易性金融资产　　75 500 000

银行存款　　4 500 000

贷：其他业务收入　　80 000 000

(2)乙企业账务处理如下：

①借：投资性房地产　　79 500 000

贷：交易性金融资产——成本　　60 000 000

——公允价值变动损益　　15 000 000

银行存款　　4 500 000

②借：公允价值变动损益　　15 000 000

贷：投资收益　　15 000 000

【例 3-6】 2×19 年 10 月，为了提高产品质量，甲电视机生产企业以其持有的对乙企业的长期股权投资交换丙电视机生产企业拥有的一项液晶电视屏专利技术。在交换日，甲企业持有的长期股权投资账面余额为 580 万元，已计提长期股权投资减值准备余额为 80 万元，在交换日的公允价值为 600 万元；丙企业专利技术的账面原价为 800 万元，累计摊销为 190 万元，在交换日的公允价值为 640 万元。甲企业支付银行存款 40 万元给丙企业。丙企业原持有对乙企业的长期股权投资，从甲企业换入对乙企业的长期股权投资后，使乙企业成为丙企业的联营企业。假设整个交易过程中没有发生除增值税以外的其他税费，销售无形资产使用的增值税税率为 6%，上述交易过程中涉及的增值税进项税额按照税法规定可抵扣且已得到论证；不考虑其他相关税费。

【分析】

对甲企业而言，支付的补价 40 万元÷换入资产的公允价值 640 万元＝6.25%＜25%，属于非货币性资产交换．

对丙企业而言，收到的补价 40 万元÷换出资产的公允价值 640 万元(换入股票投资公允价值 600 万元＋收到的补价 40 万元)＝6.25%＜25%，属于非货币性资产交换。

本例中，专利技术这项无形资产和长期股权投资的预计未来现金流量的现值不同，其差额与换入资产和换出资产的公允价值相比是重大的，因而可判断两项资产的交换具有商业实质。同时两项资产的公允价值均能可靠地计量，因此，甲、乙企业均应以公允价值为基础确定换入资产的成本，并确认产生的损益。

甲企业：

换入专利技术的增值税进项税额＝6 400 000×6%＝384 000(元)

换入资产的成本＝换出资产的公允价值＋应支付的相关税费＋支付的补价

＝6 000 000＋400 000＝640 000(元)

换出资产损益＝6 000 000－(5 800 000－800 000)＋384 000＝1 384 000(元)

账务处理如下：

借：无形资产——专利权　　6 400 000

应交税费——应交增值税(进项税额)　　384 000

长期股权投资减值准备　　800 000

贷：长期股权投资　　5 800 000

银行存款　　400 000

投资收益　　1 384 000

丙企业：

换出专利技术的增值税销项税额＝6 400 000×6％＝384 000（元）

换入资产的成本＝换出资产的公允价值＋应支付的相关税费－收到的补价

＝6 400 000－400 000＝6 000 000（元）

换出资产损益＝6 400 000－（8 000 000－1 900 000）－384 000＝－84 000（元）

账务处理如下：

借：长期股权投资　6 000 000

　银行存款　400 000

　累计摊销　1 900 000

　资产处置损益　84 000

　贷：无形资产——专利权　8 000 000

　　应交税费——应交增值税（销项税）　384 000

第四节　非货币性资产交换的会计处理——账面价值计量模式

一、换入资产入账价值的确定

对于不具有商业实质或交换涉及的换入、换出资产公允价值均不能可靠计量的非货币性资产交换，要以换出资产的账面价值和应支付的相关税费作为换入资产的入账金额，不确认换出资产的交换损益。如果涉及补价，则收到的补价或支付的补价作为确定换入资产入账金额的调整因素。

（一）不涉及补价的情况

换入资产的成本＝换出资产账面价值＋换出资产增值税销项税税额－换入资产可抵扣的增值税进项税额＋支付的应计入换入资产成本的相关税费

（二）涉及补价的情况

换入资产的成本＝换出资产账面价值＋换出资产增值税销项税税额－换入资产可抵扣的增值税进项税额＋支付的应计入换入资产成本的相关税费＋支付的补价（－收到的补价）

二、换出资产公允价值与其账面价值差额的处理

当采用账面价值计量模式时，无论是哪种类型的资产，由于不存在换出资产账面价值与公允价值的差异，因而无须确认交换损益，直接按换出资产的账面价值贷记换出的资产。

需要注意的是，无论是采用公允价值计量模式还是账面价值计量模式，都应按账面价值贷记换出的资产，同时将与该项换出资产相关的备抵账户（坏账准备、累计折旧、存货跌价准备、固定资产减值准备、无形资产值准备，长期股权投资减值准备等）一并结转为零，以保证该项换出资产在账上被彻底冲销。

【例3－7】　甲企业以一批商品换入乙企业一项专利权。商品成本60万元，公允价值100万元，增值税税率13％，消费税税率10％。乙企业专利权的公允价值100万元，账面原

价 110 万元，累计摊销 40 万元，支付给甲企业补价 11 万元。乙企业按 6%缴纳增值税。假设该交换不具有商业实质。

甲企业的账务处理：

换入专利权的入账价值＝600 000＋130 000＋100 000－60 000－110 000＝660 000(元)

借：无形资产　　660 000
　银行存款　　110 000
　应交税费——应交增值税(进项税)　　60 000
　贷：库存商品　　600 000
　　应交税费——应交增值税(销项)　　130 000
　　应交税费——应交消费税　　100 000

乙企业的账务处理：

换入库存商品的入账价值＝(1 100 000－400 000)＋60 000＋110 000－130 000＝740 000(元)

借：库存商品　　740 000
　应交税费——应交增值税(进项税)　　130 000
　累计摊销　　400 000
　贷：无形资产　　1 100 000
　　应交税费——应交增值税(销项税)　　60 000
　　银行存款　　110 000

【例 3—8】 甲企业拥有一台专有设备，该设备账面原价 450 万元，已计提折旧 330 万元；乙企业拥有一项长期股权投资，账面价值 100 万元，两项资产均未计提减值准备。甲企业决定以其专有设备交换乙企业的长期股权投资，该专有设备是生产某种产品必需的设备。由于专有设备系当时专门制造、性质特殊，其公允价值不能可靠地计量；乙企业拥有的长期股权投资在活跃市场中没有报价，其公允价值也不能可靠计量。经双方商定，乙支付 20 万元补价给甲企业。假定交易不考虑相关税费。

【分析】

该项资产交换涉及收付货币性资产，即补价 20 万元。对甲企业而言，收到的补价 20 万元÷换出资产账面价值 120 万元＝16.7%＜25%，因此，该项交换属于非货币性资产交换，乙企业的情况也类似。由于两项资产的公允价值不能可靠计量，因此，甲、乙企业换入资产的成本均应当按照换出资产的账面价值确定。

(1)甲企业账务处理：

借：固定资产清理　　1 200 000
　累计折旧　　3 300 000
　贷：固定资产　　4 500 000
借：长期股权投资　　1 000 000
　银行存款　　200 000
　贷：固定资产清理　　1 200 000

(2)乙企业账务处理：

借：固定资产——专有设备　　1 200 000

贷：长期股权投资　　　　1 000 000

银行存款　　　　200 000

从上例可以看出，尽管乙企业支付了 20 万元的补价，但由于整个非货币性资产交换是以账面价值为基础计量的，支付补价方和收到补价方均不确认损益。对甲企业而言，其换入资产是长期股权投资和银行存款 20 万元，换出资产专有设备的账面价值为 120(450－330)万元，因此，长期股权投资的成本就是换出设备的账面价值减去货币性补价的差额，即 100(120－20)万元；对于乙企业而言，其换出资产是长期股权投资和银行存款 20 万元，换入资产专有设备的成本等于换出资产的账面价值，即 120(100＋20)万元。由此可见，在以账面价值计量的情况下，发生的补价是用来调整换入资产的成本，不涉及确认损益的问题。

第五节　涉及多项非货币性资产交换的会计处理

企业以一项非货币性资产同时换入另一企业的多项非货币性资产，或同时以多项非货币性资产同时换入另一企业多项非货币性资产，也可能涉及补价。涉及多项资产的非货币性资产交换，企业无法将换出的某一项资产与换入的某一项特定资产相对应。与单项非货币性资产之间的交换一样，多项资产的非货币性资产交换的计量，企业也应首先判断是否符合以公允价值计量的两个条件，再根据具体情况确定各项换入资产的成本。

涉及多项资产的非货币性资产交换一般可以分为以下几种情况。

(一)具有商业实质，双方公允价值均能可靠计量

换入资产的总成本＝换出资产公允价值总额＋相关税费＋支出的补价(－收到的补价)

各项换入资产的成本＝换入资产总成本×该项换入资产的公允价值÷换入资产公允价值总额

【例 3－9】　甲企业 2×19 年 11 月 1 日用一项专利权、一笔对某企业的长期股权投资与乙企业交换一台生产用设备。甲企业换出资产的资料为：专利权的账面价值 90 万元(原始成本 110 万元，累计摊销 20 万元)，公允价值 100 万元；长期股权投资的账面价值 210 万元，公允价值 230 万元。乙企业换出设备的资料为：账面价值 320 万元(原始成本 400 万元，累计折旧 80 万元)，公允价值 330 万元。双方经判断，此项交换具有商业实质。相关税费略。

(1)甲企业账务处理：

借：固定资产　　　　3 300 000

累计摊销　　　　200 000

贷：无形资产　　　　1 100 000

资产处置损益　　　　100 000

长期股权投资　　　　2 100 000

投资收益　　　　200 000

(2)乙企业账务处理：

①计算换入资产入账价值：

换入资产的总成本＝换出资产的公允价值总额

＝1 000 000＋2 300 000＝3 300 000(元)

换入专利权的成本＝换入资产总成本×该项换入资产的公允价值

÷换入资产公允价值总额

＝3 300 000×1 000 000÷3 300 000＝1 000 000(元)

换入长期股权投资的成本＝3 300 000×2 300 000÷3 300 000＝2 300 000(元)

②结转固定资产账面价值:

借:固定资产清理	3 200 000	
累计折旧	800 000	
贷:固定资产		4 000 000

③确认资产交换:

借:无形资产	1 000 000	
长期股权投资	2 300 000	
贷:固定资产清理		3 200 000
资产处置损益		100 000

(二)具有商业实质,只换入方资产公允价值能够可靠计量

换入资产的总成本＝换出资产公允价值总额＋相关税费＋支出的补价(－收到的补价)

各项换入资产的成本＝换入资产总成本×该项换入资产的账面价值÷换入资产账面价值总额

【例3－10】 沿用【例3－9】的资料,假定甲企业换出专利权和长期股权投资的公允价值不能够可靠计量,但换入乙企业固定资产的公允价值能可靠计量。

(1)甲企业账务处理:

借:固定资产	3 300 000	
累计摊销	200 000	
贷:无形资产		1 100 000
资产处置损益		90 000
长期股权投资		2 100 000
投资收益		210 000

(2)乙企业账务处理:

①计算换入资产入账价值:

换入资产的总成本＝换入资产的公允价值总额＝3 300 000(元)

换入专利权的成本＝换入资产总成本×该项换入资产的账面价值

÷换入资产账面价值总额

＝3 300 000×900 000÷3 000 000＝990 000(元)

换入长期股权投资的成本＝3 300 000×2 100 000÷3 000 000

＝2 310 000(元)

②结转固定资产账面价值:

借:固定资产清理	3 200 000	
累计折旧	800 000	
贷:固定资产		4 000 000

③确认资产交换:

借：无形资产　　990 000
　长期股权投资　　2 310 000
　贷：固定资产清理　　3 200 000
　　资产处置损益　　100 000

(三)具有商业实质，只换出方资产的公允价值能够可靠地计量

换入资产的总成本＝换出资产公允价值总额＋相关税费＋支出的补价(－收到的补价)

各项换入资产的成本＝换入资产总成本×该项换入资产的账面价值÷换入资产账面价值总额

【例3－11】 沿用【例3－9】的资料，假定甲企业换出专利权和长期股权投资的公允价值能够可靠计量，但换入乙企业固定资产的公允价值不能可靠计量。

(1)甲企业账务处理：

借：固定资产　　3 300 000
　累计摊销　　200 000
　贷：无形资产　　1 100 000
　　资产处置损益　　100 000
　　长期股权投资　　2 100 000
　　投资收益　　200 000

(2)乙企业账务处理：

①计算换入资产入账价值：

换入资产的总成本＝换出资产的公允价值总额＝1 000 000＋2 300 000＝3 300 000(元)

换入专利权的成本＝换入资产总成本×该项换入资产的公允价值÷换入资产公允价值总额
＝3 300 000×1 000 000÷3 300 000＝1 000 000(元)

换入长期股权投资的成本＝3 300 000×2 300 000÷3 300 000＝2 300 000(元)

②结转固定资产账面价值：

借：固定资产清理　　3 200 000
　累计折旧　　800 000
　贷：固定资产　　4 000 000

③确认资产交换：

借：无形资产　　1 000 000
　长期股权投资　　2 300 000
　贷：固定资产清理　　3 200 000
　　资产处置损益　　100 000

(四)不具有商业实质，双方公允价值均不能够可靠计量

换入资产的总成本＝换出资产账面价值总额＋相关税费＋支出的补价(－收到的补价)

各项换入资产的成本＝换入资产总成本×该项换入资产的账面价值÷换入资产账面价值总额

【例3－12】 沿用【例3－9】的资料，假定交换双方认为该项交换不具有商业实质，其他资料不变。

(1)甲企业账务处理：

甲企业换入固定资产的总成本

＝换出资产的账面价值总额＝900 000＋2 100 000＝3 000 000(元)

借：固定资产　　3 000 000

　　累计摊销　　200 000

　　贷：无形资产　　1 100 000

　　　　长期股权投资　　2 100 000

(2)乙企业账务处理：

①计算换入资产入账价值：

换入资产的总成本＝换出资产的账面价值总额＝3 200 000(元)

换入专利权的成本

＝换入资产总成本×该项换入资产的账面价值÷换入资产账面价值总额

＝3 200 000×900 000÷3 000 000＝960 000(元)

换入长期股权投资的成本＝3 200 000×2 100 000÷3 000 000＝2 240 000(元)

②结转固定资产账面价值：

借：固定资产清理　　3 200 000

　　累计折旧　　800 000

　　贷：固定资产　　4 000 000

③确认资产交换：

借：无形资产　　960 000

　　长期股权投资　　2 240 000

　　贷：固定资产清理　　3 200 000

【例 3—13】 甲企业和乙企业均为增值税一般纳税人，适用的增值税税率均为 13%。2×19 年 8 月，为适应业务发展的需要，经协商，甲企业决定以生产经营过程中使用的设备、专用货车以及库存商品换入乙企业生产经营过程中使用的小汽车、客运汽车。

甲企业设备的账面原价为 1 500 万元，在交换日的累计折旧为 300 万元，公允价值为 1 000 万元；货车的账面原价为 600 万元，在交换日的累计折旧为 480 万元，公允价值为 100 万元；库存商品的账面余额为 300 万元，交换日的市场价格为 350 万元，市场价格等于计税价格。

乙企业小汽车的账面原价为 1 300 万元，在交换日的累计折旧为 690 万元，公允价值为 709 万元；客运汽车的账面原价为 1 300 万元，在交换日的累计折旧为 680 万元，公允价值为 700 万元；乙企业另外向甲企业支付银行存款 46.33 万元，其中包括由于换出和换入资产公允价值不同而支付的补价 41 万元，以及换出资产销项税额与换入资产进项税额的差额 5.33 万元。

假定甲企业和乙企业都没有为换出资产计提减值准备；甲企业换入乙企业的小汽车、客运汽车均作为固定资产使用和管理；乙企业换入甲企业的设备、货车作为固定资产使用和管理，换入的库存商品作为原材料使用和管理。甲企业开具了增值税专用发票。

【分析】

本例涉及收付货币性资产，应当计算甲企业收到的货币性资产占甲企业换出资产公允价值总额的比例(等于乙企业支付的货币性资产占乙企业换入资产公允价值与支付的补价之和的比例),即:41÷(100+100+350)=2.83%<25%。

可以认定这一涉及多项资产的交换行为属于非货币性资产交换。对于甲企业而言,为了拓展运输业务,需要小汽车、客运汽车等,乙企业为了扩大产品生产,需要设备、货车和原材料,换入资产对换入企业均能产生更大的作用。因此,该项涉及多项资产的非货币性资产交换具有商业实质;同时,各单项换入资产和换出资产的公允价值能够可靠计量,因此,甲、乙企业均应当按照公允价值确定换入资产的总成本,确认产生的相关损益。同时,按照各单项换入资产的公允价值占换入资产公允价值总额的比例,确定各项换入资产的成本。

(1)甲企业的账务处理:

①按照税法规定,相关计算如下:

换出设备的增值税销项税额=10 000 000×13%=1 300 000(元)

换出货车的增值税销项税额=1 000 000×13%=130 000(元)

换出库存商品的增值税销项税额=3 500 000×13%=455 000(元)

换入小汽车、客车的增值税进项税额=(7 090 000+7 000 000)×13%=1 831 700(元)

②计算换入资产、换出资产的公允价值:

换出资产公允价值总额=10 000 000+1 000 000+3 500 000=14 500 000(元)

换入资产公允价值总额=7 090 000+7 000 000=14 090 000(元)

③计算换入资产总成本:

换入资产总成本=换出资产公允价值+应支付的相关税费-收到的补价

=14 500 000+0-410 000=14 090 000(元)

④计算确定换入各项资产的公允价值占换入资产公允价值总额的比例:

小汽车公允价值占换入资产公允价值总额的比例

=7 090 000÷14 090 000×100%=50.32%

客运汽车公允价值占换入资产公允价值总额的比例

=7 000 000÷14 090 000×100%=49.68%

⑤计算确定换入各项资产的成本:

小汽车的成本=14 090 000×50.32%≈7 090 000(元)

客运汽车的成本=14 090 000×49.68%≈7 000 000(元)

⑥会计分录如下:

借:固定资产清理	13 200 000	
累计折旧	7 800 000	
贷:固定资产——设备		15 000 000
——货车		6 000 000
借:固定资产——小汽车	7 090 000	
——客运汽车	7 000 000	
应交税费——应交增值税(进项税)	1 831 700	
银行存款	463 300	
资产处置损益	2 200 000	
贷:固定资产清理		13 200 000

主营业务收入 3 500 000

应交税费——应交增值税(销项税) 1 885 000

借:主营业务成本 3 000 000

贷:库存商品 3 000 000

(2)乙企业的账务处理如下:

①按照税法规定,相关计算如下:

换入设备的增值税进项税额=10 000 000×13%=1 300 000(元)

换入货车的增值税进项税额=1 000 000×13%=130 000(元)

换入原材料的增值税进项税额=3 500 000×13%=455 000(元)

换出小汽车、客车的增值税销项税额

=(7 090 000+7 000 000)×13%=1 831 700(元)

②计算换入资产、换出资产的公允价值:

换入资产公允价值总额=10 000 000+1 000 000+3 500 000=14 500 000(元)

换出资产公允价值总额=7 090 000+7 000 000=14 090 000(元)

③计算换入资产总成本:

换入资产总成本=换出资产公允价值+应支付的相关税费+支付的补价

=14 090 000+0+410 000=14 500 000(元)

④计算确定换入各项资产的公允价值占换入资产公允价值总额的比例:

设备公允价值占换入资产公允价值总额的比例

=10 000 000÷14 500 000×100%≈69%

货车公允价值占换入资产公允价值总额的比例

=1 000 000÷14 500 000×100%=6.9%

原材料公允价值占换入资产公允价值总额的比例

=3 500 000÷14 500 000×100%≈24.1%

⑤计算确定换入各项资产的成本:

设备的成本=14 500 000×69%=10 005 000(元)

货车的成本=14 500 000×6.9%=1 000 500(元)

原材料的成本=14 500 000×24.1%=3 494 500(元)

⑥会计分录如下:

借:固定资产清理 12 300 000

累计折旧 13 700 000

贷:固定资产——设备 13 000 000

——货车 13 000 000

借:固定资产——设备 10 005 000

——货车 1 000 500

原材料 3 494 500

应交税费——应交增值税(进项税) 1 885 000

贷:固定资产清理 12 300 000

应交税费——应缴增值税(销项税) 1 831 700

银行存款　463 300

资产处置损益　1 790 000

【例 3—14】 2×19 年 5 月，甲公司因经营战略发生较大转变，产品结构发生较大调整，原生产其产品的专有设备、生产该产品的专利技术等已不符合生产新产品的需要，经与乙公司协商，将其专用设备连同专利技术与乙公司正在建造的一幢建筑物、对丙公司的长期股权投资进行交换。甲公司换出专有设备的账面原价为 1 200 万元，已提折旧 600 万元；专利技术账面原价为 450 万元，已摊销金额为 200 万元。乙公司在建工程截止到交换日的成本为 520 万元，对丙公司的长期股权投资账面余额为 150 万元。由于甲公司持有的专有设备和专利技术市场上已不多见，所以，公允价值不能可靠计量。乙公司的在建工程因完工程度难以合理确定，所以其公允价值不能可靠计量。同时，由于丙公司不是上市公司，乙公司对丙公司长期股权投资的公允价值也不能可靠计量。假定甲、乙公司均未对上述资产计提减值准备。

【分析】

本例不涉及收入货币性资产，属于非货币性资产交换。由于换入资产、换出资产的公允价值均不能可靠计量，甲、乙公司均应当以换出资产账面价值总额作为换入资产的成本，各项换入资产的成本应当按照各项换入资产的账面价值占换入资产账面价值总额的比例进行分配。

(1)甲企业的账务处理：

①计算换入资产、换出资产的账面价值：

换出资产账面价值总额＝6 000 000＋2 500 000＝8 500 000(元)

换入资产账面价值总额＝5 200 000＋1 500 000＝6 700 000(元)

②计算换入资产总成本：

换入资产总成本＝换出资产账面价值＝8 500 000(元)

③计算确定换入各项资产的账面价值占换入资产账面价值总额的比例：

在建工程账面价值占换入资产账面价值总额的比例

＝5 200 000÷6 700 000×100％≈77.61％

长期股权投资账面价值占换入资产账面价值总额的比例

＝1 500 000÷6 700 000×100％≈22.39％

④计算确定换入各项资产的成本：

在建工程的成本＝8 500 000×77.61％＝6 596 850(元)

长期股权投资的成本＝8 500 000×22.39％＝1 903 150(元)

⑤会计分录如下：

借：固定资产清理	6 000 000	
累计折旧	6 000 000	
贷：固定资产——专用设备		12 000 000
借：在建工程	6 596 850	
长期股权投资	1 903 150	
累计摊销	2 000 000	
贷：固定资产清理		6 000 000
无形资产——专利技		4 500 000

(2)乙企业的账务处理：

①计算换入资产、换出资产的账面价值：

换入资产账面价值总额＝6 000 000＋2 500 000＝8 500 000(元)

换出资产账面价值总额＝5 200 000＋1 500 000＝6 700 000(元)

②计算换入资产总成本：

换入资产总成本＝换出资产账面价值＝6 700 000(元)

③计算确定换入各项资产的账面价值占换入资产账面价值总额的比例：

在建工程账面价值占换入资产账面价值总额的比例

＝6 000 000÷8 500 000×100%≈70.59%

长期股权投资账面价值占换入资产账面价值总额的比例

＝2 500 000÷8 500 000×100%≈29.41%

④计算确定换入各项资产的成本：

专有设备的成本＝6 700 000×70.59%＝4 729 530(元)

专有技术的成本＝6 700 000×29.41%＝1 970 470(元)

⑤会计分录如下：

借：固定资产——专有设备	4 729 530	
无形资产——专有技术	1 970 470	
贷：在建工程		5 200 000
长期股权投资		1 500 000

本章习题

一、单项选择题

1. 下列各项目中，不能归属于非货币性资产的是(　　)。

A. 库存商品　　B. 在途物资　　C. 固定资产　　D. 应收账款

2. 下列有关非货币性资产交换的说法中，正确的是(　　)。

A. 非货币性资产交换是企业经常发生的常规性交易之一

B. 非货币性资产交换交易中交换双方需要确认交换损益

C. 企业用库存商品交换固定资产属于非货币性资产交换

D. 企业将存货用于股权投资适用非货币性资产交换准则

3. 非货币性资产交换交易中可能涉及少量的货币资金，这里的“少量”是指(　　)。

A. 对支付方而言，其支付的货币资金低于或等于换人资产公允价值的25%

B. 对收取方而言，其收到的货币资金低于或等于换入资产公允价值的25%

C. 对支付方而言，其支付的货币资金低于换入资产公允价值的25%

D. 对收取方而言，其收到的货币资金低于换入资产公允价值的25%

4. 非货币性资产交换中，支付“补价”的一方所支付的“补价”(　　)。

A. 需贷记“银行存款”　　B. 会增加交换损失

C. 会减少交换收益　　D. 与交换损益无关

5. 甲企业将两辆大型运输车辆与A企业的一台生产用设备进行交换，另支付补价10

万元。在交换日，甲企业用于交换的两辆运输车辆账面原价为140万元，累计折旧为25万元，公允价值为130万元；A企业用于交换的生产设备账面原价为300万元，累计折旧为175万元，公允价值为140万元。该非货币性资产交换具有商业实质。假定不考虑相关税费，甲企业对该非货币性资产交换应确认的收益为(　　)万元。

A. 0　　B. 5　　C. 10　　D. 15

6. 甲企业以其持有的一项交易性金融资产换取乙公司一项无形资产，甲企业该项交易性金融资产账面价值为100万元，公允价值为140万元，乙公司该项无形资产的账面价值为100万元，公允价值为160万元，甲企业向乙公司支付补价20万元，此外甲企业为换入无形资产发生了8万元相关税费，假定该项交易具有商业实质，甲企业换入的该项无形资产的入账价值为(　　)万元。

A. 168　　B. 160　　C. 140　　D. 148

7. 甲公司以M设备换入乙公司N设备，另向乙公司支付补价5万元，该项交换具有商业实质。交换日，M设备账面原价为66万元，已计提折旧9万元，已提减值准备8万元，公允价值无法合理确定。N设备公允价值为72万元，假定不考虑其他因素，该项交换对甲公司当期损益的影响金额为(　　)万元。

A. 0　　B. 6　　C. 11　　D. 18

8. 甲公司和乙公司均为增值税一般纳税人，购买及销售商品适用的增值税税率均为13%。甲、乙公司不存在任何关联关系。2×19年3月，甲公司以其持有的10 000股丙公司股票交换乙公司生产的一台办公设备，并将换入的办公设备作为固定资产核算。甲公司所持有丙公司股票作为以公允价值计量且其变动计入当期损益的金融资产核算，成本为180万元，累计确认公允价值变动收益为10万元，在交换日的公允价值为200万元。甲公司另向乙公司支付银行存款34万元。假定该项非货币性资产交换具有商业实质。甲公司换出以公允价值计量且其变动计入当期损益的金融资产应确认的投资收益为(　　)万元。

A. 10　　B. 20　　C. 54　　D. 44

9. 甲公司经与乙公司协商，以其拥有的用于经营出租的一幢公寓楼与乙公司持有的以公允价值计量且其变动计入当期损益的金融资产进行交换，甲公司的公寓楼符合投资性房地产的定义，甲公司对投资性房地产采用成本模式进行后续计量。在交换日，该幢公寓楼的账面原价为8 000万元，已计提折旧1 600万元，未计提减值准备，公允价值为9 000万元，增值税销项税额990万元；乙公司持有的以公允价值计量且其变动计入当期损益的金融资产的公允价值为8 000万元，乙公司另向甲公司支付补价1 990万元。假定该项交换具有商业实质，不考虑除增值税以外的其他相关税费的影响。甲公司换出资产时影响利润总额的金额为(　　)万元。

A. 2 600　　B. 2 150　　C. 3 150　　D. 1 150

10. 企业对具有商业实质且换入资产或换出资产的公允价值能够可靠计量的非货币性资产进行交换，在换出库存商品且其公允价值不含增值税的情况下，下列会计处理中，正确的是(　　)。

A. 按库存商品的公允价值确认主营业务收入

B. 按库存商品的公允价值确认营业外收入

C. 按库存商品公允价值高于账面价值的差额确认营业外收入

D. 按库存商品公允价值低于账面价值的差额确认资产减值损失

二、多项选择题

1. 按照《企业会计准则》规定，下列各项中，属于非货币性资产交换的是（　　）。

A. 以应收票据换取土地使用权

B. 以专利技术换取拥有控制权的股权投资

C. 以长期股权投资换取以摊余成本计量的金融资产

D. 以公允价值计量且其变动计入当期损益的金融资产换取机器设备

2. 下列交易中，属于货币性资产交换的是（　　）。

A. 以固定资产换入交易性金融资产　　B. 以银行汇票购买原材料

C. 以银行本票购买固定资产　　D. 以长期股权投资换入原材料

E. 以商业票据换取存货

3. 不具有商业实质、不涉及补价的非货币性资产交换中，不考虑相关税费情况下，影响换入资产入账价值的因素是（　　）。

A. 换出资产的账面余额　　B. 换出资产的公允价值

C. 换入资产的公允价值　　D. 换出资产已计提的减值准备

4. 下列非货币性资产交换中，具有商业实质的是（　　）。

A. 用一项投资性房地产换入一项固定资产

B. 用一项长期股权投资换入一批存货

C. 用一项专利换入一批存货

D. 为满足客户的即时需求，交换双方将型号、容量和价值相同的石油互换

5. 非货币性资产交换中，以公允价值作为换入资产入账价值的条件有（　　）。

A. 换入的是非货币性资产

B. 收到补价或支付补价

C. 该项交换具有商业实质

D. 换入资产或换出资产公允价值能够可靠计量

E. 补价占整个资产交换金额的比例低于25%

6. 2×19年7月10日，甲公司以其拥有的一辆作为固定资产核算的轿车换入乙公司一项非专利技术，并支付补价5万元，当日，甲公司该轿车原价为80万元，累计折旧为16万元，未计提减值准备，公允价值为60万元，乙公司该项非专利技术的公允价值为65万元，该项交换具有商业实质，不考虑相关税费及其他因素，甲公司进行的下列会计处理中，正确的有（　　）。

A. 按5万元确定营业外支出　　B. 按65万元确定换入非专利技术的成本

C. 按-4万元确认资产处置损益　　D. 按1万元确认资产处置损益

7. 非货币性资产交换具有商业实质且换出资产的公允价值能够可靠计量，对于换出资产公允价值与其账面价值的差额，下列会计处理中，不正确的有（　　）。

A. 换出资产为在建工程的，其公允价值与账面价值的差额，计入营业外收支

B. 换出资产为无形资产的，其公允价值与账面价值的差额，计入资产处置损益

C. 换出资产为固定资产的，其公允价值与账面价值的差额，计入资产处置损益

D. 换出资产为以公允价值计量且其变动计入其他综合收益的金融资产(债务工具)的，其公允价值与账面价值的差额，计入投资收益，但不将其持有期间形成的其他综合收益转入当前损益

8. 甲公司与丙公司签订了一项资产置换合同，甲公司以其持有的联营企业30%的股权作为对价，另以银行存款支付补价100万元，换取丙公司生产的一大型设备，该设备的总价款为3 900万元，该联营企业30%股权的取得成本为2 200万元；取得时该联营企业可辨认净资产公允价值为7 500万元(可辨认资产、负债的公允价值与账面价值相等)。

甲公司取得该股权后至置换大型设备时，该联营企业累计实现净利润3 500万元，分配现金股利40万元，其他综合收益增加650万元。交换日，甲公司持有该联营企业30%的股权价值为3 800万元，不考虑税费及其他因素，下列各项对上述交易的会计处理中，正确的有(　　)。

A. 甲公司处置该联营企业股权确认投资收益620万元

B. 丙公司确认换入该联营企业股权入账价值为3 800万元

C. 丙公司确认换出大型专用设备的营业收入为3 900万元

D. 甲公司确认换入大型专用设备的入账价值为3 900万元

三、判断题

1. 在具有商业实质的情况下，以公允价值200万元的厂房换取一项股权投资，另支付补价30万元，该项交换不属于非货币性资产交换。　　(　　)

2. 关联方的存在可能会导致发生的非货币性资产交换不具有商业实质。　　(　　)

3. 非货币性资产交换以公允价值计量的情况下，只要换出资产的公允价值与账面价值有差异，就应确认为损益。　　(　　)

4. 交易性金融资产是短期内将变现的资产，因此属于货币性资产。　　(　　)

5. 在非货币性资产交换中，如果换出资产的公允价值小于其账面价值，应按照谨慎性要求，采用公允价值作为换入资产的入账价值。　　(　　)

四、计算及账务处理题

1. 甲企业和乙企业均为房地产开发企业，甲企业因需要变更主营业务，与乙企业进行了资产置换。有关资料如下：

(1)2×19年3月12日，甲、乙企业签订资产置换协议。协议规定：甲企业将其建造的商业楼盘与乙企业持有的长期股权投资进行交换。甲企业换出的商业楼盘的账面价值为6 000万元，公允价值为8 000万元。乙企业换出的长期股权投资的账面价值为5 000万元，公允价值为6 500万元，乙企业另行以现金向甲企业支付1 500万元作为补价。两家企业资产交换具有商业实质。假定甲、乙企业换出的资产均未计提减值准备。假定不考虑甲、乙企业置换资产所发生的相关税费。

(2)2×19年4月30日，乙企业通过银行转账向甲企业支付补价款1 500万元，甲企业于当日确认。

(3)甲、乙企业各自换出资产的相关所有权划转手续于2×19年5月20日全部办理完毕。假定甲企业换入的长期股权投资按成本法核算；乙企业换入的经济适用房作为存货核

算。

要求(答案中的单位以万元表示):

(1)指出甲企业在会计上确认该资产置换的日期。

(2)编制甲企业与该资产置换相关的会计分录。

(3)编制乙企业与该资产置换相关的会计分录。

2. 甲公司以一项长期股权投资与乙公司交换一台设备和一项无形资产,甲公司的长期股权投资账面余额为250万元,计提减值准备30万元,公允价值为190万元;乙公司的设备原价为80万元,累计折旧40万元,公允价值为50万元,无形资产账面价值为170万元,公允价值为150万元,甲公司支付给乙公司补价10万元。发生固定资产清理费用5万元,假设非货币性资产交换具有商业实质,且换出资产和换入资产的公允价值均能够可靠计量。

要求(答案中的单位以万元表示):

(1)计算甲公司换入的各项资产的入账价值。

(2)编制甲公司的有关会计分录。

(3)假设上述交易不具有商业实质,编制甲公司相关的会计分录。

第四章

或有事项

导读案例

实达纸业股份有限公司 2018 年 12 月 31 日在编制年度会计报表时,有如下业务:

1. 该公司在一个涉及金额达 3 000 万元的诉讼案件中被追加为第二被告,法院已受理,但该案件在年末尚未审理,该公司的法律顾问认为,该诉讼案件与本公司无关,而且该案件被法院受理本身就没有法律依据。即使法院最后判决,本公司也不会牵涉到该案件中。

2. 该公司为其子公司(SD 公司)的一笔长期借款 500 万元担保,但 SD 公司于 11 月 30 日已宣告破产,但有一批商品存放于该公司用于反担保,该批商品的成本价为 600 万元。

3. 该公司 2018 年的所得税费用为 300 万元、应交所得税为 260 万元。该公司的会计将上诉三项业务均作为或有负债进行了处理,你认为他的处理是否正确?

学习目标

1. 理解或有资产、或有负债,或有事项的概念和特征。
2. 掌握预计负债的确认和账务处理。
3. 了解或有事项的列报要求。

第一节　或有事项概述

为了规范或有事项的确认、计量和相关信息的披露,国家根据《企业会计准则——基本准则》,制定了《企业会计准则第 13 号——或有事项》(2006 年)。职工薪酬、建造合同、所得税、企业合并、租赁、原保险合同和再保险合同等形成的或有事项,适用其他相关会计准则。

一、或有事项的概念和特征

(一)或有事项的概念

或有事项是指过去的交易或者事项形成的、其结果需由某些未来事项的发生或不发生才能决定的不确定事项。

(二)或有事项的特征

1. 或有事项是由过去交易或事项形成的。这是指或有事项的现存状况是过去交易或者事项引起的客观存在。比如,甲公司 2018 年 12 月 31 日有一项未决诉讼,是由于 2018 年 4 月发生的经济行为被其他单位起诉。

2. 或有事项具有不确定性。表现为两层含义;一是或有事项的结果是否发生具有不确定性;二是或有事项的结果预计将发生,但是发生的具体时间或者金额具有不确定性。

3. 或有事项的结果只能由未来发生的事项决定。这是指或有事项的结果只能由未来不确定事项的发生或者不发生才能决定。比如企业提供债务担保,只有在被担保方到期无力还款时,担保方企业才承担偿还债务的连带责任。

二、或有负债和或有资产

《企业会计准则第 13 号——或有事项》(2006 年)第十三条规定企业不应当确认或有负债和或有资产。

或有负债是指过去的交易或者事项形成的潜在义务,其存在需通过未来不确定事项的发生或不发生予以证实;或过去的交易或者事项形成的现时义务,履行该义务不太可能导致经济利益流出企业或该义务的金额不能可靠计量。比如,2019 年 4 月 15 日甲公司与乙公司签订了担保合同,承诺为乙公司的 500 万元中国银行贷款提供担保。该现时义务形成甲公司的或有负债。

企业应该按照相关规定在财务报表附注中披露或有负债的种类、形成原因、经济利益流出不确定性、预计产生财务影响等的情况说明。

或有资产是指过去的交易或者事项形成的潜在资产,其存在需通过未来不确定事项的发生或不发生予以证实。或有资产作为一种潜在资产,其结果具有较大的不确定性。比如甲公司向法院起诉乙公司侵犯了该公司的商标权,甲公司很有可能胜诉。

企业通常不应当披露或有资产,但如果或有资产很有可能带来经济利益,则应该在财务报表附注中予以披露,对种类、形成原因、预计产生的财务影响等相关情况说明。

第二节　或有事项的确认和计量

一、预计负债的确认

《企业会计准则第 13 号——或有事项》(2006 年)第四条规定,与或有事项相关的义务同时满足下列条件的,应当确认为预计负债:

(一)该义务是企业承担的现时义务

"该义务是企业承担的现时义务"是指与或有事项相关的义务是在企业当前条件下已经承担的义务，企业只能履行该现时义务。特定事项是否已发生或这些事项是否已经产生了一项现时义务可能难以确定。

这里所指的义务包括法定义务和推定义务。法定义务是指因为合同、法规或其他司法解释等产生的义务，通常为企业在经济运行各项活动中，依照经济法律、法规的规定等必须履行的责任。推定义务是指因为企业的特定行为而产生的义务。企业的特定行为泛指企业以往的习惯做法、已经公开的承诺或已经公开宣布的经营政策等。由于以往的习惯做法，或通过这些承诺或公开的声明，企业向外界表明了它将承担特定的责任，从而使受影响的各方形成其将履行那些责任的合理预期。

(二)履行该义务很可能导致经济利益流出企业

"履行该义务很可能导致经济利益流出企业"是指履行与或有事项相关的现时义务时，导致经济利益流出企业的可能性超过50%，但尚未达到基本确定的程度。履行与或有事项相关的现时义务存在导致经济利益流出企业的可能性，企业通常按照一定的概率区间加以判断。一般情况下，发生概率分为以下几个层次：基本确定、很可能、可能、极小可能，如表4－1所示。

表4－1　　发生的概率层次判断

项　目	发生的概率区间
基本确定	95%≤发生可能性<100%
很可能	50%≤发生可能性<95%
可能	5%≤发生可能性<50%
极小可能	0<发生可能性<5%

(三)该义务的金额能够可靠地计量

"该义务的金额能够可靠地计量"是指与或有事项相关的现时义务的金额能够合理地估计。要将或有事项确认为一项预计负债的条件之一是相关现时义务的金额应当能够可靠估计。只有在其金额能够可靠估计，并同时满足其他两个条件时，企业才能确认一项预计负债。

如果与或有事项有关的义务不同时符合以上三个条件，则将其称为或有负债，因此，或有负债不确认。

二、预计负债的计量

或有事项的计量包括初始计量和后续计量。或有事项的初始计量主要涉及两方面：最佳估计数的确定和预计可获得补偿的处理。

(一)初始计量

预计负债初始计量的原则，是按履行相关现时义务所需要支出的最佳估计数进行初始计量。

1. 最佳估计数的确定

《企业会计准则第 13 号——或有事项》(2006 年)第五条、第六条规定,在确定最佳估计数时,企业要综合考虑与或有事项有关的风险、不确定性因素、货币时间价值等。货币时间价值影响重大的,应当通过对相关未来现金流出进行折现后确定最佳估计数。预计负债应当按照履行相关现时义务所需支出的最佳估计数进行初始计量。

(1)所需支出存在一个连续范围,且该范围内各种结果发生的可能性相同的,最佳估计数应当按照该范围内的中间值确定。

【例 4—1】 华泰公司售出产品发生的保修费用为销售额的 1%～1.5%,在此范围内各种结果发生的可能性相同,则最佳估计数的比例为销售额的 1.25%。

(2)在其他情况下,最佳估计数应当分别下列情况处理。

①或有事项涉及单个项目的,按照最可能发生金额确定。涉及单个项目是指或有事项涉及的项目只有一个,如一项未决诉讼、一项未决仲裁或者一项债务担保等。

【例 4—2】 华泰公司涉及一起诉讼,根据类似案件的经验以及公司所聘律师的意见判断,该公司在该起诉讼中胜诉的可能性有 30%,败诉的可能性有 70%,如果败诉将要赔偿 50 万元。在这种情况下,该公司应确认的预计负债金额为最可能发生金额 50 万元。

②或有事项涉及多个项目的,按照各种可能结果及相关概率计算确定。

【例 4—3】 华泰公司本年销售产品 8 000 万元,根据产品质量保证条款的规定:产品售出一年内,如发生正常质量问题,企业将免费修理;如果出现小质量问题,则发生修理费为销售额的 2%;而出现较大质量问题,则发生的修理费为销售额的 5%;根据预测,本年度售出产品中 85%不会产生质量问题,有 10%将发生较小的质量问题,有 5%将发生较大的质量问题。据此,本年度末该公司应确认的预计负债金额为:(8 000×2%)×10%+(8 000×5%)×5%=36(万元)。

2. 预计可获得补偿的处理

预期可获得的补偿不能超过预计负债的账面价值。

【例 4—4】 一桩经济案件只能在基本确定能够收到补偿金额时,才能作为资产(其他应收款)单独确认。此外,A 公司很可能发生赔偿支出,赔偿金额在 80 万—100 万元之间,A 公司需承担诉讼费 2 万元。如果败诉,将获得保险公司赔偿 50 万元。

(1)确认预计负债

借:营业外支出	900 000	
管理费用	20 000	
贷:预计负债		920 000

(2)确认预期可获得的补偿

借:其他应收款	500 000	
贷:营业外支出		500 000

(二)后续计量

企业应当在资产负债表日对预计负债账面价值进行复核。有确凿证据表明该账面价值不能真实反映当前最佳估计数的,应当按照当前最佳估计数对该账面价值进行调整。对最佳估计数进行调整时,必须有客观的证据进行支持,比如律师和财务顾问的意见等。

第三节　或有事项的账务处理

在或有事项的账务处理上，对于因或有事项而确认的负债应在资产负债表中单独列示项目反映，并在会计报表附注中作相应披露；而与所确认负债相关的费用或支出应在扣除确认的补偿金额后，在利润表中反映。

一、未决诉讼或未决仲裁

未决诉讼或未决仲裁是指企业涉及尚未判决的诉讼案件、原告提出有赔偿要求的待决事项。如果企业胜诉，企业将不负有任何责任；如果企业败诉，企业则负有支付原告提出的赔偿要求的责任。当涉及未决诉讼或未决仲裁时，企业应根据不同情况进行分别处理，如表4—2所示：

表4—2　　未决诉讼或未决仲裁的相关预计负债及其会计处理

相关预计负债	相应的会计处理
前期已合理计提	直接计入或冲减当期营业外支出
前期未合理计提(金额重大)	按照重大会计差错更正方法处理
前期无法合理预计并计提	在该损失发生当期直接计入营业外支出
资产负债表日后事项	按照资产负债表日后事项相关规定处理

【例4—5】　2×19年11月1日，甲公司因合同违约而被乙公司起诉。2×19年末法院尚未判决。乙公司预计，如无特殊情况很可能在诉讼中获胜，很可能获得赔偿金额80万元。甲公司认为最终的法律判决很可能对公司不利，估计将要支付的赔偿金额在60万—80万元之间，且该区间内每个金额的概率基本相同，诉讼费为2万元。甲公司年末的账务处理如下：

借：营业外支出——诉讼赔偿　　700 000
　　管理费用——诉讼费　　20 000
　　贷：预计负债　　720 000

同时，甲公司对此预计负债应在2×19年12月31日的报表附注中进行相关内容披露。

二、债务担保

债务担保是指担保方和债权人约定，当债务人不履行债务时，担保方按照约定履行债务或者承担责任的行为。在企业中债务担保是较为普遍的现象，在被担保方无法履行合同的情况下，作为提供担保的一方常常承担连带义务。企业对外提供债务担保常常会涉及不同的诉讼情况，需要采取不同的处理方法。

【例4—6】　2×17年10月，长城科技有限责任公司从银行贷款1 000万元，期限为2年，由甲公司全额担保；2×19年12月31日，长城科技有限公司贷款逾期未还，银行已起诉该公司和甲公司，甲公司因连带责任需要赔偿的金额尚无法确定。

该案例中，甲公司很可能要承担连带责任，但是损失金额无法预计，形成了或有负债，但不符合预计负债的确认条件，甲公司应该在2×19年末编制财务报表时在附注中进行相应的信息披露。

三、产品质量保证

产品质量保证是指在销售商品或提供劳务后，对客户提供质量保证的一种承诺。在约定的保修期内，在使用正常范围内，企业负有更换产品、免费或者只收成本价进行修理等责任。为此，企业应当在符合确认条件的情况下于销售成立时确认预计负债。

【例4—7】 甲公司为A设备生产和销售公司。假定2×17年“预计负债——产品质量保证”账户年末余额为12万元。2×18年四个季度分别销售A设备200台、300台、400台和350台，每台售价为5万元。根据以往的经验，发生保修费一般为销售额的1%—1.5%。2×18年四个季度实际发生维修费用分别为2万元、20万元、18万元和35万元，均用银行存款支付。

本例中，甲公司的产品质量担保事项满足了预计负债确认的三个条件，有关账务处理如下：

(1) 第一季度末发生修理费用

借：预计负债——产品质量担保　　20 000

　　贷：银行存款　　20 000

第一季度预计负债＝200×50 000×0.0125＝125 000(元)

借：销售费用——产品质量担保　　125 000

　　贷：预计负债——产品质量担保　　125 000

(2) 第二季度末发生修理费用

借：预计负债——产品质量担保　　200 000

　　贷：银行存款　　200 000

第二季度预计负债＝300×50 000×0.0125＝187 500(元)

借：销售费用——产品质量担保　　187 500

　　贷：预计负债——产品质量担保　　187 500

请思考：如何对第三季度、第四季度进行账务处理？预计负债——产品质量担保在各个季度末的金额是多少？

四、亏损合同

亏损合同是指履行合同义务不可避免会发生的成本超过预期经济利益的合同。待执行合同变成亏损合同的，该亏损合同产生的义务满足《企业会计准则第13号——或有事项》第四条规定的，应当确认为预计负债。待执行合同是指合同各方尚未履行任何合同义务，或部分地履行了同等义务的合同。企业不应当就未来经营亏损确认预计负债。

亏损合同事项中，预计负债应当反映退出该合同的最低净成本，即履行该合同的成本与未能履行该合同而发生的补偿或者处罚两者之中的较低者。企业对亏损合同进行会计处理，需要考虑两点：其一，与亏损合同相关的义务是否可撤销，是否需要支付赔偿；其二，亏损合同存在标的资产的，应当对标的资产进行减值测试并按规定确定减值损失，如果预计亏损超过该减值损失，应将超过部分确定为预计负债。

【例4—8】 丙公司2019年3月与乙公司签订合同，约定在2020年5月份向乙公司销售商品10 000件，合同价格每件1 000元，单位成本为1 100元。

(1)如果2019年末丙公司10 000件商品已经存在，又由于合同为亏损合同，存在标的资产(商品)，丙公司应确认减值损失1 000 000元。

借：资产减值损失　　1 000 000

　贷：存货跌价准备　　1 000 000

(2)如果2019年末丙公司10 000件商品不存在，又由于合同为亏损合同，丙公司应确认预计负债1 000 000元。

借：营业外支出　　1 000 000

　贷：预计负债　　1 000 000

在产品生产出来后，将预计负债冲减存货成本：

借：预计负债　　1 000 000

　贷：库存商品　　1 000 000

五、重组义务

重组是指企业制定和控制的将显著改变企业组织形式、经营范围或经营方式的计划实施行为。属于重组的事项主要包括：其一，出售或终止企业的部分业务；其二，对企业的组织结构进行较大的调整；其三，关闭企业的部分营业场所，或将营业活动由一个国家或地区迁移到其他国家或地区。

企业承担的重组义务满足确认条件的，应当确认预计负债。同时存在下列情况时，表明企业承担了重组义务：

第一，有详细、正式的重组计划，包括重组涉及的业务、主要地点、需要补偿的职工人数及其岗位性质、预计重组支出、计划实施时间等。

第二，该重组计划已对外公告。

企业应当按照与重组有关的直接支出确定预计负债金额。直接支出不包括留用职工岗前培训、市场推广、新系统和营销网络投入等支出。

【例4—9】 A公司为一家儿童玩具生产企业。A公司管理层于2×18年11月制订了一项业务重组计划，内容如下：自2×19年1月1日起关闭丙产品生产线，从事丙产品生产员工、主管及骨干等50人留用，其他200人将被辞退。上述重组计划已于2×18年12月2日经A公司董事会批准，并于2×18年12月3日对外公告。为了实施上述重组计划，A公司预计发生以下支出：因辞退员工将支付补偿1 600万元；因撤销厂房租赁合同将要支付违约金50万元；固定资产转移将发生运费6万元；留用员工培训将发生支出2万元；推广新产品将发生广告费5 000万元；处置用于生产丙产品的固定资产将发生减值损失300万元；

本例中，因辞退员工将要支付的补偿款1 600万元和因撤销产房租赁合同将支付的违约金50万元属于与重组有关的直接支出。在计量与重组义务相关的预计负债时，不考虑处置相关资产可能形成的利得或损失。

借：管理费用　　16 500 000

　贷：预计负债——重组义务　　16 500 000

六、弃置费用

弃置费用也叫弃置成本，或资产弃置义务，通常是指根据国家法律和行政法规、国际公约等规定，企业承担的环境保护和生态恢复等义务所确定的支出，如核电站核设施、石油开采设施等的弃置和恢复环境义务等。

企业应当根据《企业会计准则第 13 号——或有事项》的规定，按照现值计算确定应计入固定资产成本的金额和相应的预计负债。油气资产的弃置费用，应当按照《企业会计准则第 27 号——石油天然气开采》及其应用指南的规定处理。不属于弃置义务的固定资产报废清理费，应当在发生时作为固定资产处置费用处理。在首次执行日，对于满足预计负债确认条件且该日之前尚未计入资产成本的弃置费用，应当增加该项资产成本，并确认相应的负债；同时，将应补提的折旧（折耗）调整留存收益。

【例 4－10】 丁公司经政府审批建造一座核电站。2×19 年 1 月 1 日，该核电站建造完成并交付使用，建造成本共 19 000 万元，预计使用寿命 20 年，预计使用期满时将发生弃置费用 800 万元。假定折现率为 8%。

(1)2×19 年 1 月 1 日

弃置费用现值＝8 000 000×(P/F,8%,20)＝1 716 400(元)

借：固定资产	191 716 400	
贷：在建工程		190 000 000
预计负债——固定资产弃置义务		1 716 400

(2)2×19 年 12 月 31 日

2×19 年应负担的利息＝1 716 400×8%＝137 312(元)

借：财务费用	137 312	
贷：预计负债——固定资产弃置义务		137 312

(3)2×20 年 12 月 31 日

2×20 年应负担的利息＝(1 716 400＋137 312)×8%＝148 297(元)

借：财务费用	148 297	
贷：预计负债——固定资产弃置义务		148 297

第四节 或有事项的披露

企业应当在附注中披露与或有事项有关的下列信息：

一、预计负债

1. 预计负债的种类、形成原因以及经济利益流出不确定性的说明。
2. 各类预计负债的期初、期末余额和本期变动情况。
3. 与预计负债有关的预期补偿金额和本期已确认的预期补偿金额。

二、或有负债(不包括有极小可能导致经济利益流出企业的或有负债)

1. 或有负债的种类及其形成原因,包括已贴现商业承兑汇票、未决诉讼、未决仲裁、对外提供担保等形成的或有负债。

2. 经济利益流出不确定性的说明。

3. 或有负债预计产生的财务影响,以及获得补偿的可能性;无法预计的,应当说明原因。

三、企业通常不应当披露或有资产但或有资产很有可能会给企业带来经济利益的,应当披露其形成的原因、预计产生的财务影响等

在涉及未决诉讼、未决仲裁的情况下,按照准则要求披露全部或部分信息预期对企业造成重大不利影响的,企业无须披露这些信息,但应当披露该未决诉讼、未决仲裁的性质,以及没有披露这些信息的事实和原因。

本章习题

一、单项选择题

1. 对于企业承担的、预计负债履行该义务很可能导致经济利益流出,并且该义务金额能够可靠计量的产品质量保证,应进行的会计处理是(　　)。

A. 借记"销售费用",贷记"预计负债"

B. 借记"销售费用",贷记"其他应付款"

C. 借记"销售费用",贷记"专项应付款"

D. 不进行会计处理,只在财务报表附注中披露

2. 2012 年 1 月 2 日,甲公司与乙公司签订不可撤销的租赁合同,以经营租赁方式租入乙公司一台机器设备,专门用于生产 M 产品,租赁期为 5 年,年租金为 120 万元。因 M 产品在使用过程中产生严重的环境污染,甲公司自 2014 年 1 月 1 日起停止生产该产品,当日 M 产品库存为零,假定不考虑其他因素,该事项对甲公司 2014 年度利润总额的影响为(　　)万元。

A. 0　　B. 120　　C. 240　　D. 360

3. A 公司于 2000 年 10 月受到 B 公司的起诉,B 公司声称 A 公司侵犯了 B 公司的软件版权,要求 A 公司予以赔偿,赔偿金额为 30 万元。在应诉过程中,A 公司发现诉讼所涉及的软件主体部分是有偿委托 C 公司开发的。如果这套软件确有侵权问题,C 公司应当承担连带责任,对 A 公司予以赔偿。A 公司在年末编制会计报表时,根据法律诉讼的进展情况以及律师的意见,认为对 B 公司予以赔偿的可能性在 50%以上,最有可能发生的赔偿金额为 20 万元;从 C 公司得到补偿基本上可以确定,最有可能获得的赔偿金额为 22 万元。在上述情况下,A 公司在年末应确认的负债和资产分别是(　　)。

A. 20 万元和 20 万元　　B. 20 万元和 22 万元

C. 30 万元和 22 万元　　D. 30 万元和 20 万元

4. 2000 年,甲公司销售收入为 1 000 万元。甲公司的产品质量保证条款规定:产品售出

后一年内，如发生正常质量问题，甲公司将免费负责修理。根据以往的经验，如果出现较小的质量问题，则发生的修理费为销售收入的1%；而如果出现较大的质量问题，则发生的修理费为销售收入的2%。据预测，本年度已售产品中，有80%不会发生质量问题，有15%将发生较小质量问题，有5%将发生较大质量问题。2000年年末甲公司应确认的负债金额为(　　)万元。

A. 2　　B. 2.5　　C. 3　　D. 2.2

5. 根据《企业会计准则——或有事项》的规定，下列表述中，正确的是(　　)。

A. 或有负债均应予以确认

B. 或有负债只有符合一定条件才能确认

C. 或有负债均应予以披露

D. 或有资产只有符合一定条件才予以披露

6. W公司到2008年8月15日欠中国银行本息1 000万元，逾期未归还，中国银行于2008年8月17日提起诉讼，W公司很有可能败诉，支付的罚息在80万元到100万元之间，至2008年12月31日，法院尚未判决，则W公司在2008年年末应确认的预计负债为(　　)万元。

A. 65　　B. 90　　C. 60　　D. 85

7. 下列事项中，不属于或有事项的是(　　)。

A. 亏损合同　　B. 产品质量保证

C. 未来可能发生的经营亏损　　D. 未决诉讼

8. A公司因一桩诉讼案件，根据专家预测，基本确定可从乙公司获得赔偿10万元，至当期期末A公司未确认相关的负债。在这种情况下，A公司在资产负债表中应确认的资产为(　　)万元。

A. 5　　B. 20　　C. 10　　D. 0

9. 下列说法中，不正确的是(　　)。

A. 待执行合同变成亏损合同的，该亏损合同产生的义务满足预计负债确认条件的，一般应当确认为预计负债

B. 待执行合同均属于或有事项

C. 待执行合同变成亏损合同时，有合同标的资产的，应当先对标的资产进行减值测试并按规定确认减值损失，如预计亏损超过该减值损失，应将超过部分确认为预计负债

D. 待执行合同变成亏损合同时，无合同标的资产的，亏损合同相关义务满足预计负债确认条件时，应当确认为预计负债

10. 2010年5月，A公司与B公司签订一份不可撤销合同，约定在2011年3月以每件2.5万元的价格向B公司销售400件X产品；B公司应预付定金150万元，若A公司违约，双倍返还定金。2010年12月31日，A公司的库存中没有X产品及生产该产品所需原材料，并且因原材料价格大幅上涨，A公司预计每件X产品的生产成本为3.3万元。假定不考虑其他因素，则下列说法正确的是(　　)。

A. 因上述合同不可撤销，A公司将收到的B公司定金确认为收入

B. A公司对该事项应确认预计负债320万元

C. A 公司对该事项应确认预计负债 150 万元

D. A 公司对该事项应确认存货跌价准备 150 万元

二、多项选择题

1. 要将或有事项相关的义务确认为一项负债，应同时符合的条件有(　　)。

A. 该项义务为企业承担的现时义务

B. 该项义务为企业承担的潜在义务

C. 该义务的履行很可能导致经济利益流出企业

D. 该义务的金额能够可靠计量

2. 下列关于或有事项的说法，正确的有(　　)。

A. 或有事项是过去的交易或事项形成的一种状况，其结果须通过未来不确定事项的发生或不发生予以证实

B. 对于待执行合同转为亏损合同的，以及企业拥有合同标的资产的，企业应对标的资产进行减值测试，并按规定计提减值准备

C. 如果与或有事项有关的义务的履行很可能导致经济利益流出企业，就应将其确认为一项负债

D. 企业不应确认或有资产和或有负债

3. 下列各项中，属于或有事项的有(　　)。

A. 某公司为其子公司的贷款提供担保

B. 某单位为其他企业的贷款提供担保

C. 某企业以财产作为抵押向银行借款

D. 某公司被国外企业提起诉讼

E. 某公司因产品质量问题受到起诉

4. 下列关于或有事项的说法，正确的有(　　)

A. 企业应在会计报表附注中披露将或有事项确认为预计负债的事项

B. 企业不应确认或有资产和或有负债

C. 有极小可能导致为其他单位提供债务担保产生的经济利益流出企业的或有负债也应在会计报表附注中予以披露

D. 当与或有事项有关的义务的履行很有可能导致经济利益流出企业时，企业应将其确认为一项预计负债

E. 当或有资产可能导致经济利益流入企业时，企业应在会计报表附注中对其进行披露

5. 下列关于或有事项的会计处理，符合现行会计准则规定的有(　　)。

A. 或有事项的结果可能导致经济利益流入企业的，应对其予以披露。

B. 或有事项的结果很可能导致经济利益流入企业的，应对其予以披露

C. 或有事项的结果可能导致经济利益流出企业单但不符合确认条件的，不需要对其进行披露

D. 或有事项的结果可能导致经济利益流出企业但无法可靠计量的，需要对其进行披露

6. 下列关于最佳估计数的说法，正确的有(　　)

A. 企业在确定最佳估计数时，应当综合考虑与或有事项有关的不确定性和货币时间价

值因素

B. 企业在确定最佳估计数时，应当综合考虑与或有事项有关的风险因素

C. 企业在确定最佳估计数时，不应当综合考虑与或有事项有关的货币时间价值因素

D. 货币时间价值影响重大的，应当通过对相关未来现金流出进行折现后确定最佳估计数

E. 所需支出存在一个连续范围，且该范围内各种结果发生的可能性相同，最佳估计数应当按照该范围内的中间值予以确定

三、判断题

1. 或有事项是指过去的交易或事项形成的，其结果要由未来事项的发生或不发生才能决定的不确定事项。（　　）

2. 待执行合同变为亏损合同的，该亏损合同产生的义务应当确认为预计负债。（　　）

3. 企业只要有详细、正式的重组计划就表明企业承担了重组义务。（　　）

4. 企业不应当确认或有负债和或有资产。（　　）

5. 企业在计算预计负债时，应考虑与履行该现时义务所需金额的相关未来事项。（　　）

6. 企业的或有负债和或有资产在满足一定条件时可以转化为负债或资产。（　　）

7. 企业清偿预计负债所需支付的全部或部分预期由第三方补偿的，不能作为资产单独确认。（　　）

8. 或有事项的结果不确定，仅指或有事项的结果是否发生具有不确定性。（　　）

四、计算及账务处理

1. 甲公司 2018 年或有事项相关的经济业务如下：

(1)2018 年销售收入 1 500 万元，产品质量保证条款规定，产品售出后，如果一年内发生正常质量问题，甲公司将负责免费维修。根据以往经验，如果发生较小质量问题，修理费用为销售收入的 1%，发生较大问题的修理费用为销售收入的 3%～5%，发生特大质量问题的修理费用为销售收入的 8%～10%。公司考虑各种因素，预测 2018 年所售商品中，有 10%将发生较小质量问题，5%将发生较大质量问题，2%将发生特大质量问题。

(2)2018 年 10 月 10 日，甲公司由于经济合同纠纷，被乙公司提起诉讼。到 2018 年 12 月 31 日，该诉讼尚未审结。A 公司预计很可能败诉，估计履行赔偿责任支出的金额为 2 000～3 000 万元。假设税法规定，该损失在实际发生时可以税前扣除。

(3)2018 年 6 月 10 日，甲公司与丁公司签订了不可撤销的产品销售合同。合同约定：甲公司为丁公司生产 B 产品 1 万件，售价为每件 1 000 元，4 个月后交货。但 6 月下旬因原材料价格上涨，导致生产成本上升，甲公司预计 B 产品生产成本变为每件 1 100 元。至 6 月 30 日，甲公司无库存 B 产品所需原材料，公司计划 7 月上旬开始生产 B 产品。

假定不考虑所得税和其他相关税费。

要求：根据上述经济业务编制甲公司相应的会计分录。

2. 晴天科技有限公司为工业生产企业，公司为其产品提供“三包”服务的预计负债在 2019 年年初的账面余额为贷方 20 万元。该产品已于 2018 年 7 月 31 日停止生产，产品“三

包”截止日期为 2019 年 12 月 31 日。产品在 2018 年年底以前全部售出。2019 年第三、第四季度产品“三包”费用分别为 10 万元、5 万元(均为人工成本),第一、第二季度均未发生“三包”费用。

要求:(1)编制该公司预计负债相关的会计分录。

(2)计算 2019 年 12 月 31 日预计负债的账面价值,并注明借方或贷方。

第五章

债务重组

导读案例

温州某家纺集团——巧妙化解危机

企业背景：

温州某家纺集团有30年发展历史，曾荣获过“中国驰名商标”荣誉，年营业额最高达12亿元。但因盲目扩张，导致入不敷出，被银行抽贷后，为救企业盲目计划上市，分两次筹集资金3.2亿元（涉及1 800多人）与1.8亿元（涉及200多人），总负债达18.5亿元。企业经营陷入了混乱的状态，无法正常维持及支付员工工资。

解救方案：

上海中和正道为该集团制定了股权、债权、产权三大重组战略，以先解决民间债务、后解决银行债务为策略，在盘活资产的基础上，化解法律风险，优化产业配置，剥离债务，为企业打上一剂输血强心剂。

具体措施：

1. 协助该集团与政府部门达成协议，将企业原有的108亩土地从工业用地转为商业用地。

2. 邀请政府、媒体、员工代表、民间债权人共同召开重组会议，让各方沟通协商，争取时间换空间。

3. 找代建公司代建商住房，并与民间债权人协商以债转股的方式化解民间债务，以买断债权等方式降低银行债务杠杆。

4. 砍掉重资产，撤出部分亏损专卖店，协助企业进行经营模式转变——实现由产业链导向朝以品牌、技术、渠道为核心的成功转型。

解救成果：

消除和化解了80%以上的民间债务，逐步恢复正常经营、产品热销，促使该集团实现了战略重生。

请思考:

1. 温州某家纺集团如何化解80%以上的民间债务?
2. 温州某家纺集团为什么采取债务重组这一化解危机的手段?

学习目标

1. 了解债务重组的范围、债务重组日。
2. 掌握债务重组会计处理的原则。
3. 理解并掌握各种债务重组方式中债权人及债务人的会计处理方法。

第一节　债务重组概述

一、债务重组的定义

根据《企业会计准则第12号——债务重组》所称债务重组,是指在债务人发生财务困难的情况下,债权人按照其与债务人达成的协议或者法院的裁定作出让步的情形。根据定义可知,债务重组有三个特点:第一,持续经营条件下的债务重组;第二,债务人发生财务困难;第三,作出让步。

债务人发生财务困难是指因债务人出现资金周转困难、经营陷入困境或者其他原因,导致其无法或者没有能力按原定条件偿还债务。债权人作出让步是指债权人同意发生财务困难的债务人现在或者将来以低于重组债务账面价值的金额或者价值偿还债务。债权人作出让步的情形主要包括:债权人减免债务人部分债务本金或者利息,降低债务人应付债务的利率等。债务重组主要有以下几种方式:

二、债务重组的方式

(一)以资产清偿债务

以资产清偿债务是指债务人转让其资产给债权人以清偿债务的债务重组方式。债务人用于清偿债务的资产主要有:现金、存货、金融资产、固定资产、无形资产等。此处的现金包括现金、银行存款和其他货币资金。

(二)将债务转为资本

将债务转化为资本是指债务人将债务转化为资本,同时债权人将债权转化为股权的债务重组方式。其结果是,债务人因此增加股本(或实收资本),债权人因此增加长期股权投资等。债务人根据转让协议,将应付可转换债券转为资本的,属于正常情况下的债务转为资本,不能作为债务重组。

(三)修改其他债务条件

修改其他债务条件是指修改不包括上述两种方式在内的其他债务条件进行债务重组的方式,如减少债务本金、降低利率、减少或免去债务利息、延长偿还期限等。

(四)以上三种方式的组合

这是指采用以上三种方式共同清偿债务的债务重组方式。例如,以转让资产清偿某项债务的一部分,另一部分债务通过修改债务条件进行债务重组。

此外,需要注意的是,在债务重组中涉及的金融负债和金融资产只有在满足《企业会计准则第 22 号——金融工具确认和计量》和《企业会计准则第 23 号——金融资产转移》规定的金融负债和金融资产终止确认条件时,才能终止确认。

三、债务重组日的确认

债务重组日的确认即债务重组完成日,即债务人履行协议或法院裁定,将相关资产转让给债权人、将债务转为资本或修改后的偿债条件开始执行的日期。

一般在测试时,应掌握以下原则来判定债务重组日:

第一,如果是以银行存款方式抵债的,以款项到账日为债务重组日。

第二,如果是以存货方式抵债的,以存货的最终运抵日为债务重组日。

第三,如果是以房产抵债的,通常以房产过户手续办妥日为债务重组日。

第四,如果是以无形资产抵债的,通常以法律交接手续办妥日为债务重组日。

第五,如果以债转股方式抵债的,则以增资手续办妥日为债务重组日。

第六,如果以修改债务条件方式抵债的,则以新的偿债条件正式执行日为债务重组日。

第七,如果是混合清偿方式抵债的,以最终解除债务手续日为债务重组日。

思考题:

(1)甲企业欠乙企业货款 1 000 万元,到期日为 2×19 年 8 月 1 日。甲企业发生财务困难,经协商,乙企业同意甲企业以价值 900 万元的商品抵偿债务。甲企业于 2×19 年 8 月 20 日将商品运抵乙企业并办理有关债务解除手续。这一债务重交易中,债务重组日为哪一天?

(2)如果上述甲企业是分批将商品运抵乙企业,最后一批运抵的日期是 8 月 30 日,且在这一天办理有关债务解除手续,则债务重组日为哪一天?

(3)再假如:上述乙企业同意甲企业以一项工程总造价为 900 万元的在建工程抵偿债务,但要求甲企业继续按计划完成在建工程,则债务重组日应为哪一天?

(4)如果乙企业同意甲企业将所欠债务转为资本,甲企业于 2×19 年 8 月 25 日办妥增资批准手续并向乙企业出具出资证明,则债务重组日为哪一天?

第二节　债务重组的会计处理

一、以资产清偿债务

(一)以现金清偿债务

1. 债务人的会计处理

以现金清偿债务的,债务人应当在满足金融负债终止确认条件时,终止确认重组债务,并将重组债务的账面价值与实际支付现金之间的差额确认为债务重组利得,计入营业外收入。重组债务的账面价值,一般是指债务的面值或本金,如应付账款;如有利息的,还应加上应计未付利息，如长期借款等。

借：应付账款（按原账面价值）

　　贷：银行存款（按实际支付的现金）

　　　　营业外收入——债务重组利得（差额）

2. 债权人的会计处理

债权人应在满足金融资产终止确认条件时，终止确认重组债权，并将重组债权的账面余额与收到的现金之间的差额确认为债务重组损失，计入营业外支出。债权人已对债权计提减值准备的，应当先将该差额冲减减值准备，冲减后没有余额的，计入营业外支出；冲减后减值准备仍有余额的，应予以转回并抵减当期信用减值损失。

借：银行存款

　　坏账准备

　　营业外支出（借方差额）

　　贷：应收账款等

　　　　信用减值损失（贷方差额）

【例 5－1】 乙公司于 2×19 年 2 月 15 日销售一批材料给甲公司，开具的增值税专用发票上的价款为 300 000 元，增值税税额为 39 000 元。按合同规定，甲公司应于 2×19 年 5 月 15 日前偿付价款。由于甲公司发生财务困难，无法按合同规定的期限偿还债务，经双方协商于 2×19 年 7 月 1 日进行债务重组。债务重组协议规定，乙公司同意减免甲公司 50 000 元债务，余额用现金立即清偿。乙公司于 2×19 年 7 月 8 日收到甲公司通过银行转账偿还的剩余款项。乙公司已为该项应收账款计提了 30 000 元坏账准备。

(1)甲公司的账务处理

计算债务重组利得：

应付账款账面余额	339 000
减：支付的现金	289 000
债务重组利得	50 000

会计分录为：

借：应付账款——乙公司	339 000	
贷：银行存款		289 000
营业外收入——债务重组利得		50 000

(2)乙公司账务处理

计算债务重组损失：

应收账款账面余额	339 000
减：收到的现金	289 000
差额	50 000
减：已计提坏账准备	30 000
债务重组损失	20 000

会计分录为：

借：银行存款	289 000	
坏账准备	30 000	

营业外支出——债务重组损失　　20 000
贷：应收账款——甲公司　　339 000

若乙公司已为该项应收账款计提了 60 000 元坏账准备。

乙公司的账务处理：

借：银行存款　　289 000
坏账准备　　60 000
贷：应收账款　　339 000
信用减值损失　　10 000

【例 5—2】 广西升天有限公司于 2×19 年 1 月 1 日销售一批材料给广西红星有限公司，含税价格 113 000 元。按合同规定广西红星有限公司应于 2×19 年 3 月 1 日前支付货款。由于广西红星有限公司发生财务困难，无法按合同规定的期限支付货款，经双方协商于 4 月 1 日进行债务重组。债务重组协议规定，广西升天有限公司同意减免广西红星有限公司 15 000 元债务，余额用现金立即清偿。广西红星有限公司于当日通过银行转账支付了剩余款项，广西升天健有限公司随即收到了该笔款项。广西红星有限公司已为该项应收债权计提了 10 000 元的坏账准备。

广西红星有限公司（债务人）的账务处理如下：

债务重组利得＝应付账款账面余额－支付的现金

＝113 000－98 000＝15 000（元）

借：应付账款　　113 000
贷：银行存款　　98 000
营业外收入——债务重组利得　　15 000

思考：债权人如何进行账务处理？

（二）以非现金资产清偿债务

1. 债务人的会计处理

以非现金资产清偿债务的，债务人应当将重组债务的账面价值与转让的非现金资产公允价值之间的差额，计入当期损益。转让的非现金资产公允价值与其账面价值之间的差额，计入当期损益。

企业以非现金资产清偿债务的，应按应付债务的账面余额，借记“应付账款”等科目，按用于清偿债务的非现金资产的公允价值，贷记“其他业务收入”“主营业务收入”“固定资产清理”等科目，按应支付的相关税费，贷记“应交税费”科目，按其差额，贷记“营业外收入”等科目。

非现金资产公允价值与账面价值的差额，应当根据不同情况进行处理：

（1）非现金资产为存货的，应当视同销售处理，根据收入相关规定，按非现金资产的公允价值确认销售商品收入，同时结转相应的成本。

（2）非现金资产为固定资产、无形资产的，其公允价值和账面价值的差额，计入资产处置损益。

（3）非现金资产为长期股权投资等投资的，其公允价值和账面价值的差额，计入投资收益。

2. 债权人的会计处理

以非现金资产清偿债务的，债权人应当对受让的非现金资产按其公允价值入账，重组债权的账面余额与受让的非现金资产的公允价值之间的差额，确认为债务重组损失，计入营业外支出。

受让存货的入账价值＝受让存货的公允价值＋应支付的其他相关税费

借：原材料、库存商品等

　　应交税费——应交增值税（进项税）

　　坏账准备（已提）

　　营业外支出（借方差额）

　　贷：应收账款等（账面余额）

　　　　银行存款等

　　　　信用减值损失（贷方差额）

下面区分具体情形来阐释上述规则。

(1)以存货清偿债务的情形。债务人以库存材料、商品产品清偿债务的，应视同销售进行会计处理。企业可将该业务分成两部分：一部分是将库存材料、商品产品出售给债权人，取得货款。出售库存材料、商品、产品业务与企业正常的销售业务处理相同，其发生的损益计入当期损益；另一部分是以取得的货币清偿债务。但在这项业务中并没有实际的现金流入和流出。

以存货清偿债务时：

借：应付账款（按原账面价值）

　　贷：主营业务收入、其他业务收入（按存货公允价值）

　　　　应交税费——应交增值税（按税额）

　　　　营业外收入——债务重组利得（差额）

同时结转成本：

借：主营业务成本、其他业务成本

　　贷：库存商品等存货科目

债权人应视同购入材料或者商品。

【例5—3】　2×19年3月1日甲公司与乙公司协商，乙公司决定以一批库存商品抵偿所欠甲公司货款234 000元。该批库存商品的账面余额为240 000元，计税价格（公允价值）为245 000元，适用的增值税率为13%，甲公司未对该债权计提坏账准备，不考虑其他因素。

甲公司的账务处理如下：

甲公司受让存货的入账价值＝245 000（元）

当期损益＝245 000（存货公允价值）＋31 850－234 000（债权账面价值）＝42 850（元）

借：库存商品	245 000	
应交税费——应交增值税（进项税额）	31 850	
贷：应收账款		234 000
信用减值损失		42 850

【例5—4】　2×19年3月1日，甲公司与乙公司协商，乙公司决定以一批库存商品抵偿所欠甲公司货款234 000元。该批库存商品的账面余额为240 000元，计税价格（公允价值）为245 000元，适用的增值税率为13%，甲公司未对该债权计提坏账准备，不考虑其他因素。

乙公司的账务处理：

借：应付账款　　234 000

　营业外支出——债务重组损失　　42 850

　贷：主营业务收入　　245 000

　　应交税费——应交增值税(销项税)　　31 850

借：主营业务成本　　240 000

　贷：库存商品　　240 000

【例 5—5】 2×19 年 3 月 4 日，乙企业销售一批原材料给甲企业，价值 468 000 元(包括应收取的增值税)，由于甲企业发生财务困难，不能按合同规定支付货款，于 2×20 年 7 月 1 日，经与乙企业协商，乙企业同意甲企业以其生产的产品抵偿债务，该产品的销售价格为 300 000 元，增值税率为 13%，产品成本为 240 000 元。乙企业接受以产品清偿债务，将产品作为库存商品入库，并不再单独支付甲企业的增值税额，乙企业未对该应收账款计提坏账准备。

借：应付账款　　468 000

　贷：主营业务收入　　300 000

　　应交税费——应交增值税(销项税)　　39 000

　　信用减值损失　　129 000

借：主营业务成本　　240 000

　贷：库存商品　　240 000

(2)以固定资产清偿债务

债务人以固定资产清偿债务的，应将固定资产的公允价值与该项固定资产账面价值和清理费用的差额作为转让固定资产的损益处理。将固定资产公允价值与重组债务的账面价值的差额，作为债务重组利得。债权人收到的固定资产按公允价值计量。

【例 5—6】 2×19 年 4 月 5 日，乙公司销售一批材料给甲公司，价款 1 100 000 元(包括应收的增值税税额)，按购销合同约定，甲公司应于 2×19 年 7 月 5 日前支付价款，但至 2×19 年 9 月 30 日甲公司尚未支付。由于甲公司发生财务困难，短期内无法清偿债务，经过协商，乙公司同意甲公司用其一台机器设备抵偿债务。该项设备的账面原价为 1 200 000 元，累计折旧为 330 000 元，公允价值为 850 000 元。抵债设备于 2×19 年 10 月 10 日运抵乙公司，乙公司将其用于本企业产品的生产。

甲公司的账务处理为：

计算债务重组利得：1 100 000－(850 000＋85 000×13%)＝139 500(元)

计算固定资产清理损益＝850 000－(1 200 000－330 000)＝－20 000(元)

首先，将固定资产转入清理：

借：固定资产清理——××设备　　870 000

　累计折旧　　330 000

　贷：固定资产——××设备　　1 200 000

其次，结转债务重组利得：

借：应付账款——乙公司　　1 100 000

　贷：固定资产清理——××设备　　850 000

　　应交税费——应交增值税(销项税额)　　110 500
　　营业外收入——债务重组利得　　139 500

最后,结转固定资产损失:

借:资产处置损益——处置非流动资产损失　　20 000
　贷:固定资产清理——××设备　　20 000

(3)以股票、债券等金融资产抵偿债务

债务人以股票、债券等金融资产抵偿债务,应按相关金融资产的公允价值与其账面价值的差额,作为转让金融资产的利得或损失;相关金融资产的公允价值与重组债务的账面价值的差额,作为债务重组利得。债权人收到的相关金融资产按公允价值计量。

【例 5—7】 乙公司于 2×19 年 7 月 1 日销售给甲公司一批产品,价款为 500 000 元(包括应收的增值税税额),按购销合同约定,甲公司应于 2×19 年 10 月 1 日前支付价款。至 2×19 年 10 月 20 日,甲公司尚未支付。由于甲公司发生财务困难,短期内无法偿还债务。经过协商,乙公司同意甲公司以其持有的作为可供出售金融资产核算的某公司股票抵偿债务。该股票账面价值为 440 000 元,公允价值变动计入其他综合收益的金额为 0,债务重组日的公允价值为 450 000 元。乙公司为该项应收账款计提了坏账准备 25 000 元。用于抵债的股票已于 2×19 年 10 月 25 日办理了相关转让手续;乙公司将取得的股票作为可供出售金融资产核算。

甲公司账务处理:

计算债务重组利得:500 000－450 000＝50 000(元)

股票处置收益:450 000－440 000＝10 000(元)

借:应付账款——乙公司　　500 000
　贷:可供出售金融资产——××股票——成本　　440 000
　　营业外收入——债务重组利得　　50 000
　　投资收益　　10 000

乙公司的账务处理:

计算债务重组损失:500 000－450 000－25 000＝25 000(元)

借:可供出售金融资产——××股票——成本　　450 000
　坏账准备　　25 000
　营业外支出——债务重组损失　　25 000
　贷:应收账款——甲公司　　500 000

二、将债务转为资本

(一)债务人的会计处理

将债务转为资本,债务人应区分以下情况处理:

1. 债务人为股份有限公司时,应当在满足金融负债终止确认条件时,终止确认重组债务,并将债权人放弃债权而享有股份面值总额确认为股本;股份的公允价值与股本之间的差额确认为股本溢价计入资本公积。重组债务账面价值超过股份的公允价值总额的差额,作为债务重组利得计入当期营业外收入。

2. 债务人为其他企业的,应当在满足金融负债终止确认条件时,终止确认重组债务,并将债权人放弃债权而享有的股权额确认为实收资本；股权公允价值与实收资本之间的差额确认为资本溢价计入资本公积。重组债务账面价值超过股权公允价值的差额，作为债务人重组利得计入当期营业外收入。

债务人的会计处理：

借：应付账款等（账面价值）

　贷：股本（或实收资本）（面值）

　　资本公积——股本溢价（或资本溢价）（公允价值与股本/或实收资本差额）

　　营业外收入——债务重组利得

（二）债权人的会计处理

债权人应当在满足金融资产终止确认条件时，终止确认重组债权，并将因放弃债权而享有股份的公允价值确认为对债务人的投资，重组债权的账面价值与股份的公允价值之间的差额确认为债务重组损失，计入当期营业外支出。债权人对债权已计提减值准备的，应当先冲减减值准备；减值准备不足冲减的，作为债务重组损失计入当期营业外支出。发生的相关税费，分别按照长期股权投资或金融工具确认和计量的规定进行处理。

债权人的会计处理：

借：长期股权投资等（股份或资本的公允价值）

　坏账准备

　营业外支出——债务重组损失（借方差额）

　贷：应收账款等

　　信用减值损失（贷方差额）

【例5－8】 2×19年2月10日，乙公司销售一批材料给甲公司，价款200 000元（包括应收取的增值税税额），合同约定6个月内结清款项。6个月后，由于甲公司发生财务困难，无法支付该价款，与乙公司协商进行债务重组。经双方协商，乙公司同意甲公司将该项债务转为甲公司的股份。乙公司对该项应收账款计提了坏账准备10 000元。转股后甲公司注册资本为5 000 000元，抵债股权占甲公司注册资本的2%。债务重组日，抵债股权的公允价值为152 000元。2×19年11月1日，相关手续办理完毕。假定不考虑其他相关税费。

（1）甲公司的账务处理：

计算应计入资本公积的金额＝152 000－5 000 000×2%＝52 000（元）

计算债务重组利得：200 000－152 000＝48 000（元）

借：应付账款——乙公司	200 000	
贷：实收资本——乙公司		152 000
资本公积——资本溢价		52 000
营业外收入——债务重组利得		48 000

（2）乙公司账务处理：

计算债务重组损失：200 000－152 000－10 000＝38 000（元）

借：长期股权投资——甲公司	152 000	
坏账准备	10 000	
营业外支出——债务重组损失	38 000	
贷：应收账款——甲公司		200 000

三、修改其他债务条件

企业采用修改其他债务条件进行债务重组的，应当区分是否涉及或有应付(或应收)金额进行会计处理。或有应付(或应收)金额，是指根据未来某种事项出现而发生的应付(或应收)金额，而且该事项的出现具有不确定性。

(一)不涉及或有应付(或应收)金额的债务重组

以修改其他债务条件进行债务重组的，如果修改后的债务条款中不涉及或有应付金额，则债务人应当将重组债务的账面价值大于重组后债务人的入账价值的差额作为债务重组利得，计入营业外收入。

以修改其他债务条件进行债务重组的，如果修改后的债务条款不涉及或有应收金额，债权人应当将修改后的债权的公允价值作为重组后债权的账面价值，重组债权的账面价值与重组后债权的账面价值之间的差额作为债务重组损失，计入营业外支出。如果债权人对该债权计提了减值准备，应当先将该差额冲减减值准备，减值准备不足冲减的部分作为债务重组损失计入营业外支出。

【例 5—9】 乙银行 2×18 年 12 月 31 日应收甲公司借款的账面余额为 10 700 000 元，其中，700 000 元为累计应收利息，贷款年利率为 7%。由于甲公司连年亏损，资金周转困难，不能偿付应于 2×18 年 12 月 31 日到期的贷款。经双方协商，于 2×19 年 1 月 1 日进行债务重组。乙银行同意将贷款本金减至 8 000 000 元，免去债务人所欠的全部利息；将利率从 7%降到 5%(等于实际利率)，并将债务到期日延长至 2×20 年 12 月 31 日，利息按年支付。该项债务重组协议从协议签订日起开始实施。乙银行为该项贷款计提了 500 000 元贷款减值准备。

(1)甲银行的账务处理：

2×19 年 1 月 1 日计算债务重组利得：10 700 000－8 000 000＝2 700 000(元)

借：长期贷款——乙银行	10 700 000	
贷：长期借款——债务重组——乙银行		8 000 000
营业外收入——债务重组利得		2 700 000

2×19 年 12 月 31 日，计提和支付利息：

借：财务费用	400 000	
贷：应付利息——乙银行		400 000
借：应付利息——乙银行	400 000	
贷：银行存款		400 000

2×20 年 12 月 31 日，偿还本金及最后一年利息：

借：财务费用	400 000	
贷：应付利息——乙银行		400 000
借：长期借款——债务重组——乙银行	8 000 000	
应付利息——乙银行	400 000	
贷：银行存款		8 400 000

(2)乙银行的账务处理：

2×19 年 1 月 1 日，计算债务重组损失：10 700 000－8 000 000－500 000＝2 200 000

(元)。

借:长期贷款——债务重组——甲公司——本金　8 000 000
　贷款减值准备　500 000
　营业外支出——债务重组损失　2 200 000
　贷:长期贷款——甲公司——本金、利息调整、应计利息　10 700 000

2×19 年 12 月 31 日,收到利息:

借:吸收存款——甲公司　400 000
　贷:利息收入　400 000

2×20 年 12 月 31 日,收到本金及最后一年利息:

借:吸收存款——甲公司　8 400 000
　贷:长期贷款——债务重组——甲公司——本金　8 000 000
　　利息收入　400 000

(二)涉及或有应付(或应收)金额的债务重组

以修改其他债务条件进行债务重组的,修改后的债务条款中如果涉及或有应付金额,且该或有应付金额符合《企业会计准则第 13 号——或有事项》中有关预计负债确认条件的,债务人应当将该项或有应付金额确认为预计负债。比如,债务重组协议规定,债务人债务重组后一定期间内,其业绩改善到一定程度或符合一定要求(如扭亏为盈、摆脱财务困境等),应向债权人额外支付一定款项,当债务人承担的或有应付金额符合预计负债确认条件时,应当将该或有应付金额确认为预计负债。重组债务的账面价值与重组后债务的入账价值和预计负债金额之和的差额作为债务重组利得,计入营业外收入。或有应付金额在随后的会计期间没有发生的,企业应当冲减已确认的预计负债,同时确认营业外收入。

以修改其他债务条件进行债务重组的,修改后的债务条款中涉及或有应收金额的,债权人不应当确认或有应收金额,不得将其计入重组后债权的账面价值。根据谨慎性要求,或有应收金额属于或有资产,或有资产不予确认。只有在或有应收金额实际收到时,才确认当期损益。

四、以上三种方式的组合方式

按以上三种方式的组合方式进行债务重组的,主要有以下几种情况:

第一,债务人以现金、非现金资产清偿债务两种方式的组合清偿某项债务的,应将重组债务的账面价值与支付的现金、非现金资产的公允价值之间的差额作为债务重组利得,非现金资产的公允价值与账面价值的差额作为资产转让损益。

债权人应将重组债权的账面余额与收到的现金、受让的非现金资产的公允价值以及已计提的坏账准备之间的差额作为债务重组损失。

第二,债务人以现金、将债务转为资本两种方式的组合清偿某项债务的,应将重组债务的账面价值与支付的现金、债权人因放弃债权而享有的股权的公允价值之间的差额作为债务重组利得。股权的公允价值与股本(或实收资本)的差额作为资本公积。

债权人应将重组债权的账面余额与收到的现金、因放弃债权而享有股权的公允价值以及已提取坏账准备之间的差额作为债务重组损失。

第三,债务人以非现金资产、将债务转为资本两种方式的组合清偿债务的,应将重组债务的账面价值与转让的非现金资产的公允价值、债权人因放弃债权而享有股权的公允价值之间的差额作为债务重组利得。非现金资产的公允价值与账面价值的差额作为资产处置损益；股权的公允价值与股本（或实收资本）的差额作为资本公积。

债权人应将重组债权的账面余额与受让的非现金资产的公允价值，因放弃债权而享有股权的公允价值，以及已提取坏账准备的差额作为债务重组损失。

第四，债务人以现金、非现金资产、将债务转为资本三种方式的组合清偿某项债务的，应将重组债务的账面价值与支付的现金、转让的非现金资产的公允价值、债权人因放弃债权而享有股权的公允价值的差额作为债务重组利得。非现金资产的公允价值与账面价值的差额作为资产转让损益；股权的公允价值与股本（或实收资本）的差额作为资本公积。

债权人应将重组债权的账面余额与收到的现金、受让的非现金资产的公允价值、因放弃债权而享有股权的公允价值以及已提取坏账准备的差额作为债务重组损失。

第五，以资产、将债务转为资本等方式清偿某项债务的，并对该债务的另一部分以修改债务条件进行债务重组。在这种方式下，债务人应先以支付的现金、转让的非现金资产的公允价值、债权人因放弃债权而享有股权的公允价值冲减重组债务的账面价值，余额再与应付金额进行比较，据此计算债务重组利得。非现金资产的公允价值与其账面价值的差额作为资产转让损益；股权的公允价值与股本（或实收资本）之间的差额作为资本公积。

债权人应先将收到的现金、受让的非现金资产的公允价值、因放弃债权而享有股权的公允价值冲减重组债务的账面价值，余额与将来应收金额进行比较，据此计算债务重组损失。

【例 5－10】　2×19 年 1 月 10 日，乙公司销售一批产品给甲公司，价款 1 300 000 元（包括应收的增值税税额）。至 2×19 年 12 月 31 日，乙公司对该项应收账款计提的坏账准备为 18 000 元。由于甲公司发生财务困难，无法偿还债务，与乙公司协商进行债务重组。2×20 年 1 月 1 日，甲公司与乙公司达成债务重组协议如下：

(1)甲公司以一批材料清偿部分债务。该批材料的账面价值为 280 000 元（未计提跌价准备），公允价值为 300 000 元，适用的增值税税率为 13%。假如材料同日运抵乙公司，甲公司开出增值税专用发票，乙公司将材料作为原材料验收入库。

(2)将 250 000 元的债务转为甲公司的股份，其中 50 000 元为股份面值。假定股份转让手续于同日办理完毕，乙公司作为长期股权投资进行核算。

(3)乙公司同意减免甲公司所负全部债务扣除实物抵债和股权抵债后剩余债务的 40%，其余债务偿还期限延长至 2×20 年 6 月 30 日。

具体账务处理如下：

(1)甲公司账务处理：

债务重组后的公允价值＝[1 300 000－300 000×(1＋13%)－250 000]×(1－40%)＝426 600（元）

债务重组利得＝1 300 000－339 000－250 000－426 600＝284 400（元）

借：应付账款——乙公司	1 300 000	
贷：其他业务收入		300 000
应交税费——应交增值税（销项税额）		39 000
股本		50 000
资本公积——股本溢价		200 000

　　　　应付账款——债务重组——乙公司　　　426 600

　　　　营业外收入——债务重组利得　　　284 400

同时：

　借：其他业务成本　　　280 000

　　贷：原材料　　　280 000

(2)乙公司账务处理：

债务重组损失＝1 300 000－339 000－250 000－426 600－18 000＝266 400(元)

　借：原材料　　　300 000

　　应交税费——应交增值税(进项税额)　　　39 000

　　长期股权投资——甲公司　　　250 000

　　应收账款——债务重组——甲公司　　　426 600

　　坏账准备　　　18 000

　　营业外支出——债务重组损失　　　266 400

　　贷：应收账款——甲公司　　　1 300 000

五、信息披露

债务重组双方应在财务报表附注中对债务重组的相关信息予以披露。

(一)债务人应披露的信息

债务人应披露的信息主要包括：

1. 债务重组方式；
2. 确认的债务重组利得总额；
3. 将债务转为资本所导致的股本(或实收资本)的增加额；
4. 或有应付金额；
5. 债务重组中转让的非现金资产的公允价值、由债务转成的股份的公允价值和修改其他债务条件后债务的公允价值的确定方法和依据。

(二)债权人应披露的信息

债权人应披露的信息主要包括：

1. 债务重组方式；
2. 确认的债务重组损失总额；
3. 将债权转为股权所导致的投资增加额以及该投资占债务人股份总额的比例；
4. 或有应收金额；
5. 债务重组中受让的非现金资产的公允价值、由债权转成的股份的公允价值和修改其他债务条件后债权的公允价值的确定方法和依据。

本章习题

一、单项选择题

1. 甲公司欠乙公司600万元货款，到期日为2×19年10月30日。甲公司因财务困难，经协商于2012年11月15日与乙公司签订债务重组协议，协议规定甲公司以价值550万元的商品抵偿欠乙公司上述全部债务。2×19 年 11 月 20 日，乙公司收到该商品并验收入库。2×19 年 11 月 22 日办理了有关债务解除手续。该债务重组的重组日为(　　)。

A. 2×19 年 10 月 30 日　　B. 2×19 年 11 月 15 日

C. 2×19 年 11 月 20 日　　D. 2×19 年 11 月 22 日

2. 企业用于清偿债务的现金低于应付债务账面价值的，债权人实际收到的现金与应收债权账面价值的差额，应当计入(　　)。

A. 盈余公积　　B. 资本公积　　C. 其他业务支出　　D. 营业外支出

3. 2×19 年 1 月 1 日，甲公司销售一批材料给乙公司，货款为 100 万元(含税价)。2×19 年 7 月 1 日，乙公司发生财务困难，无法按合同规定偿还该项债务。经双方协商，甲公司同意乙公司用其生产的产品偿还该笔货款。该产品的市价为 80 万元，乙公司适用的增值税税率为 13%，产品成本为 5C 万元，乙公司开具了增值税专用发票，甲公司将该产品作为原材料入库。假定甲公司未对该项应收账款计提坏账准备，也没有向乙公司另行支付增值税，则乙公司应当确认的债务重组利得为(　　)万元。

A. 41.5　　B. 9.6　　C. 20　　D. 50

4. 甲公司持有红牛公司承兑的不带息应收票据 25 000 元，票据到期，由于红牛公司发生财务困难，经法院裁定，进行债务重组，重组协议规定：红牛公司以一台设备抵偿 8 750 元的债务，将 13 750 元的债务转为 5% 的股权，一年后再支付 2 000 元清偿剩余债务，假设该设备的原值为 12 500 元，累计折旧为 5 000 元，评估确认的原价为 12 500 元，评估确认的净价为 8 750 元；债务人的新注册资本为 250 000 元，债权人因放弃债权而享有的股权评估确认价为 13 750 元。假定不考虑相关税费，双方已将应收、应付票据转入应收、应付账款。那么红牛公司确认的债务重组损益金额为(　　)元(不考虑设备的增值税)。

A. 500　　B. 1 250　　C. 750　　D. 1 750

5. 依据《企业会计准则》的规定，下列有关债务重组的表述中，错误的是(　　)。

A. 债务重组是在债务人发生财务困难情况下，债权人按其与债务人达成的协议或法院的裁定作出让步的事项

B. 债务人以非现金资产或以债转股方式抵偿债务的，重组债务的账面价值与转让的非现金资产或所转股份的公允价值之间的差额，应当确认为债务重组利得

C. 关联方关系的存在可能导致发生债务重组具有调节损益的可能性

D. 延长债务偿还期限在没有减少利息或本金的情况下，也有可能是债务重组

6. 甲公司销售一批商品给红星公司，价款 585 万元(含税价)。按双方协议规定，款项应于 2×19 年 6 月 20 日之前付清。由于资金周转困难，红星公司不能在规定的时间内偿付甲公司该笔货款。经协商，双方于 2×19 年 10 月 20 日进行债务重组。重组协议如下：甲公司同意豁免红星公司债务 85 万元，其余款项于重组日起一年后付清；债务延长期间，甲公司按年加收余款 2% 的利息，假定实际利率为 2%，利息与债务本金一同支付。红星公司应确认的债务重组利得为(　　)万元。

A. 10　　B. 85　　C. 75　　D. 0

7. A 公司与 B 公司进行债务重组，重组协议规定，就应收 B 公司账款 100 万元，B 公司以一批商品抵偿债务。商品的成本为 60 万元，计税价(公允价值)为 80 万元，增值税税率为 13%，商品已交给 A 公司。则 B 公司在该债务重组中应计入营业外收入的金额为(　　)万

元。

A. 9.6　　B. 30　　C. 0　　D. 22.5

8. 甲公司为增值税一般纳税人，适用的增值税税率13%。因甲公司发生财务困难，甲公司与乙公司就其所欠乙公司的500万元的货款进行了债务重组。根据债务重组协议，甲公司以其生产的产品抵偿债务，甲公司交付产品后双方的债权债务结清。甲公司已将用于抵债的产品发出，并开具增值税专用发票。甲公司用于抵债的产品的账面余额为400万元，已计提的存货跌价准备为50万元，公允价值(计税价格)为350万元。乙公司另行向甲公司支付了增值税税额45.5万元。甲公司对该项债务重组应确认的债务重组利得为(　　)万元。

A. 104.5　　B. 150　　C. 100　　D. 40.5

9. 2×19年3月1日，甲公司销售一批产品给乙公司，开出的增值税专用发票上注明的销售价款为20万元，增值税销项税额为2.6万元，款项尚未收到。因乙公司发生财务困难，无法偿还该项债务，2×19年6月1日，甲公司与乙公司协商进行债务重组。重组协议如下：甲公司同意豁免乙公司债务13.4万元；其余债务于2×19年10月1日偿还，债务延长期间，每月收取余款2%的利息(若乙公司从7月份起每月获利超过20万元，每月加收1%的利息)。假定债务重组日重组债权的公允价值为10万元，甲公司为该项应收账款计提了坏账准备0.4万元，整个债务重组交易没有发生相关税费。若乙公司从7月份开始每月获利均超过20万元，在债务重组日，甲公司应确认的债务重组损失为(　　)万元。

A. 11.8　　B. 13　　C. 13.4　　D. 12.2

10. 甲公司有一笔应收乙公司的账款150 000元，由于乙公司发生财务困难无法按时支付，双方协商进行债务重组。重组协议规定，乙公司以其持有的丙上市公司10 000股普通股抵偿该账款。甲公司对该应收账款已计提坏账准备9 000元。债务重组日，丙公司股票市价为每股11.5元，相关债务重组手续办理完毕。假定不考虑相关税费。债务重组日，甲公司应确认的债务重组损失和乙公司应确认的债务重组利得分别为(　　)元。

A. 26 000和26 000　　B. 26 000和35 000

C. 35 000和26 000　　D. 35 000和35 000

11. 债务人(股份有限公司)以现金、非现金资产、将债务转为资本并附或有条件等方式的组合清偿某项债务，则该事项中，不会影响债务人当期损益的是(　　)。

A. 或有应付金额

B. 重组债务的账面价值与债权人因重组享有股权的公允价值之间的差额

C. 抵债的非现金资产的公允价值与账面价值的差额

D. 债权人因重组享有股权的公允价值与债务人确认的实收资本之间的差额

12. 以修改其他债务条件进行债务重组的，如果债务重组协议中附有或有应付金额的，但是该或有应付金额最终没有发生的，应(　　)。

A. 冲减已确认的预计负债，同时确认营业外收入

B. 冲减营业外支出

C. 冲减销售费用

D. 冲减管理费用

13. 2×19年1月1日，A公司销售一批材料给B公司，含税价为130万元。2010年8

月1日,B公司发生财务困难,无法按照合同规定偿还笔货款。经双方协商,A公司同意B公司用固定资产抵偿该笔债务。该固定资产的公允价值为100万元,账面原价为240万元,累计折旧为150万元,已计提减值准备10万元。A公司为该项债权计提了坏账准备5万元。A公司将抵债的固定资产作为管理用固定资产进行核算。假定不考虑相关税费。B公司该项交易应影响当期利润的金额为(　　)万元。

A. 30　　B. 20　　C. 50　　D. 25

14. A公司、B公司均为一般纳税企业,增值税率为13%。A公司应收B公司的账款3 150万元已逾期,经协商决定进行债务重组。债务重组内容是:(1)B公司以银行存款偿付A公司账款450万元;(2)B公司以一项存货和一项股权投资偿付所欠账款的余额。B公司该项存货的账面价值为1 350万元,公允价值为1 575万元;股权投资的账面价值为155万元,公允价值为202万元。假定不考虑除增值税以外的其他税费,A公司的债务重组损失为(　　)万元。

A. 1 181.55　　B. 913.50　　C. 1 449.30　　D. 718.25

15. 甲公司2×19年2月4日销售给乙公司一批商品,价税合计226 000元,协议规定乙公司于2011年7月31日支付全部货款。2×19年7月31日,由于乙公司经营困难,无法支付全部的货款,双方协商进行债务重组。下面情况不符合债务重组定义的是(　　)。

A. 甲公司同意乙公司以200 000元偿付全部的债务

B. 甲公司同意乙公司以一台设备偿还全部债务的75%,剩余的债务不再要求偿还

C. 甲公司同意乙公司延期至2×19年12月31日支付全部的债务并加收利息,但不减少其偿还的金额

D. 甲公司同意乙公司以一批库存原材料偿还全部债务,该库存原材料公允价值为180 000元

二、多项选择题

1. 债务人以非现金资产清偿债务时,债权人收到非现金资产在确认受让资产入账价值时,应考虑的因素有(　　)。

A. 债权的账面价值

B. 债务人计提的该资产的减值准备

C. 债权人支付的其他相关税费

D. 受让资产的公允价值

2. 2×19年4月8日,甲公司因无力偿还乙公司的1 000万元货款进行债务重组。按债务重组协议规定,甲公司用普通股400万股偿还债务。假设普通股每股面值1元;该股份的公允价值为900万元(不考虑相关税费)。乙公司对应收账款计提了80万元的坏账准备。甲公司于8月5日办妥了增资批准手续,换发了新的营业执照,则下列表述正确的有(　　)。

A. 债权人计提的相应的坏账准备80万元必须随债务重组一起转平

B. 乙公司因放弃债权而享有股份的面值总额为400万元

C. 甲公司计入“资本公积——股本溢价”为500万元

D. 乙公司可以不转计提的坏账准备80万元

3. 某股份有限公司清偿债务的下列方式中，属于债务重组的有（　　）。

A. 根据转换协议将应付可转换公司债券转为资本

B. 以公允价值低于债务金额的非现金资产清偿

C. 延长债务偿还期限并加收利息

D. 以低于债务账面价值的银行存款清偿

4. 2×19 年 4 月 8 日，甲公司因无力偿还乙公司的 1 170 万元货款进行债务重组。按债务重组协议规定，甲公司以银行存款偿还 170 万元，用普通股 400 万股偿还剩余债务。假设普通股每股面值 1 元；该股份的公允价值为 900 万元（不考虑相关税费）。乙公司对应收账款计提了 80 万元的坏账准备。甲公司于 8 月 5 日办妥了增资批准手续，换发了新的营业执照，则下列表述正确的有（　　）。

A. 债务重组日为 2×19 年 4 月 8 日

B. 乙公司因放弃债权而享有股份的面值总额为 400 万元

C. 甲公司计入"资本公积——股本溢价"为 500 万元

D. 乙公司可以不转计提的坏账准备 80 万元

5. 关于债务重组准则中以现金清偿债务，下列说法中正确的有（　　）。

A. 债务人应当将重组债务的账面价值与实际支付现金之间的差额，计入当期损益

B. 若债权人未对应收债权计提减值准备，债权人应当将重组债权的账面余额与实际收到的现金之间的差额，计入当期损益

C. 若债权人已对债权计提减值准备的，债权人应当先将实际收到的款项与应收债权账面余额之间的差额冲减减值准备；如果冲减后减值准备仍有余额，那么应当将该余额转出，冲减资产减值损失

D. 若债权人已对债权计提减值准备的，应当先将实际收到款项与应收债权账面余额的差额冲减减值准备；减值准备不足以冲减的部分，计入营业外支出

6. 关于债务重组，下列说法中正确的有（　　）。

A. 以现金清偿债务的，债务人应当将重组债务的账面价值与实际支付现金之间的差额，计入当期损益

B. 以现金清偿债务的，若债权人已对债权计提减值准备的，债权人实际收到的现金大于应收债权账面价值的差额，冲减资产减值损失

C. 或有应付金额，是指需要根据未来某种事项出现而发生的应付金额，而且未来事项的出现具有不确定性

D. 修改后的债务条款如涉及或有应付金额，债务人就应当将该或有应付金额确认为预计负债

7. 债务重组是指在债务人发生财务困难的情况下，债权人按照其与债务人达成的协议或者法院的裁定作出让步的事项。其中，债权人作出的让步包括（　　）。

A. 债权人减免债务人部分债务利息

B. 允许债务人延期支付债务，但不减少债务的账面价值

C. 降低债务人应付债务的利率

D. 债权人减免债务人部分债务本金

8. 在混合重组方式下，以下会计处理中不正确的有（　　）。

A. 债权人以收到的现金、接受的非现金资产原账面价值、债权人享有股份的面值冲减重组债权的账面余额
B. 债权人以收到的现金、接受的非现金资产公允价值、债权人享有股份的公允价值冲减重组债权的账面余额
C. 债务人以支付的现金、转让的非现金资产原账面价值、债权人享有股份的面值冲减重组债务的账面价值
D. 债务人以支付的现金、转让的非现金资产公允价值、债权人享有股份的公允价值冲减重组债务的账面价值

9. 关于债务重组准则中修改其他债务条件的会计处理，下列说法中错误的有（　　）。
A. 修改其他债务条件的，债务人应当将修改其他债务条件后债务的公允价值作为重组后债务的入账价值。重组债务的账面价值与重组后债务的入账价值之间的差额，计入为资本公积
B. 修改其他债务条件的，债务人应当将修改其他债务条件后债务的公允价值作为重组后债务的入账价值。重组债务的账面价值与重组后债务的入账价值之间的差额，计入当期损益
C. 修改后的债务条款如涉及或有应付金额，且该或有应付金额符合《企业会计准则第13号——或有事项》中有关预计负债确认条件的，债务人应当将该或有应付金额确认为预计负债。重组债务的账面价值与重组后债务的入账价值和预计负债金额之和的差额，计入当期损益
D. 修改后的债务条款如涉及或有应付金额，无论该或有应付金额是否符合预计负债确认条件，根据谨慎性原则，债务人均应当将该或有应付金额确认为预计负债。重组债务的账面价值与重组后债务的入账价值和预计负债金额之和的差额，计入当期损益

10. 修改其他债务条件时，以下债权人可能产生债务重组损失的有（　　）。
A. 无坏账准备时，债权人重组债权的账面余额大于将来应收金额
B. 无坏账准备时，债权人重组债权的账面余额小于将来应收金额
C. 有坏账准备时，债权人放弃的部分债权小于已经计提的坏账准备
D. 有坏账准备时，债权人放弃的部分债权大于已经计提的坏账准备

11. 2×19 年 4 月 8 日，恒通公司因无力偿还东大公司的 1 000 万元货款进行债务重组。按债务重组协议规定，恒通公司用其普通股 400 万股偿还债务。假定普通股每股面值 1 元；该股份的公允价值为 900 万元（不考虑相关税费）。东大公司对应收账款计提了 80 万元的坏账准备。恒通公司于 8 月 5 日办妥了增资批准手续，换发了新的营业执照，则下列表述正确的有（　　）。
A. 债务重组日为 2×19 年 4 月 8 日
B. 东大公司因放弃债权而享有股份的面值总额为 400 万元
C. 恒通公司计入“资本公积——股本溢价”为 500 万元
D. 东大公司可以不转计提的坏账准备 80 万元

12. 债务人以现金清偿债务的情况下，债权人进行账务处理可能涉及的科目有（　　）。
A. 库存现金　　B. 营业外支出　　C. 营业外收入　　D. 信用减值损失

13. 在延期付款清偿债务并附或有支出条件的情况下，下列说法正确的有(　　)。

A. 修改后的债务条款如涉及或有应付金额，且该或有应付金额符合预计负债确认条件的，债务人应当将该或有应付金额确认为预计负债。重组债务的账面价值，与重组后债务的入账价值和预计负债金额之和的差额，计入当期损益

B. 修改后的债务条款中涉及或有应收金额的，债权人不应当确认或有应收金额，不得将其计入重组后债权的账面价值

C. 或有应付金额在随后会计期间没有发生的，企业应当冲销已确认的预计负债，同时确认营业外收入

D. 修改其他债务条件的，债权人应当将修改其他债务条件后的债权的公允价值作为重组后债权的账面价值

14. 下列各项中属于债务重组方式的有(　　)。

A. 以现金清偿债务

B. 将债务转为资本

C. 修改其他债务条件，如减少债务本金、减少债务利息等，不包括上述 A 和 B 两种方式

D. 以企业生产的产品清偿债务

15. 下列有关债务重组的说法中，不正确的是(　　)。

A. 在债务重组中，若涉及多项非现金资产，应以非现金资产的公允价值为基础进行分配

B. 修改其他债务条件后，债权人涉及或有应收金额的，计入重组后债权的入账价值

C. 修改其他债务条件后，若债权人未来应收金额大于应收债权的账面价值，但小于应收债权账面余额的，应将未来应收金额大于应收债权账面价值的差额，计入资本公积

D. 在混合重组方式下，债务人和债权人在进行账务处理时，一般先考虑以现金清偿，然后是以非现金资产或以债务转为资本方式清偿，最后才是修改其他债务条件

16. 以债务转为资本的方式进行债务重组时，以下处理方法正确的有(　　)。

A. 债务人应将债权人因放弃债权而享有的股份的面值总额确认为股本或实收资本

B. 债务人应将股份公允价值总额与股本或实收资本之间的差额确认为资本公积

C. 债权人应当将所享有股份的公允价值确认为对债务人的投资

D. 债权人已对债权计提减值准备的，应当先将重组债权的账面余额与股份的公允价值之间的差额冲减减值准备，冲减后尚有余额的，计入营业外支出(债务重组损失)；冲减后减值准备仍有余额的，应予以转回并抵减当期资产减值损失

三、判断题

1. 以非现金资产清偿债务的，债权人应当对接受的非现金资产按照原账面价值入账，将重组债权的账面余额与接受的非现金资产的入账价值之间的差额，计入当期损益。(　　)

2. 以修改其他债务条件进行债务重组的，若涉及或有应付金额，债务人应当将修改其他债务条件后债务的公允价值和或有应付金额之和作为重组后债务的入账价值。重组债务的账面价值与重组后债务的入账价值之间的差额，计入当期损益。(　　)

3. 减少债务本金、降低利率、免去应付未付的利息、延长偿还期限并减少债务的账面价值等重组方式属于修改其他债务条件的债务重组方式。（　　）

4. 或有应付金额在随后会计期间没有发生的，企业应当冲销已确认的预计负债，同时确认营业外收入。（　　）

5. 只要债权人对债务人的债务作出了让步，不管债务人是否发生财务困难，都属于准则所定义的债务重组。（　　）

6. 以现金清偿债务的情况下，债权人对重组债权已计提减值准备的，应当将实际收到的现金和重组债权账面余额之间的差额先冲减已计提的减值准备，冲减后仍有损失的，计入营业外支出；若冲减后减值准备仍有余额的，应当将该余额冲减资产减值损失。（　　）

7. 将债务转为资本的，债权人应当将享有股份的公允价值确认为对债务人的投资，重组债权的账面余额与股份的公允价值之间的差额，应当计入当期损益。债权人已对债权计提减值准备的，应当先将该差额冲减减值准备，冲减后尚有余额的，计入营业外支出（债务重组损失）；冲减后减值准备仍有余额的，应予以转回并抵减当期资产减值损失。（　　）

8. 附或有条件的债务重组，未支付的或有支出，待结算时应将其全部转入资本公积。

（　　）

9. 以现金清偿债务的，债务人应当将重组债务的账面价值与实际支付现金之间的差额，计入资本公积。（　　）

10. 债务重组方式仅仅包括以资产清偿债务、将债务转为资本、修改其他债务条件等，不包括以上三种方式的组合。（　　）

四、计算题

1. 甲公司和乙公司均为增值税一般纳税人，适用的增值税税率均为13%。甲公司就其所欠乙公司的一笔货款300万元（含税价）进行债务重组，双方经协商，乙公司同意甲公司用其所生产的产品和一项可供出售金融资产进行偿债。甲公司产品的成本为50万元，市场价格为80万元。该项可供出售金融资产的账面价值为160万元（其中成本为130万元，公允价值变动为30万元），债务重组日的公允价值为180万元。乙公司没有向甲公司另行支付增值税，假定交易中不考虑其他相关税费。产品已运抵乙公司，相关的股权划转手续已经办理完毕。乙公司将收到的产品作为生产用的原材料，将收到的金融资产作为交易性金融资产进行核算。乙公司对该项债权计提了60万元的减值准备。

要求：

(1)计算甲公司的债务重组利得，做出相关的债务重组分录。

(2)计算乙公司的债务重组损失，做出相关的债务重组分录。

（答案中的金额单位用万元表示。）

2. 甲公司2×18年12月31日应收乙公司账款的账面余额为327 000元，其中27 000元为累计未付的利息，票面利率9%。乙公司由于连年亏损，现金流量不足，不能偿付应于2018年12月31日前支付的应付账款。经协商，于2×18年末进行债务重组。甲公司同意将债务本金减至2 500 000元；免去债务人所欠的全部利息；将利率从9%降低至5%，并将债务到期日延至2×20年12月31日，利息按年支付。甲公司已对该项应收账款计提了40 000元坏账准备。

要求：根据上述资料，做出甲、乙公司的相关账务处理。

3. 长江股份有限公司（以下简称长江公司）2×19 年发生以下经济业务：

（1）应收 A 公司一笔款项为 200 万元，已提坏账准备 10 万元。因 A 公司发生财务困难，到期无法偿还长江公司的债务。2×19 年 4 月 10 日，长江公司与 A 公司达成债务重组协议，长江公司同意 A 公司用一批产品和一辆小轿车抵偿上述全部账款。产品的成本为 60 万元，市场价格为 80 万元，增值税税额为 10.4 万元；小轿车账面原价为 150 万元，已计提折旧 80 万元，已计提减值准备 10 万元，公允价值为 50 万元。A 公司于 2×19 年 5 月 20 日将上述产品和小轿车运抵长江公司，并解除了债权债务关系。假定不考虑换出小轿车所发生的相关的增值税。长江公司将用于抵债的产品作为库存商品核算，将小轿车作为管理用固定资产进行核算。长江公司没有向 A 公司单独支付产品的相关增值税税额。

（2）2×19 年 6 月 30 日，长江公司已为上述小轿车计提折旧 1 万元，预计上述小轿车的可收回金额为 45 万元。

（3）2×19 年 7 月 10 日，因生产经营需要，长江公司将上述小轿车与 B 公司的一批材料交换，2×19 年 7 月，长江公司为该小轿车计提折旧 0.5 万元。在交换日，小轿车的公允价值为 40 万元，换入材料发票上注明的价款为 40 万元，增值税为 5.2 万元，该批材料的成本为 30 万元。长江公司向 B 公司单独支付增值税税款 5.2 万元。假定该交换具有商业实质，不考虑换出小轿车所发生的增值税，双方对换入的资产均不改变用途。

（4）不考虑交易过程中的除增值税以外的其他相关税费。

要求：

（1）确定债务重组日；

（2）分别编制长江公司和 A 公司在债务重组日的会计分录；

（3）编制长江公司 2017 年 6 月 30 日小轿车计提减值准备的会计分录；

（4）分别编制长江公司和 B 公司 2017 年 7 月 10 日非货币性资产交换的会计分录。

（答案中的金额单位用万元表示，计算结果保留小数点后两位。）

第六章

借款费用

导读案例

红山房地产有限公司从事房屋开发、销售和租赁业务，其开发一期商品房所需资金由集团公司向金融机构统借统还。2×17 年 1 月，甲公司向集团公司借款 40 000 万元，用于一期商品房建造（不考虑闲置资金用于投资产生的收益），年利率 6%，借款期限为 2×17 年 1 月 1 日～2×19 年 6 月 30 日。其中，2×18 年发生借款利息 2 400 万元，已取得集团公司向地税机关申请开具的利息发票，全部计入一期商品房开发成本。除上述专门借款外，2×18 年无其他利息支出。

一期商品房建设期为 2×16 年 12 月 10 日～2×18 年 5 月 10 日，建造期间不存在非正常中断情形。2×18 年 5 月 30 日，该商品房通过相关部门验收，并取得竣工验收证明。可售建筑面积 80 000m^2。至 2×18 年 12 月末，已售面积 60 000m^2，占可售面积的 75%。

经核实，以前年度建造一期商品房发生的借款费用，计入开发成本无误，不存在纳税调整问题。审计人员认为，针对 2×18 年一期商品房发生的借款费用，由于企业会计处理错误，导致 2×18 年借款费用税前扣除金额错误。

请思考：

1. 红山房地产公司何时开始资本化？
2. 红山房地产公司资本化的借款费用是多少？

学习目标

1. 借款费用的四项内容。
2. 理解并掌握借款费用开始资本化、暂停资本化、停止资本化的条件。
3. 掌握借款费用资本化金额的确定及计算方法。

第一节 借款费用概述

一、借款费用的内容

企业在生产经营活动中，如果面临经营资金短缺，需要通过短期借款、商业汇票等方式筹集资金。而企业对于购建固定资产、对外投资等大的投资项目，一般情况下需要通过长期借款或发行债券的方式来筹集所需资金。这些筹资行为，企业都应当承担相应的借款费用。根据《企业会计准则第 17 号——借款费用》的规定，借款费用是指企业借款而发生的利息及其他相关成本。借款费用的具体内容如图 6－1 所示：

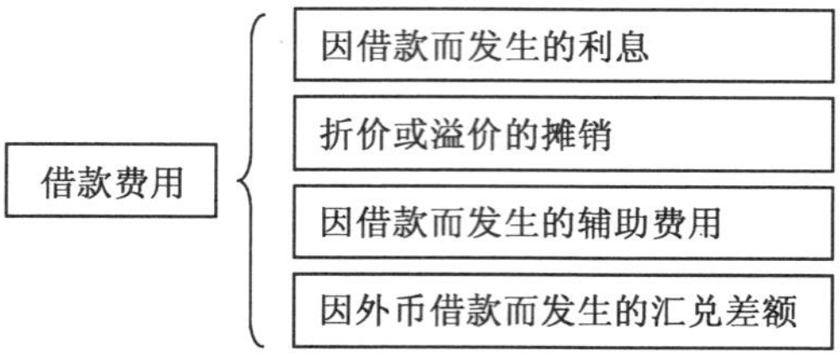

图 6—1 借款费用的内容

(一)因借款而发生的利息

因借款而发生的利息，包括企业向银行或其他金融机构等借入资金发生的利息、发行债券发生的利息以及承担带息债务应计的利息等。

(二)折价或溢价的摊销

折价或溢价主要是发行债券发生的折价或溢价。折价或溢价的摊销实质上是对借款利息的调整，因而构成了借款费用的组成部分。企业应在借款的存续期间对折价或溢价进行分期摊销。原准则规定，折价或溢价的摊销，可以采用实际利率法，也可以采用直线法。新准则规定，采用实际利率法。

【例 6－1】 广西天行健有限公司于 2×19 年 1 月 1 日折价发行债券，债券面值为 80 000 万元，发行价为 70 000 万元，期限为 5 年，票面利率为 6%，同期市场利率为 8%，则债券折价金额为 10 000 万元。

2×19 年应计利息＝80 000×6%＝4 800(万元)

该债券之所以折价，是因为市场利率高、债券利率低，所以，折价是对未来少付的一种事前补偿。差额 80 000－70 000＝10 000(万元)，就是未来 5 年少付利息的现值，因此，必须在 5 年内摊销，应计利息加上摊销额，就是借款费用。

(三)因借款而发生的辅助费用

因借款而发生的辅助费用，是指企业在借款过程中发生的诸如手续费、佣金、印刷费、承诺费(为未使用贷款所支付的承诺费)等费用。由于这些费用是因安排借款而发生的，也是借入资金的一部分代价，因而这些费用构成了借款费用的组成部分。

(四)因外币借款而发生的汇兑差额

因外币借款而发生的汇兑差额，是指由于汇率变动而对外币借款本金及其利息的记账本位币金额产生的影响金额。由于这部分汇兑差额是与外币借款直接联系的，因而也构成借款费用的组成部分。

值得注意的是，借款利息、折价或溢价的摊销和汇兑差额一般都是在借款期限内逐期发生的，在计算每期借款费用资本化金额时比较容易确认和计量；而借款辅助费用通常是在借款时一次性发生的(如银行借款手续费、发行公司债券手续费等)，也有个别是在借款使用过程中逐期发生的(比如企业通过世界银行进行贷款，为未能使用贷款所支付的承诺费等)。

二、借款费用的范围

借款范围应予以资本化的借款范围既包括专门借款和一般借款。

专门借款是指为购建或生产符合资本化条件的资产而专门借入的，并通常具有明确用途的借款合同。例如，M 制造有限公司为了购建办公楼向银行专门贷款 2 亿元、某房地产开发企业为了开发某住宅小区向某银行贷款 3 亿元、某施工企业为了完成承接某运动广场建造合同向银行专门借款 8 800 万元，均属于专门借款，这些借款使用目的明确，而且其资金使用受与银行签订的合同限制。

一般借款是指除专门借款之外的借款，相对于专门借款而言，一般借款在借入时，其用途通常没有特指用于符合资本化条件的资产的购建或者生产，即只有在购建或者生产符合资本化条件的资产占用了一般借款时，才应将与一般借款相关的借款费用资本化；否则，所发生的借款费用应当计入当期损益。

三、符合资本化条件的资产

符合资本化条件的资产是指需要经过相当长时间的购建或生产活动才能达到预定可使用或可销售状态的固定资产、投资性房地产和存货等资产。建造合同成本、确认为无形资产的开发支出等在符合条件的情况下，也可以认定为符合资本化条件的资产。

第一，“相当长时间”是指为资产的购建或者生产所必要的时间，通常为 1 年以上。如果由于人为或者故意等非正常因素导致资产的购建或者生产时间较长的，不属于符合资本化条件的存货。购入即可使用的资产，或购入后需要安装但所需安装时间较短，或需要购建或生产但所需建造时间较短的资产，均不属符合资本化条件的资产。

第二，符合资本化条件的存货范围。符合借款费用资本化条件的存货，主要包括企业(房地产开发)开发的用于对外出售的房地产开发产品、企业制造的用于对外出售的大型机械设备等。

【例 6—2】　广西天行健有限公司于 2×19 年 1 月 1 日起，用银行借款开工建设一幢简易厂房，厂房于当月 20 日完工，达到预定可使用状态。

【例 6—3】　广西天行健公司向银行借入资金分别用于生产甲类产品和乙类产品，其中，甲类产品的生产时间较短，为 14 天；乙类产品属于大型发电设备，生产时间较长，为 1 年 4 个月。

第二节 借款费用的确认

一、借款费用确认原则

企业发生的借款费用，可直接归属于符合资本化条件的资产构建或者生产的，应当予以资本化，计入相关资产成本；其他借款费用应当在发生时根据其发生额确认为费用，计入当期损益。

二、借款费用资本化期间的确定

资本化期间是指从借款费用开始资本化时点到停止资本化时点的期间，但借款费用暂停资本化的期间不包括在内。借款费用确认和计量的前提是只有发生在资本化期间内的借款费用才允许资本化。

三、借款费用开始资本化的时点

借款费用开始资本化的时点包括三个点：

(一)资本化的起点

借款费用同时满足下列三个条件的，才能开始资本化：

1. 资产支出已经发生

资产支出包括为购建或者生产符合资本化条件的资产而以支付现金、转移非现金资产或者承担带息债务形式发生的支出。(开始花钱)

(1)支付现金

支付现金是指用货币资金支付符合资本化条件的资产的购建或者生产支出。

【例 6—4】 广西天行健有限公司用现金或者银行存款购买为建造或者生产符合资本化条件的资产所需用材料，支付有关职工薪酬，向工程承包商支付工程进度款等，这些支出均属于资产支出。

(2)转移非现金资产

转移非现金资产是指企业将自己的非现金资产直接用于符合资本化条件的资产的购建或者生产。

【例 6—5】 广西天行健公司将自己生产的产品，包括自己生产的火钻、钢筋等，用于符合资本化条件的资产的建造或者生产。企业同时还将自己生产的产品向其他企业换取用于符合资本化条件的资产的建造或者生产所需用工程物资，这些产品的成本均属于资产支出。

(3)承担带息债务

承担带息债务是指企业为了购建或者生产符合资本化条件的资产所需用物资等而承担的带息应付款项(如带息应付票据)。如果企业赊购这些物资承担的是不带息债务，就不应当将购买价款计入资产支出，因为该债务在偿付前不需要承担利息，也没有占用借款资金。如果企业赊购物资承担的是带息债务，则企业要为这笔债务付出代价、支付利息，与企业向银行借入款项用以支付资产支出在性质上是一致的。所以，企业为购建或者生产符合资本化条件的资产而承担的带息债务应当作为资产支出，当该带息债务发生时，视同资产支出已经发生。

【例 6—6】 广西天行健有限公司因建设长期工程所需，于 2×19 年 3 月 1 日购入一批工程用物资，开出一张 2C 万元的带息银行承兑汇票，期限为 4 个月，票面年利率为 4.4%。对于该事项，企业尽管没有为工程建设的目的直接支付现金，但承担了带息债务，所以应当将 20 万元的购买工程用物资款作为资产支出，自 3 月 1 日开出承兑汇票开始即表明资产支出已经发生。

2. 借款费用已经发生(开始计息)

“借款费用已经发生”是指企业已经发生了因购建或者生产符合资本化条件的资产而专门借入款项的借款费用或者所占用的一般借款的借款费用。

【例 6—7】 广西天行健有限公司于 2×20 年 1 月 1 日为建造一幢建设期为 3 年的厂房而从银行专门借入款项 8 800 万元，当日开始计息，所以认为借款费用的发生应该在 2×20 年 1 月 1 日。

3. 为使资产达到预定可使用或者可销售状态所必要的购建或者生产活动已经开始(开始动工)

“为使资产达到预定可使用或者可销售状态所必要的购建生产活动已经开始”是指符合资本化条件的资本的实体建造或者生产工作已经开始。它不包括仅仅持有资产，但没有发生为改变资产形态而进行的实质性建造或者生产活动。

【例 6—8】 广西天行健有限公司为了建设办公楼购置了建筑用地，但是尚未开工兴建房屋，有关房屋实体建造活动也没有开始动工，在这种情况下，即使企业为了购置建筑用地已经发生了支出，但由于购建生产活动还没有开始。所发生的借款费用不应予以资本化。

【例 6—9】 广西天行健有限公司专门借入款项建造某符合资本化条件的固定资产，相关借款费用已经发生，同时固定资产的实体建造工作也已开始，但为固定资产建造所需物资等都是采取赊购或者客户垫付的方式，发生的相关薪酬等费用尚未形成现金流出。

在这种情况下，固定资产建造本身并没有占用借款资金，没有发生资产支出，该事项只满足借款费用开始资本化的第二、第三个条件，但是没有满足第一个条件，所以，所发生的借款费用不应予以资本化。

【例 6—10】 广西天行健有限公司为了建造一项符合资本化条件的固定资产，使用自有资金购置了建造所需的工程物资，该固定资产也已经开始动工兴建，但专门借款资金尚未到位，也没有占用一般借款资金。

在这种情况下，企业尽管满足了借款费用开始资本化的第一、第三个条件，但是不符合借款费用开始资本化的第二个条件，因此不允许开始借款费用的资本化。

【例 6—11】 广西天行健有限公司为了建造某一幢符合资本化条件的公司厂房已经使用银行存款购置了水泥、钢材等，发生了资产支出，相关借款也已开始计息，但是厂房因各种原因迟迟未能开工兴建。

在这种情况下，企业尽管符合了借款费用开始资本化的第一和第二个条件，但不符合借款费用开始资本化的第三个条件，因此所发生的借款费用不允许资本化。

值得注意的是，在购建或生产符合资本化条件的资产所发生的支出中，为什么要把支付现金、转移非现金资产或者承担带息债务的支出包括在内？主要原因是这几个情况都会导致公司资源流出企业，占用了公司资金，因此它们需要承担相应的资金成本，所以在界定购建或生产符合资本化条件的资产所发生的支出时应该把它们考虑在内。

【例 6－12】 广西天行健有限公司 2×19 年 5 月 1 日借入一笔长期借款 3 600 万元，用于建造公司厂房，厂房于 2×19 年 5 月 1 日当日开工，5 月 15 日，公司用生产的产品换入工程物资一批，价款 600 万元。尽管公司购入工程物资并没有直接支出现金，但如果公司将自己生产的产品销售，则会导致 600 万元的现金流入企业，从而可以用流入企业的资金来偿还银行借款，避免 600 万元借款的产生，并节约相应的利息费用。目前公司转出 600 万元的产品，换入工程物资，用于建造厂房，则 600 万元的借款无法减少或者偿还，相应的利息也就无法避免。其实质是公司资源流出增加 600 万元，导致借款资金占用增加 600 万元，所以转移产品的金额应该计入建造厂房的“资产支出”中，承担相应的利息费用。

对于购建或生产符合资本化条件的资产过程中承担的带息债务，它相当于企业借入资金支付购建或生产资产的相关款项，需要承担利息，导致资源流出，因此，带息负债应包括在购建或生产资产的支出中。

【例 6－13】 广西天行健有限公司于 2×19 年 12 月 1 日开出一张带息票据 10 万元，购买工程用材料，期限为 6 个月，票面年利率为 6%，这样公司在 12 月 31 日编制报表时就需要承担 500 元(100 000×6%/12)的利息费用，这与公司向银行借入款项购置工程物资并支付利息，在性质上是一样的，所以，公司承担的 10 万元的带息债务应作为资产支出的组成部分。

需要说明的是，企业在购建或生产资产时向供应商赊货(且该赊货所形成的债务不附息)、为购建或生产资产所形成的应付职工薪酬等情况，尽管它们都构成在建工程成本，但并不包括在这里所指的“资产支出”范围之内，原因是它们并没有占用借款资金，当然也不必承担利息费用，否则会使利息费用的资本化金额高估。

(二)资本化的暂停

资本化的暂停是指符合资本化条件的资产在购建或者生产过程中发生非正常中断，且中断时间连续超过 3 个月的，应当暂停借款费用的资本化。在中断期间发生的借款费用应当确认为费用，计入当期损益，直至资产的购建或者生产活动重新开始。

借款费用暂停资本化时间满足两个条件：

1. 非正常中断

非正常中断，通常是由于企业管理决策上的原因或者其他不可预见的原因等所导致的中断。比如，企业因与施工方发生了质量纠纷，或者工程、生产用料没有及时供应，或者资金周转发生了困难，或者施工、生产发生了安全事故，或者发生了与资产构建、生产有关的劳动纠纷等原因，导致资产购建或者生产活动发生中断，均属于非正常中断。

非正常中断与正常中断显著不同。正常中断通常仅限于因购建或者生产符合资本化条件的资产达到预定可使用或者可销售状态所必要的程序，或者事先可预见的不可抗力因素导致的中断。比如，某些工程建造到一定阶段必须暂停下来进行质量或者安全检查，检查通过后才可继续下一阶段的建造工作，这类中断是在施工前可以预见的，而且是工程建造必须经过的程序，属于正常中断。某些地区的工程在建造过程中，由于可预见的不可抗力因素(如雨季或者冰冻季节等原因)导致施工出现停顿，也属于正常中断。比如，某企业在北方某地建造某工程期间，正遇冰冻季节，工程施工因此中断，待冰冻季节过后方能继续施工。

由于该地区在施工期间出现较长时间的冰冻为正常情况，由此导致的施工中断是可预见的不可抗力因素导致的中断，属于正常中断。

2. 中断时间连续超过3个月

【例6—14】 广西天行健有限公司为建造一座办公楼于2×18年1月1日借入800万元，借期2年，2×18年1月1日当天开工兴建，2月1日支付工程款300万元；5月1日～8月31日工程因纠纷停工；9月1日重新开始，于2×19年12月31日达到预计可使用状态。

解答：资本化起点为2×18年2月1日，终点为2×19年12月31日，其中暂停资本化期间为2×18年5、6、7、8共4个月，实际资本化时间为2、3、4、9、10、11、12共7个月。

（三）资本化的停止

资本化的停止是指购建或者生产符合资本化条件的资产达到预定可使用或者可销售状态时，借款费用应当停止资本化。在符合资本化条件的资产达到预定可使用或者可销售状态之后所发生的借款费用，应当在发生时根据其发生额确认为费用，计入当期损益。

购建或者生产符合资本化条件的资产是否达到预定可使用或者可销售状态，可从下列几个方面进行判断：

1. 符合资本化条件的资产的实体建造或者生产活动已经全部完成或者实质上已经完成。

2. 所购建或者生产的符合资本化条件的资产与设计要求、合同规定或者生产要求相符或者基本相符，即使有极个别与设计、合同或者生产要求不相符的地方，也不影响其正常使用或者销售。

3. 继续发生在所购建或生产的符合资本化条件的资产上的支出金额很少或者几乎不再发生。

需要注意分别建造和分别完工情况。购建或者生产的符合资本化条件的资产的各部分分别完工，每部分在其他部分继续建造过程中可供使用或者可对外销售，且为使该部分资产达到预定可使用或可销售状态所必要的购建或者生产活动实质上已经完成的，应当停止与该部分资产相关的借款费用的资本化。

购建或者生产的资产的各部分分别完工，但必须等到整体完工后才可使用或者可对外销售的，应当在该资产整体完工时停止借款费用的资本化。

【例6—15】 广西天行健有限公司2×19年1月1日向银行借入5 600万元的长期借款，期限为3年，分别用于建造甲项目和乙项目，甲项目和乙项目分别完工。甲项目已完工后，可以单独使用；乙项目尚未完工。那么甲项目和乙项目占用的资金分别进行处理：甲项目占用资金的借款费用停止资本化；乙项目占用资金的借款费用继续资本化。

如果甲项目完工后要等乙项目完工后才能一并使用，则甲项目的借款费用仍然不能停止资本化。

第三节　借款费用的计量

借款费用资本化金额的确定，要区分是专门借款还是属于符合资本化条件所占用的一般借款。借款费用资本化金额的计算分为三种情况：第一，借款利息资本化；第二，汇兑差额资本化;第三,辅助费用资本化。

一、借款利息资本化金额的确定

(一)专门借款资本化金额的确定

为购建或者生产符合资本化条件的资产而借入专门借款的,应当以专门借款当期实际发生的利息费用,减去将尚未动用的借款资金存入银行取得的利息收入或进行暂时性投资取得的投资收益后的金额确定。

专门借款利息资本化金额=借款当期实际发生的利息费用-未动用借款资金存入银行取得的利息收入或进行暂时性投资取得的收益金额

或者=资本化期间专门借款的利息费用(实际利率)-资本化期间产生的利息收入

【例6-16】 广西天行健有限公司为建造厂房于2×19年4月1日从银行借入2 000万元专门借款,借款期限为2年,年利率为6%,不考虑借款手续费。该项专门借款在银行的存款利率为年利率3%,2×19年7月1日,A公司采取出包方式委托B公司为其建造该厂房,并预付了1 000万元工程款,厂房实体建造工作于当日开始。该工程因发生施工安全事故从2×19年8月1日至11月30日中断施工,12月1日恢复正常施工,至年末工程尚未完工。该项厂房建造工程在2×19年度应予以资本化的利息金额为多少万元?

【解析】 由于工程于2×19年8月1日至11月30日发生停工,这样能够资本化期间时间为2个月。

2×19年度应予资本化的利息金额=2 000×6%×2/12-1 000×3%×2/12=15(万元)。

(二)一般借款资本化金额的确定

为购建或者生产符合资本化条件的资产而占用了一般借款的,企业应当根据累计资产支出超过专门借款部分的资产支出加权平均数乘以所占用一般借款的资本化率,计算确定一般借款应予以资本化的利息金额。资本化率应当根据一般借款加权平均利率计算确定。有关计算公式如下:

所占用一般借款本金加权平均数=∑(所占用每笔一般借款本金×每笔一般借款在当期所占用的天数÷当期天数)

累计资产支出加权平均数=∑(每笔资产支出金额×该笔资产支出在当期所占用的天数÷当期天数)

所占用一般借款的加权平均资本化率=所占用一般借款加权平均利率=所占用一般借款当期实际发生的利息之和÷所占用一般借款本金加权平均数

所占用一般借款本金加权平均数=∑(所占用每笔一般借款本金×每笔一般借款在当期所占用的天数÷当期天数)

【例6-17】 广西天行健有限公司借入两笔一般借款:第一笔为2×19年1月1日借入的800万元,借款年利率为8%,期限为2年;第二笔为2×19年7月1日借入的500万元,借款年利率为6%,期限为3年;该企业2×19年为购建固定资产而占用了一般借款所使用的资本化率为多少?(计算结果保留小数点后两位小数)

【解析】 资本化率=(800×8%+500×6%×6/12)÷(800+500×6/12)×100%=7.52%。

在资本化期间，每一会计期间的利息资本化金额，不应当超过当期相关借款实际发生的利息金额。

【例 6—18】 广西天行健公司于 2×18 年 1 月 1 日正式动工兴建一幢厂房，工期预计为 1 年 6 个月。工程采用出包方式，分别于 2×18 年 1 月 1 日、2×18 年 7 月 1 日和 2×19 年 1 月 1 日支付工程进度款。

广西天行健有限公司为建造厂房于 2×18 年 1 月 1 日专门借款 3 000 万元，借款期限为 3 年，年利率为 5%。另外，在 2×18 年 7 月 1 日又专门借款 6 000 万元，借款期限为 5 年，年利率为 6%。借款利息按年支付(如无特别说明，本章例题中名义利率与实际利率相同)。

广西天行健有限公司将闲置借款资金用于固定收益债券短期投资，该短期投资月收益率为 0.5%。厂房于 2×19 年 6 月 30 日完工，达到预定可使用状态。

广西天行健有限公司为建造该厂房的支出金额如表 6—1 所示。

表 6—1 **建造该厂房的支出金额** 单位：万元

日　期	专门借款	支出金额	闲置金额
2×18 年 1 月 1 日	3 000	1 500	1 500
2×18 年 7 月 1 日	6 000	3 500	2 500
2×19 年 1 月 1 日		3 500	1 500＋2 500—3 500＝500

【解析】

(1)确定借款费用资本化期间：2×18 年 1 月 1 日至 2×19 年 6 月 30 日。

(2)计算在资本化期间内专门借款的资本化金额：

2×18 年 12 月 31 日

①总利息

＝3 000×5%×6 000×6%×6/12＝330(万元)

②闲置资金的投资收益

＝1 500×0.5%×6＋2 500×0.5%×6＝120(万元)

③资本化金额＝330—120＝210(万元)

④有关账务处理如下(单位：万元)

借：在建工程——××厂房　　210

　应收利息(或银行存款)　　120

　贷：应付利息——××银行　　330

2×19 年 6 月 30 日

①总利息：

＝3 000×5%×6/12—6 000×6%×6/12＝255(万元)

②闲置资金的投资收益

＝500×0.5%×6＝15(万元)

③资本化金额＝255—15＝240(万元)

④有关账务处理如下(单位：万元)：

借：在建工程——××厂房　　240

应收利息(或银行存款)　　15

　贷:应付利息——××银行　　255(总利息)

【例 6—19】 沿用【例 6—18】,假定广西天行健有限公司建造厂房没有专门借款,占用的都是一般借款。

广西天行健有限公司为建造厂房占用的一般借款有两笔,具体如下:

(1)向某银行长期贷款 2 000 万元,期限为 2×17 年 12 月 1 日至 2×19 年 12 月 1 日,年利率为 6%,按年支付利息。

(2)发行公司债券 10 000 万元,于 2×17 年 1 月 1 日发行,期限为 5 年,年利率为 8%,按年支付利息。

假定这两笔一般借款除了用于厂房建设外,没有用于其他符合资本化条件的资产的购建或者生产活动。

假定全年按 360 天计算,其他资料沿用【例 6—18】,该公司建造厂房的支出如表 6—2 所示。

表 6—2　　建造厂房的支出金额　　单位:万元

日　期	支出金额
2×18 年 1 月 1 日	1 500
2×18 年 7 月 1 日	3 500
2×19 年 1 月 1 日	3 500

计算所占用一般借款资本化率:

一般借款资本化率(年)=(2 000×6%+10 000×8%)÷(2 000+10 000)×100%=7.67%

表 6—3　　2×18 年 12 月 31 日及 2×19 年 6 月 30 日资本化金额　　单位:万元

2×18 年 12 月 31 日	2×19 年 6 月 30 日
①总利息 =2 000×6%+10 000×8%=920(万元) ②资本化金额 =1 500×7.67%+3 500×7.67%÷2=249.275(万元) ③有关账务处理如下: 借:在建工程——厂房　2 492 750 　财务费用　6 707 250(倒轧) 　贷:应付利息——××银行 　　9 200 000(总利息)	①总利息 =(2 000×6%+10 000×8%)÷2=460(万元) ②资本化金额 =(1 500+3 500+3 500)×7.67%÷2=325.975(万元) ③有关账务处理如下: 借:在建工程——厂房　3 259 750 　财务费用　1 340 250(倒轧) 　贷:应付利息——××银行　4 600 000(总利息)

【例 6—20】 沿用【例 6—18】、【例 6—19】,假定广西天行健有限公司为建造厂房于 2×18 年 1 月 1 日专门借款 3 000 万元,借款期限为 3 年,年利率为 5%。除此之外,没有其他专门借款。在厂房建造过程中所占用的一般借款仍为两笔(2 000,6%;10 000,8%),一般借款有关资料沿用上面例题。其他相关资料均同【例 6—18】和【例 6—19】。该公司建造建造厂房的支出金额如下表 6—4 所示:

表 6—4　　　**建造厂房的支出金额**　　　单位：万元

日　期	支出金额	专门借款	一般借款占用金额
2×18 年 1 月 1 日	1 500	3 000(闲置 1 500)	0
2×18 年 7 月 1 日	3 500	全部占用	3 500－1 500＝2 000
2×19 年 1 月 1 日	3 500	全部占用	2 000＋3 500＝5 500

计算专门借款利息资本化金额，如下表 6—5 所示：

表 6—5　　　**专门借款利息资本化金额**　　　单位：万元

2×18 年 12 月 31 日	2×19 年 6 月 30 日
①专门借款总利息 ＝3 000×5％＝150(万元) ②闲置资金投资收益 ＝1 500×0.5％×6＝45(万元) ③资本化金额＝150－45＝105(万元) ④相关账务处理如下： 借：在建工程　1 050 000 　应收利息(或银行存款)　450 000 　贷：应付利息　1 500 000	①专门借款总利息 ＝3 000×5％÷2＝75(万元) ②资本化金额＝75(万元) ③相关账务处理如下： 借：在建工程　750 000 　贷：应付利息　750 000

(2)计算一般借款资本化金额

一般借款资本化率(年)＝(2 000×6％＋10 000×8％)÷(2 000＋10 000)×100％＝7.67％

表 6—6　　　**一般借款利息资本化金额**　　　单位：万元

2×18 年 12 月 31 日	2×19 年 6 月 30 日
①一般借款总利息 ＝2 000×6％＋10 000×8％＝920(万元) ②应予以资本化的一般借款利息金额 ＝2 000×7.67％÷2＝76.70(万元) ③相关账务处理如下： 借：在建工程　767 000 　财务费用　8 433 000 　贷：应付利息　9 200 000	①一般借款总利息 ＝(2 000×6％＋10 000×8％)÷2＝460(万元) ②应予以资本化的一般借款利息金额 ＝(2 000＋3 500)×7.67％÷2＝210.925(万元) ③相关账务处理如下： 借：在建工程　2 109 250 　财务费用　2 490 750 　贷：应付利息　4 600 000

【例 6—21】　甲股份有限公司为上市公司(以下简称甲公司)，为了扩大生产规模，经研究决定，采用出包方式建造生产厂房一栋。2×18 年 7 月至 12 月发生的有关借款及工程支出业务资料如下：

(1)7 月 1 日，为建造生产厂房从银行借入 3 年期的专门借款 3 000 万元，年利率为 7.2％，于每季度末支付借款利息。当日，该工程已开工。

(2)7 月 1 日，以银行存款支付工程款 1 900 万元。暂时闲置的专门借款在银行的存款年利率为1.2%，于每季度末收取存款利息。

(3)10月1日，借入半年期的一般借款300万元，年利率为4.8%，利息于每季度末支付。

(4)10月1日，甲公司与施工单位发生纠纷，工程暂时停工。

(5)11月1日，甲公司与施工单位达成谅解协议，工程恢复施工，以银行存款支付工程款1 250万元。

(6)12月1日，借入1年期的一般借款600万元，年利率为6%，利息于每季度末支付。

(7)12月1日，以银行存款支付工程款1 100万元。

假定工程支出超过专门借款时占用一般借款；仍不足的，占用自有资金。

要求：

(1)计算甲公司2×18年第三季度专门借款利息支出、暂时闲置专门借款的存款利息收入和专门借款利息支出资本化金额。

(2)计算甲公司2×18年第四季度专门借款利息支出、暂时闲置专门借款的存款利息收入和专门借款利息支出资本化金额。

(3)计算甲公司2×18年第四季度一般借款利息支出，占用一般借款工程支出的累计支出加权平均数、一般借款平均资本化率和一般借款利息支出资本化金额。

（一般借款平均资本化率的计算结果在百分号前保留两位小数，答案中的金额单位用万元来表示。）

【解析】

(1)专门借款利息支出＝3 000×7.2%×3/12＝54(万元)

暂时闲置专门借款的存款利息收入＝1 100×1.2%×3/12＝3.3(万元)

专门借款利息支出资本化金额＝54－3.3＝50.7(万元)

(2)专门借款利息支出＝3 000×7.2%×3/12＝54(万元)

暂时闲置专门借款的存款利息收入＝1 100×1.2%×1/12＝1.1(万元)

专门借款利息支出资本化金额＝54－1.1＝52.9(万元)

(3)第四季度一般借款利息支出＝300×4.8%×3/12＋600×6%×1/12＝6.6(万元)

占用一般借款工程支出的累计支出加权平均数＝150×2/3＋750×1/3＝350(万元)

一般借款平均资本化率＝(300×4.8%×3/12＋600×6%×1/12)/(300×3/3＋600×1/3)＝1.32%

一般借款利息支出资本化金额＝350×1.32%＝4.62(万元)

二、外币专门借款汇兑差额资本化的确认

由于企业取得外币借款日、使用外币借款日和会计结算日往往不一致，而外汇汇率又在随时发生变化，因此，外币借款会产生汇兑差额。相应地，在借款费用资本化期间内，为购建固定资产而专门借入的外币借款所产生的汇兑差额，是购建固定资产的一项代价，应当予以资本化，计入固定资产成本。

在资本化期间内，外币专门借款本金及利息的汇总差额，应当予以资本化，计入符合资本化条件的资产的成本。而除外币专门借款之外的其他外币借款本金及其利息所产生的汇兑差额应当作为财务费用，计入当期损益。

【例 6－22】 广西天行健有限公司于 2×19 年 1 月 1 日，为建造某工程项目专门发行美元公司债券 1 000 万元，年利率为 8%，期限为 3 年，假定不考虑与发行债券有关的辅助费用、未支出专门借款的利息收入或投资收益。合同约定，每年 1 月 1 日支付当年利息，到期还本。

工程于 2×19 年 1 月 1 日开始实体建造，2×20 年 6 月 30 日完工，达到预定可使用状态，期间发生的资产支出如下：

2×19 年 1 月 1 日，支出 200 万美元；

2×19 年 7 月 1 日，支出 500 万美元；

2×20 年 1 月 1 日，支出 300 万美元。

公司的记账本位币为人民币，外币业务采用外币业务发生时当日的市场汇率折算。相关汇率如下：

2×19 年 1 月 1 日，市场汇率为 1 美元＝7.70 元人民币；

2×19 年 12 月 31 日，市场汇率为 1 美元＝7.75 元人民币；

2×20 年 1 月 1 日，市场汇率为 1 美元＝7.77 元人民币；

2×20 年 6 月 30 日，市场汇率为 1 美元＝7.80 元人民币。

本例中，公司计算外币借款汇兑差额资本化金额如下（会计分录中金额单位：元）：

(1)计算 2×19 年汇兑差额资本化金额：

①债券应付利息＝1 000×8%×7.75＝80×7.75＝620(万元)

账务处理为：

借：在建工程	6 200 000	
贷：应付利息		6 200 000

②外币债券本金及利息汇兑差额

＝1 000×(7.75－7.70)＋80×(7.75－7.75)＝50(万元)

③账务处理为：

借：在建工程	500 000	
贷：应付债券		500 000

(2)2×20 年 1 月 1 日实际支付利息时，应当支付 80 万美元，折算成人民币为 621.60 万元。该金额与原账面金额之间的差额 1.60 万元应当继续予以资本化，计入在建工程成本。账务处理为：

借：应付利息	6 200 000	
在建工程	16 000	
贷：银行存款		6 216 000

(3)计算 2×20 年 6 月 30 日时的汇兑差额资本化金额：

①债券应付利息＝1 000×8%×1/2×7.80＝40×7.80＝312(万元)

账务处理为：

借：在建工程	3 120 000	
贷：应付利息		3 120 000

②外币债券本金及利息汇兑差额

＝1 000×(7.80－7.75)＋40×(7.80－7.80)＝50(万元)

③账务处理为：

借：在建工程　　　　500 000

　贷：应付债券　　　　500 000

三、借款辅助费用资本化金额的确定

辅助费用是企业为了安排借款而发生的必要费用，包括借款手续费（如发行债券手续费）、佣金等。如果企业不发生这些费用，就无法取得借款，因此辅助费用是企业借入款项所付出的一种代价，是借款费用的有机组成部分。

对于企业发生的专门借款辅助费用，在所购建或者生产的符合资本化条件的资产达到预定可使用或者可销售状态之前发生的，应当在发生时根据其发生额予以资本化；在所购建或者生产的符合资本化条件的资产达到预定可使用或者可销售状态之后发生的，应当在发生时根据其发生额确认为费用，计入当期损益。上述资本化或计入当期损益的辅助费用的发生额，是根据《企业会计准则第 22 号——金融工具确认和计量》的规定，按照实际利率法所确定的金融负债交易费用对每期利息费用的调整额。借款实际利率与合同利率差异较小的，也可以采用合同利率计算确定利息费用。一般借款发生的辅助费用也应当按照上述原则确定其发生额并进行会计处理。

考虑到借款费用和金融负债交易费用是一致的，其会计处理也应当保持一致。根据《企业会计准则第 22 号——金融工具确认和计量》的规定，除以公允价值计量且其变动计入当期损益的金融负债之外，其他金融负债相关的交易费用应当计入金融负债的初始确认金额。为购建或者生产符合资本化条件的资产的专门借款或者一般借款，通常都属于除以公允价值计量且其变动计入当前损益的金融负债之外的其他金融负债。因此，对于这些金融负债所发生的辅助费用需要计入借款的初始确认金额，即抵减相关借款的初始金额，从而影响以后各期实际利息的计算。换句话说，由于辅助费用的发生将导致相关借款实际利率的上升，从而需要对各期利息费用作相应调整，在确定借款辅助费用资本化金额时可以同借款利息资本化金额一起计算。

本章习题

一、单项选择题

1. 在确定借款费用资本化金额时，与专门借款有关的利息收入应（　　）。

A. 冲减借款费用资本化的金额　　B. 冲减所购建的固定资产成本

C. 计入当期财务费用　　D. 计入营业外收入

2. 广西天行健有限公司为建造一条生产线，于 2×20 年 1 月 1 日借入一笔长期借款，本金为 2 000 万元，年利率为 8%，期限为 5 年，每年末支付利息，到期还本。工程采用出包方式，于 2×20 年 7 月 1 日开工，工程期为 2 年，2×20 年相关资产支出如下：7 月 1 日支付工程预付款 1 500 万元；10 月 1 日支付工程进度款 800 万元；12 月 1 日支付工程进度款 300 万元；闲置资金因购买国债可取得 0.4%的月收益。因专门借款不足，广西天行健有限公司动用了两笔一般借款，一笔借款于 2×19 年 1 月 1 日借入，本金为 500 万元，年利率为 9%，期限为 6 年，每年末付息，到期还本；另一笔借款于 2×20 年 7 月 1 日借入，本金为 400 万元，年利率为6%,期限为4年,每年末付息到期还本。则2×20年专门借款利息费用资本化金额为( )万元。

A. 80　　B. 74　　C. 12　　D. 3

3. 借款费用开始资本化的条件中,不符合"资产支出已经发生"的业务是( )。

A. 用其他货币资金购买工程物资　　B. 工程领用自产产品

C. 承担带息债务而取得工程用材料　　D. 应付在建工程人员的职工薪酬

4. 广西天行健有限公司从银行专门借入一笔款项,于2×16年2月1日采用出包方式开工兴建一幢办公楼,2×17年10月18日工程按照合同要求全部完工,10月31日工程验收合格,11月10日办理工程竣工结算,11月20日完成全部资产移交手续,12月1日办公楼正式投入使用。则公司专门借款利息停止资本化的时点应当为2×17年( )。

A. 10月18日　　B. 10月31日　　C. 11月10日　　D. 12月1日

5. A公司为建造一栋办公楼于2×19年1月1日专门从银行借入2 000万元款项,借款期限为3年;2×19年2月10日,A公司为建造该办公楼购入一批工程物资,开出一张100万元的不带息银行承兑汇票,期限为6个月;2009年3月1日,该办公楼开工兴建;2×19年4月1日,A公司领用一批自产产品,成本为30万元,该项工程4月1日以前所占用的物资均为2×19年2月10日购入的工程物资,且未发生其他现金流出。该项工程的预计工期为1年6个月。不考虑其他因素,则该项工程借款费用开始资本化的时点为( )。

A. 2×19年1月1日　　B. 2×19年2月10日

C. 2×19年3月1日　　D. 2×19年4月1日

6. A上市公司股东大会于2×17年1月4日作出决议,决定建造厂房。为此,A公司于3月5日向银行专门借款5 000万元,年利率为6%,款项于当日划入A公司银行存款账户。3月15日,厂房正式动工兴建。3月20日,A公司购入建造厂房用水泥和钢材一批,价款500万元,当日用银行存款支付。3月31日,计提当月专门借款利息。A公司在3月份没有发生其他与厂房购建有关的支出,则A公司专门借款利息应开始资本化的时间为( )。

A. 3月5日　　B. 3月15日　　C. 3月20日　　D. 3月31日

7. 下列各项中,不符合资本化条件的资产是( )。

A. 需要经过相当长时间的购建才能达到预定可使用状态的固定资产

B. 需要经过相当长时间的购建才能达到预定可使用状态的投资性房地产

C. 需要经过相当长时间的生产活动才能达到预定可销售状态的存货

D. 需要经过半年的购建才能达到预定可销售状态的投资性房地产

8. A公司为建造厂房于20×7年4月1日从银行借入3 000万元专门借款,借款期限为2年,年利率为6%。20×7年7月1日,A公司采取出包方式委托B公司为其建造该厂房,并预付了1 000万元工程款,厂房实体建造工作于当日开始。之后该工程因发生施工安全事故在20×7年8月1日至11月30日中断施工,12月1日恢复正常施工,至年末工程尚未完工。20×7年将未动用借款资金进行暂时性投资获得投资收益10万元(其中,资本化期间获得收益8万元),该项厂房建造工程在20×7年度应予以资本化的利息金额为( )万元。

A. 80　　B. 22　　C. 53　　D. 10

9. 甲公司为股份有限公司,2×19年7月1日为新建生产车间而向商业银行借入专门借款 4 000 万元，年利率为 4%，款项已存入银行。至 2×19 年 12 月 31 日，因建筑地面上建筑物的拆迁补偿问题尚未解决，建筑地面上原建筑物尚未开始拆迁；该项借款存入银行所获得的利息收入为 39.6 万元。甲公司 2009 年就上述借款应予以资本化的利息为(　　)万元。

A. 0　　B. 0.4　　C. 40.4　　D. 80

10. 关于辅助费用以及因外币借款而发生的汇兑差额，下列说法不正确的是(　　)。

A. 在资本化期间内，外币专门借款本金及利息的汇兑差额，应当予以资本化，计入符合资本化条件的资产成本

B. 在资本化期间内，外币专门借款本金及利息的汇兑差额的计算不与资产支出相挂钩

C. 专门借款发生的辅助费用，在所购建或者生产的符合资本化条件的资产达到预定可使用状态或者可销售状态之前发生的，应当在发生时根据其发生额予以资本化，计入符合资本化条件的资产的成本

D. 专门借款发生的辅助费用，在计算其资本化金额时应与资产支出相挂钩

11. 下列各项中，不属于借款费用准则中的资产支出的有(　　)。

A. 计提的在建工程人员的工资及福利费

B. 企业赊购工程建设所用物资而承担的带息债务

C. 企业为建设工程项目而转移的非现金资产

D. 支付的工程人员工资

12. 借款费用准则中的专门借款是指(　　)。

A. 技术改造借款

B. 发行债券收款

C. 长期借款

D. 为购建或者生产符合资本化条件的资产而专门借入的款项

13. 关于停止资本化的时点，下列表述中错误的是(　　)。

A. 如果购建固定资产需要试运行，则在试运行结果表明资产能够正常运转时，认为资产已经达到预定可使用状态，借款费用应当停止资本化

B. 所购建固定资产各部分分别完工，但每一部分都必须等到整体完工后才可使用，企业只要该部分完工，就应当停止资本化

C. 继续发生在所购建固定资产上的支出金额很少或几乎不再发生

D. 所购置的固定资产与设计要求基本相符，即使有个别与设计要求不相符，也不会影响其正常使用

14. 在资本化期间内，对于专门借款闲置资金产生的利息收入或投资收益应(　　)。

A. 计入营业外收入　　B. 计入投资收益

C. 冲减财务费用　　D. 冲减借款费用资本化的金额

二、多项选择题

1. 下列符合资本化条件的资产所发生的借款费用在予以资本化时，不用与资产支出相挂钩的有(　　)。

A. 专门借款利息　　B. 专门借款的溢价摊销

C. 一般借款利息　　D. 外币专门借款的汇兑差额

2. 下列各项,表明所购建固定资产达到预定可使用状态的有(　　)。

A. 固定资产的实体建造工作已经全部完成

B. 与固定资产购建有关的支出不再发生

C. 固定资产与设计要求或者合同要求相符

D. 试生产结果表明固定资产能够正常生产出合格产品

3. 下列哪种情况应暂停借款费用资本化(　　)。

A. 由于劳务纠纷而造成连续超过3个月的固定资产的建造中断

B. 由于资金周转困难而造成连续超过3个月的固定资产的建造中断

C. 由于发生安全事故而造成连续超过3个月的固定资产的建造中断

D. 由于可预测的气候影响而造成连续超过3个月的固定资产的建造中断

4. 下列项目中,属于借款费用的是(　　)。

A. 外币借款发生的汇兑损失　　B. 发行公司债券的印刷费

C. 发行公司股票的佣金　　D. 借款的手续费

5. 下列情形造成工程中断时间连续超过3个月,其借款费用不应继续资本化的是(　　)。

A. 台风季节　　B. 与施工方发生质量纠纷

C. 资金周转发生困难　　D. 发生了施工安全事故

6. 企业应当在附注中披露与借款费用有关的信息包括(　　)。

A. 当期费用化的借款费用金额

B. 当期资本化的借款费用金额

C. 当期用于计算确定借款费用资本化金额的资本化率

D. 当期固定资产购建项目的累计支出

7. 下列各项中,属于资产支出已经发生的是(　　)。

A. 工程领用自产的钢材　　B. 提取在建工程人员的工资

C. 购入工程物资,货款尚未支付　　D. 用带息银行承兑汇票购入工程物资

8. 下列利息支出中,可予以资本化的有(　　)。

A. 为购建固定资产而发生的长期借款利息支出

B. 为对外投资而发生的借款利息支出

C. 为开发房地产发生的长期借款利息支出

D. 清算期间发生的长期借款利息支出

9. 关于借款费用的资本化期间与资本化金额,下列说法中正确的有(　　)。

A. 在符合资本化条件的资产达到预定可使用或者可销售状态后所发生的借款费用,应当在发生时计入当期损益

B. 符合资本化条件的资产在购建或者生产过程中如果发生非正常中断,应当暂停借款费用的资本化

C. 借款存在折价或者溢价的,应当按照实际利率法确定每一会计期间应摊销的折价或溢价金额,调整每期利息金额

D. 为购建或者生产符合资本化条件的资产而借入的专门借款,应根据资产支出加权平均数乘以所占用的专门借款的资本化率,计算确定应予以资本化的利息金额

10. 下列有关借款费用的论述中，不正确的有（　　）。

A. 辅助费用不需要结合资产支出的发生额来确认其资本化额

B. 对于一般借款，只要购建或者生产符合资本化条件的资产占用了一般借款，就应将该笔一般借款的借款费用资本化

C. 如果当期计算的利息费用资本化额未超过本期实际利息费用，应以实际利息费用额作为当期资本化额

D. 企业赊购物资也应属于资产支出已经发生

三、判断题

1. 借款费用应予以资本化的借款范围只包括专门借款。（　　）

2. 企业所借入的外币专门借款发生的汇兑差额，属于借款费用，应该予以资本化。（　　）

3. 一般借款的汇兑差额应该计入当期损益中。（　　）

4. 在资本化期间内，为购建或者生产符合资本化条件的资产而借入专门借款的，借款费用的资本化金额应当以专门借款当期实际发生的利息费用，减去将尚未动用的借款资金存入银行取得的利息收入或进行暂时性投资取得的投资收益后的金额确定。（　　）

5. 专门借款实际发生的借款利息减去闲置资金的利息收入或投资收益后的金额应全部资本化。（　　）

6. 企业购建或生产的符合资本化条件的资产的各部分分别完工，且每部分在其他部分继续建造过程中可供使用或者可对外销售，且为使该部分资产达到预定可使用或可销售状态所必要的购建或者生产活动实质上已经完成的，应当停止与该部分资产相关的借款费用的资本化。（　　）

7. 某企业在北方某地建造某工程项目，正遇冰冻季节，工程施工因此中断，且中断时间超过 3 个月，该企业因此停止借款费用的资本化处理。（　　）

8. 资本化期间是指从借款费用开始资本化时点到停止资本化时点的期间，借款费用暂停资本化的期间包括在内。（　　）

9. 借款费用开始资本化的条件：资产支出已经发生、借款费用已经发生、为使资产达到预定可使用或者可销售状态所必要的购建或者生产活动已经开始。只要满足其中的一个条件就可以资本化。（　　）

10. 符合资本化条件的资产在购建或者生产过程中发生非正常中断，且中断时间非连续超过 3 个月的，应当暂停借款费用的资本化。（　　）

11. 资产支出只包括为购建或者生产符合资本化条件的资产而以支付现金、转移非现金资产或者承担不带息债务形式发生的支出。（　　）

12. 在借款费用资本化期间内，为购建或者生产符合资本化条件的资产占用了一般借款的，一般借款的利息均予以资本化。（　　）

13. 符合借款费用资本化条件的存货通常需要经过相当长时间（1 年或以上）的建造或者生产过程，才能达到预定可销售状态。（　　）

14. 专门借款存在折价或者溢价的，应当按照实际利率法确定每一会计期间应摊销的折价或者溢价金额，调整每期利息金额，按调整后的金额计入在建工程或财务费用。（　　）

四、计算分析题

1. 广华公司在2×16年1月1日和9月30日为分别借入两项一般借款，其中1月1日借款1 000万元，年利率6%，期限为3年；9月30日借款800万元，年利率8%，期限为2年。企业为建造办公楼没有专门借款，使用了一般借款。在2×16年1月1日、7月1日和11月1日分别发生资产支出500万元、500万元和600万元，12月31日办公楼工程完工达到预定可使用状态。

要求：

(1)计算借款利息资本化的金额和借款利息费用化的金额。

(2)对与借款费用有关的业务进行账务处理。

2. 康泰公司于2×17年1月1日动工兴建一幢办公楼，工程采用出包方式，每半年支付一次工程进度款，工程于2×18年6月30日完工，达到预定可使用状态。建造资产工程支出如下：

2×17年1月1日，支出1 500万元；2007年7月1日，支出2 500万元；2×18年1月1日，支出1 500万元，累计支出5 500万元。

公司为建造办公楼于2×17年1月1日专门借款2 000万元，期限为3年，年利率为8%，除此之外，无其他专门借款。

办公楼的建造还占用了两笔一般借款：商业银行长期贷款2 000万元，期限为2×16年12月1日至2×19年12月1日，年利率为6%，按年支付利息。发放公司债券1亿元，发行日为2×16年1月1日，期限为5年，年利率为8%，按年支付利息。

闲置专门借款资金用于固定收益债券短期投资，假定短期投资月收益率为0.5%，假定全年按360天计。

根据上述业务，康泰公司2×16年2×17年与建造办公楼资本化的利息金额计算有关的资料计算确定如下：

(1)计算借款产生的利息金额。

(2)计算专门借款利息资本化的金额。

(3)计算一般借款利息资本化金额。

(4)康泰公司建造办公楼应予以资本化的利息金额。

(5)康泰公司在固定资产的建造期间内应予以费用化的利息金额。

(6)康泰公司与借款费用资本化有关的账务处理。

3. 红星公司拟在厂区内建造一幢新厂房有关资料如下：

资料一：2×16年1月1日向银行专门借款2 500万元，期限为3年，年利率为12%，每年1月1日付息。除专门借款外，公司只有一笔其他借款，为公司于2×15年12月1日借入的长期借款3 000万元，期限为5年，年利率为8%，每年12月1日付息。

资料二：由于审批、办手续等原因，厂房于2×16年4月1日才开始动工兴建，当日支付工程款1 000万元，工程建设期间的支出情况如下：

2×16年6月1日：500万元；

2×16年7月1日：1 500万元；

2×17年1月1日：500万元；

2×17年4月1日：250万元；

2×17 年 7 月 1 日:250 万元。

工程于 2×17 年 9 月 30 日完工,达到预定可使用状态。其中,由于施工质量问题于 2×16 年 9 月 1 日,12 月 31 日停工 4 个月。

资料三:专门借款中未支出部分全部存入银行,假定月利率为 0.5%。假定全年按照 360 天计算,每月按 30 天计算。

根据上述经济业务,华能公司所作的会计处理如下:

(1)计算 2×16 年、2×17 年全年发生的专门借款和一般借款利息金额。

(2)2×16 年借款利息资本化的期间和 2×17 年借款利息资本化的期间。

(3)计算 2×16 年应予资本化的利息金额、应予以费用化的利息金额和相应的账务处理。

4. 计算 2×17 年借款利息资本化的金额、计算 2×17 年应予以费用化的利息金额和 2×17 年度与借款利息有关的账务处理。

第七章

租赁会计

导读案例

截至2019年1月，中国南方航空公司已拥有844架客货运输飞机，机队规模已位列亚洲第一。自2014年至2018年，五年时间内南方航空公司以17%的增速迅速扩大飞机规模。通过南航年报披露可知，南航主要通过购买、融资租赁和经营租赁三种方式引进飞机，其中经营租赁为引进飞机的主要方式。

但是按照2018年12月财政部最新颁布的租赁准则，承租人不再区分经营租赁和融资租赁。

请思考：

1. 依据新准则承租人要如何进行会计处理？
2. 新租赁准则对于南航公司来说有什么财务影响？

学习目标

1. 理解租赁业务相关概念和租赁识别内容。
2. 掌握承租人和出租人的会计处理。
3. 了解转租赁、售后租回等特殊业务的会计处理。

第一节　租赁会计概述

一、租赁的含义、适用范围及作用

（一）租赁的含义

根据《企业会计准则第21号——租赁》规定，租赁是指在特定期间内，出租人将资产的使用权让与承租人以获取对价的合同。

租赁业务与其他商品交易不同，具有如下特征：

1. 在租赁期内，资产的使用权与所有权相分离。出租人始终拥有资产的所有权，而承租人只能控制资产的使用权，享有使用资产带来的全部经济利益，这是租赁合同的本质。

2. 资产的转移是有偿的，出租人以获取租金为收付条件转让资产的使用权，承租人只有支付一定费用后才能使用资产。

（二）适用范围

《企业会计准则第 21 号——租赁》适用于所有租赁业务，但是下列五项除外：

1. 承租人通过许可使用协议而获得的电影、剧本、录像、文稿等项目权利，以及通过出让、划拨或转让方式取得的土地使用权适用无形资产准则。

2. 出租人授予的知识产权许可，适用收入准则。

3. 租赁业务涉及勘探或使用石油、矿产、天然气等不可再生资源等内容，适用石油天然气开采准则。

4. 承租人承租资产为生物资产的，适用生物资产准则。

5. 采用建设经营移交等方式参与公共基础设施建设、运营的特许经营权合同，使用收入准则。

（三）租赁的作用

由于租赁对出租人和承租人均是有利可图的，所以该业务被越来越多的企业所采用。

对于承租人而言，其作用主要表现在以下几个方面：

1. 租赁可以保持企业的营运资金。租赁一般采用分期付款的方式，承租人获取资产使用权时无需一次性支付大量的资金。当承租人通过使用资产获取经济利益后，再分期支付相应费用。这样既满足对设备的使用，又能融通资金。

2. 避免资产损耗的风险。对于任何资产来说，都存在折旧的经济现象。尤其是对于更新较快的资产，由于科技的进步，其无形资产的损耗会快于预计速度。因为对于承租人而言，拥有租赁资产使用权，很大程度上减少了无形资产损耗带给企业的风险。

3. 在一定程度上避免通货膨胀的风险。一般情况下，租赁的租期较长，租金为事先约定好的固定金额。当通货膨胀、物价上涨的情况下，租赁的实际成本不断下降，可以适当缓解通货膨胀给企业带来的压力。

4. 降低筹资成本。当承租人缺乏资金的情况下，若向银行借款购买设备，需要提供信用证明，比如抵押资产、提供担保等，这样往往需要承担一定的筹资成本。对于租赁，一般是通过专业的租赁公司，这些公司通过专业的方式能够找到更加有利的客户，以此降低筹资成本。

5. 租赁方式灵活多样。与企业的筹资方式相比，租赁可以根据承租人与出租人的自身情况，对于租金、租赁期限等条款进行协商决定。

对出租人而言，其作用主要表现在以下几个方面：

1. 有稳定的收入保障。承租人依照租赁合同中约定的付款日期，定期缴纳租金，这对于出租人而言是稳定的收入来源。在实际生活中，租金收入通常会比同期银行利息高，因此租赁对于出租人来说是一种较好的理财方式。

2. 以租促销，扩大出租方产品销路，提高其市场占有率。很多企业可能无法一次性提供大量资金购买资产，通过租赁的方式降低了客户购买“门槛”，从而提高了客户的购买力。

3. 可以保留资产所有权，能够较为安全的收回投资。对于融资租赁，出租方的所有权和使用权相分离，出租方保有对租赁资产的所有权。

二、租赁的识别、分拆与合并

（一）租赁的识别

在合同开始日，企业应当评估合同是否为租赁或者是否包含租赁合同。一项合同必须同时满足以下三个条件才能被认定为租赁合同：一是存在一定期间；二是资产为已识别资产；三是客户控制已识别资产的使用权。

在此之后，无需重新对合同进行评估，除非相关条款发生了改变。

1. 一定期间

一定期间既可以指租赁的时间范围，也可以指已识别资产的使用量。例如，租赁某项设备得到的产出量。

2. 已识别资产

已识别资产通常会在租赁合同中明确指定，也可以在客户使用资产时隐性指定。

【例 7－1】 万通公司（客户）与金陵运输公司（供应方）签订合同。该合同规定金陵运输公司为万通公司提供一节车厢运输物资，使用期限为 5 年。合同中没有明确万通公司使用具体哪节车厢（例如，车厢序列号），但是金陵运输公司只有一节车厢符合万通公司使用要求。如果该车厢出现问题，由金陵运输公司负责维修。

分析：虽然合同中未标明万通公司具体使用哪节车厢，但是金陵运输公司只有唯一一节车厢可供万通公司使用，且无法进行替换。所以这节车厢是隐性指定的资产，属于一项已识别资产。

如果在物理上可区分资产的部分产能，则属于已识别资产。若物理上不可区分，则不属于已识别资产，但是能够提供全部产能从而获得几乎全部经济利益权利的资产除外。

【例 7－2】 万通公司（客户）与金陵通信公司（供应方）签订合同。该合同规定金陵通信公司为万通公司提供连接 A、B 两区的城市光缆的带宽光纤使用权，万通公司约定的带宽相当于 5 条光纤的传输容量（乙公司有 20 条类似传输量的光纤）。

分析：万通公司使用的光纤资产与金陵通信公司其他光纤从物理上无法区分，且仅使用部分传输容量，不能代表金陵通信公司全部光纤产能，因此不属于已识别资产。

即使合同指定了资产，但如果资产供应方在整个租赁期间对资产有实质性替换权，则该资产仍不属于已识别资产。在租赁期内，资产供应方能够自由替换资产，这就说明合同只是规定了一类资产，并非指定的已识别资产。

企业应根据合同开始日的事实情况对资产供应方是否拥有实质性权利进行评估，而不应考虑未来事件。同时符合以下两个条件，表示资产供应方拥有实质性替换权：

（1）资产供应方拥有整个使用期间替换资产的实际能力。

如果合同规定在某个特定日期或事件后拥有替换资产的权利，而不是在整个租赁期间拥有该项权利，资产供应方不具有实质性权利。此外，客户无法阻止资产供应方替换资产的能力，资产供应方能够轻易使用替换权。

（2）资产供应方替换资产的预期经济利益超过其替换资产的成本。

需要注意的是，如果资产在运行结果不佳或者设备陈旧的情况下，因维修和设备更新而替换资产的权利，不属于实质性替换权。若企业难以区分资产供应方是否拥有实质性替换权，资产供应方应被视为不拥有实质性替换的权利。

【例 7－3】　万通商贸公司(客户)与金陵商场(供应方)签订合同。万通商贸公司可以在金陵商场规定的区域内销售产品，期限 5 年。合同约定了万通商贸公司总的占地面积，但是具体区域商场有权根据自身经济效益随时进行调整。商场内有很多符合条件的区域可供万通商贸公司使用，且更改区域成本低。

分析：根据合同规定，在万通商贸公司整个使用期间，金陵商场拥有随时变更万通商贸公司使用区域的能力，无需客户批准。此外，商场内有很多符合万通商贸公司使用的区域且变更成本极小，商场能够通过更换万通商贸公司销售区域而获利。因此，金陵商场对万通商贸公司有实质性替换权，合同约定区域面积不属于已识别资产。

(3)客户控制已识别资产的使用权

企业应当评估客户是否具有获得在使用资产期间拥有已识别资产所产生的几乎全部经济利益，并有权控制该已识别资产的使用。

①客户是否具有获得在使用资产期间拥有已识别资产所产生的几乎全部经济利益。

企业应当按照客户权利范围来评估是否拥有已识别资产所产生的几乎全部经济利益。例如，合同约定客户只能在某一特定区域内使用汽车，企业应当只考虑汽车在该区域内所产生的经济利益，若超过该区域使用汽车所产生的经济利益则不考虑。或者合同约定客户只能在特定里程范围内驾驶汽车，则不考虑超过规定里程范围驾驶汽车所产生的经济利益。此外，经济利益应为已识别资产产生的几乎全部经济利益，例如客户是独家使用该资产。客户可以通过各种方式获取经济利益，比如使用资产、持有资产或者是转租资产。

②客户是否有权主导资产的使用。

根据《企业会计准则第 21 号——租赁》规定，满足下列一种情况，视为客户有权控制资产：

情况一：客户能够自主决定在租赁期间使用资产的目的及方式。

客户在合同约定的范围内，可以根据自己的需求任意更改资产的使用目的和使用资产的方式。例如变更资产产出的类型，原先用于运输的资产改为储存；变更资产产出时间，原先是上午使用资产改为下午使用资产等。

情况二：已预先约定对于已识别资产的使用目的和使用方式，并且客户有权自主或主导他人按照约定好的方式使用已识别资产，或者客户前期就已经参与设计已识别资产并且规定了资产的使用目的和使用方式。

【例 7－4】　万通公司(客户)与金陵公司(供应方)签订合同，合同约定金陵公司为万通公司提供一辆卡车用于运输货物，运输时间为 1 年。合同规定，金陵公司只提供指定的卡车不提供司机，且不能随意替换卡车。而万通公司可以在约定里程范围内可自主选择行驶路线、行驶速度等。

分析：首先，合同明确指定了卡车，且金陵公司无权对卡车进行替换，因此卡车属于已识别资产。其次，万通公司在使用期间可以自主操作卡车，例如决定行驶路线、速度等，即客户有权控制资产。

【例 7－5】　万通公司(客户)与金陵公司(供应方)签订合同，合同约定金陵公司为万通公司提供为期 20 年的模具厂房，且金陵公司对厂房没有替换权，厂房的所有权仍归金陵公司所有。模具厂房是有万通公司设计选址的，金陵公司只是负责按照设计方案建造。厂房是使用方式在设计时已做好约定。

分析：在本案例中，合同明确指定了模具厂房，且供应方金陵公司没有替换的权利，因此该厂房属于已识别资产。此外，对于厂房的设计和选址都是由万通公司设计的，且使用目的和使用方式在设计时已规定，所以万通公司在 20 年的试用期间内拥有对厂房的主导权。

3. 判断租赁步骤

综上所述，在合同开始日，企业应按照图 7—1 所示的流程，评估合同是否为租赁或者包含租赁合同。

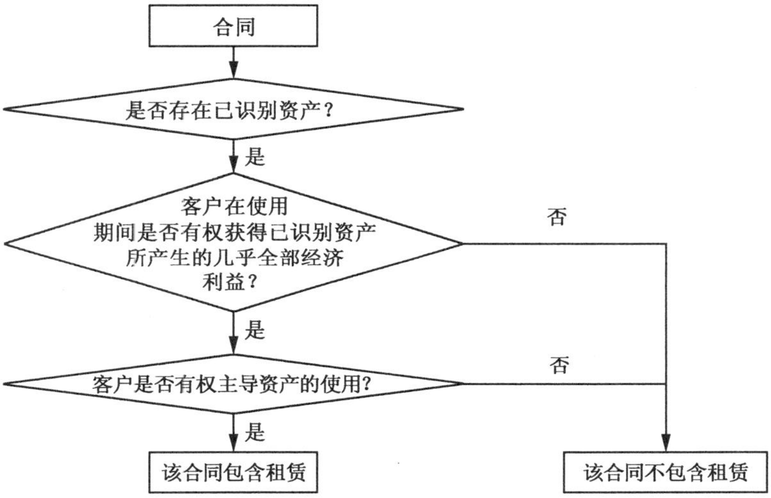

图 7—1　判断租赁合同流程

【例 7—6】　万通公司（客户）与金陵公司（供应方）签订合同，合同约定金陵公司向万通公司提供一台为期 3 年的指定服务器，该服务器由金陵公司负责安装和维修。金陵公司只有在服务器发生故障时才能进行替换，其他情况下供应方无权替换服务器。此外，合同规定万通公司在 3 年的试用期内可以自主决定服务器的用途，服务器带来的经济利益归万通公司所有。

分析：首先，合同中明确指定了服务器，且金陵公司在一般情况下无权替换该资产，所以合同中的服务器属于已识别资产。其次，万通公司独家使用该服务器，此台服务器带来的经济利益归万通公司所有。最后，万通公司有权决定服务器的使用方式和使用目的，因此万通公司有权主导该服务器的使用。基于上述分析，该合同包含租赁。

【例 7—7】　万通公司（客户）与金陵运输公司（供应方）签订合同，合同约定金陵公司向万通公司提供指定货车（金陵运输公司没有替换权）从桂林运输中秋节月饼到南宁。整辆车只运输万通公司一家企业货物，金陵公司负责运输和维修，万通公司不得自行操作货车。

分析：首先，合同约定货车为指定资产且运输公司没有替换权，因此该货车是已识别资产。其次，万通公司独家拥有这辆货车，该货车全部经济利益归万通公司所有。最后，万通公司不能自行操作货车，不能自主决定货车的使用目的和方式，即万通公司不能主导货车的使用。基于上述分析，该合同不包含租赁。

（二）租赁的分拆

合同中若同时包含多项租赁业务，承租人和出租人均应将每项租赁单独分开进行会计处理。合同中若同时包含租赁业务和非租赁业务，承租人和出租人应该将这两部分进行分拆，租赁业务适用于本章会计处理原则，非租赁业务应当按照其他准则进行会计处理。单独租赁是指承租人可以单独使用该资产而获利或者将其与容易取得的资源一起使用而获利，并且该资产与其他资产不存在高度依赖或高度关联的情况。

在分拆租赁和非租赁业务的时候，承租人应依据各项租赁单独价格和非单独租赁价格之和，按照各自比例分摊合同对价。单独价格应该根据出租人或者其他类似供应方提供该资产向客户收取的对价。为了简化处理，承租人可以按照租赁资产的类别，选择是否分拆合同中所包含的租赁和非租赁部分。如果承租人对各项资产选择不拆分处理，应当将整个合同作为租赁进行会计处理。但是，对于嵌入衍生工具，承租人不应将其合并进行租赁会计处理。

【例 7—8】 万通建筑公司（客户）与金陵公司（供应方）签订合同，金陵公司向万通建筑公司提供一辆挖掘机、一辆推土机和一辆搅拌车用于厂房的建设，为期为 5 年。合同规定，3 台设备由金陵公司负责维修，万通建筑公司每年向金陵公司支付 11 万元，合同总的对价为 55 万元（包含维修费用）。在市场上有其他企业提供类似的维修服务，假设其支付条款与该合同类似，万通建筑公司能够确定维修服务的单独价格分别为挖掘机 1 万元、推土机 1.6 万元和搅拌车 2 万元。若从市场上单独租赁为期 5 年的挖掘机、推土机和搅拌车分别为 15 万元、18 万元和 20 万元。

分析：万通建筑公司可以从挖掘机、推土机和搅拌车 3 项设备分别获取利益，且这 3 种设备不存在相互关联或依赖关系，此外，万通建筑公司未做简化处理，所以可以认为挖掘机、推土机和搅拌车为单独租赁。在合同中还包括对于 3 种设备的维护服务费用，因此万通建筑公司需要对合同中租赁部分和非租赁部分进行分拆，如表 7—1 所示。

表 7—1 **租赁合同分拆表** 单位：万元

		挖掘机	推土机	搅拌车	合 计
单独计价	租赁部分	15	18	20	53
	非租赁部分	1	1.6	2	4.6
	合计				57.6
	合同总对价				55
	分摊率				95.49%
	拆分后租赁部分	14.323 5	17.188 2	19.098	

出租人应当按照收入准则对租赁部分和非租赁部分进行拆分，以交易价格分摊合同对价。

（三）租赁的合并

企业与同一供应方或其关联方在同一时间或相近时间签订多份租赁合同时，若满足下列条件之一，应当将多份合同合并成一份合同：

1. 多份合同的订立是基于同一商业目的而构成的一揽子交易，如果不把这些合同当作一个整体考虑，则无法理解总体商业目的。

2. 其中一份合同订立的金额取决于其他合同的金额或履约情况。

3. 其中两份或多份合同中让与资产使用权合并起来可以构成一项单独租赁。

即使将多份合同合并成一份租赁合同，也要对合同中租赁部分和非租赁部分进行区分。

三、租赁业务的相关概念

（一）租赁期

租赁期是指承租人有权使用资产，并且是不可撤销期间。承租人有权选择继续使用资产，且能合理确定承租人将会行使该权利，则租赁期应包含续租期。承租人有权选择终止租赁，且能合理确定承租人不会行使该权利，则租赁期应当包含终止租赁期间。根据准则规定，如果在承租人可以控制的范围内发生重大事件或变化，并且能够影响承租人相应的选择权，承租人应该对是否会行使续租权、购买权或者不行使终止租赁权进行重新评估。

（二）租赁期开始日

租赁期开始日是指出租人提供资产，承租人开始使用其资产的起始日期。值得注意的是，租金支付日期并不影响租赁期开始日。

（三）租赁开始日

租赁开始日指的是承租人与出租人签订租赁合同日期，或者在未签订合同的时候就合同主要条款作出承诺的日期。

（四）资产余值、担保余值和未担保余值

资产余值指的是在租赁开始日预估当租赁期满时租赁资产的公允价值。担保余值是为了合理保障出租人利益，确保在租赁期满后租赁资产能达到指定的价值，与出租人无关方向出租人提供的担保。未担保余值是指在资产余值中，出租人无法保证能够实现的利益部分或者是与出租人有关的一方提出担保。由于信息不对称，出租人无关方提供的担保往往会低于资产余值，所以未担保余值可以理解为资产余值扣除担保余值的价值部分。

（五）使用权资产

使用权资产指的是在约定的租赁期内，承租人使用租赁资产的权利。

（六）租赁激励

租赁激励指的是出租人为了能顺利达成租赁合同而向承租人提供的优惠，包括出租人向承租人支付与租赁有关的款项、出租人为承租人所承担或支付的成本。

（七）租赁付款额

租赁付款额是指承租人为了能在租赁期内拥有使用资产权利而向出租人支付的相关款项，包括以下五项内容：

1. 固定租赁付款额和实质固定租赁付款额。若存在租赁激励，应当扣除。实质固定租赁付款额是指形式上可能存在变量但实际上无法避免的款项。

2. 取决于指数或比率的可变租赁付款额。其中可变租赁付款额指，租赁期开始日后的事实或情况发生变化（而非时间推移）而导致租赁款变动的金额。需要注意的是，取决于指数或比率的可变租赁付款额应当按照租赁期开始日的指数或比率纳入租赁负债，其主要包

括与消费者指价格数挂钩的款项、与基准利率挂钩的款项和因市场租赁费率变化而变动的款项等。

【例 7—9】 承租人万通公司同金陵公司签订 10 年期的房屋租赁合同，万通公司每年年初需支付租金 200 000 元，合同规定租赁付款额在租赁期开始日后每年基于过去一年消费者价格指数而上涨，租赁期开始日的消费者价格指数为 130。

分析：万通公司在确定租赁负债时应以租赁期开始日消费者价格指数 130 而确定租赁付款额，无需考虑日后消费指数变化而导致的租金变动。

3. 购买选择权的行权价格，如果承租人合理确定会行使该权利，则应纳入租赁付款额。

4. 行使终止租赁选择权而支付的金额，如果承租人合理确定会行使该权利，则应纳入租赁付款额。

5. 根据承租人的担保余值而预计支付的款项。

（八）租赁收款额

租赁收款额是指出租人在租赁期内转让租赁资产使用权而向承租人收取的款项，包括以下五项内容：

1. 承租人支付的固定租赁付款额和实质固定租赁付款额，若存在租赁激励，应当扣除。

2. 取决于指数或比率的可变租赁付款额。同样，该款项应该按照租赁期开始日的指数或比率确定。

3. 购买选择权的行权价格，如果承租人合理确定会行使该权利，则应纳入租赁收款额。

4. 行使终止租赁选择权而支付的金额，如果承租人合理确定会行使该权利，则应纳入租赁收款额。

5. 与出租人无关方提供的担保余值，即承租人、与承租人有关的第三方及独立第三方提供的担保余值。

（九）初始直接费用

初始直接费用是指为了达成租赁而承担的增量成本。这里的增量成本是指如果没有租赁业务就不会发生的成本，例如佣金、印花税等。但是如果初始的租赁也会发生的成本不属于初始直接费用，应计入当期损益，例如法律咨询费、为租赁业务而发生的差旅费等。

（十）折现率

1. 租赁内含利率

租赁内含利率是指出租人租赁收款额现值与未担保余值现值之和等于租赁资产公允价值与出租人的初始直接费用之和的利率。

2. 承租人增量借款利率

承租人增量借款利率是指在类似经济环境下承租人为获取与使用权资产价值相近的资产，而在类似期间内以类似的抵押条件借入资金所需支付的利率。通常情况下，承租人增量借款利率可以参考：承租人同期银行借款利率、相关租赁合同利率、承租人最近一期类似资产的抵押利率等。

第二节 承租人的会计处理

在租赁期开始日，承租人应当确认使用权资产和租赁负债，但是简化处理的短期租赁和低价值资产租赁除外。

一、一般租赁业务的会计处理

（一）使用权资产和租赁负债的初始确认与计量

1. 租赁负债

租赁负债应该按照租赁期开始日尚未支付的租赁付款额的现值进行初始计量。在计算现值时需要确定租赁付款额和折现率，其中租赁付款额在第一节已经阐述过，针对折现率承租人首先应当采用租赁内含利率，如果无法确定内含利率，应采用承租人增量借款利率。

2. 使用权资产

承租人应当按照成本对使用权资产进行初始计量，成本包括：

(1)租赁负债的初始计量金额。

(2)在租赁期开始日或之前支付的租赁付款额，若存在租赁激励，应予以扣除。

(3)承租人发生的初始直接费用。

(4)承租人为拆卸及移除租赁资产、复原资产所在场地或将资产恢复到合同约定状态所发生的成本。承租人有可能在租赁期开始日承担了上述成本，或者有可能是在某一特定时期才发生该成本。但是如果在某一特定时期将资产用于生产存货而发生，应当按照《企业会计准则第 1 号——存货》进行会计处理，此外，企业对于未来将要发生的成本应当按照《企业会计准则第 13 号——或有事项》进行确认与计量。

综上所述，在租赁期开始日，承租人应借记“使用权资产”，按照租赁期开始日尚未支付的租赁付款额的现值，贷记“租赁负债”，在租赁期开始日或之前支付的租赁付款额（扣除租赁激励后的款项）与初始直接费用之和，贷记“银行存款”等，涉及预计拆除、复原、恢复资产的成本，贷记“预计负债”。以上内容概括如下：

借：使用权资产

　租赁负债——未确认融资费用（租赁期开始日尚未支付的租赁付款额——租赁期开始日尚未支付的租赁付款额现值）

　贷：租赁负债——租赁付款额（租赁期开始日尚未支付的租赁付款额）

　　银行存款、预付款项等（租赁期开始日或之前支付的租赁付款额，扣除租赁激励后的款项）

　　银行存款（初始直接费用）

　　预计负债（预计拆除、复原、恢复资产的成本）

（二）使用权资产和租赁负债的后续计量

1. 使用权资产

在租赁期开始日后，使用权资产应当采用成本模式进行后续计量。

(1)使用权资产折旧

承租人应当按照《企业会计准则第 4 号——固定资产》规定，对使用权资产进行折旧处理。

但是值得注意的是，使用权资产应自租赁期开始日的当月计提折旧，如果当月计提有困难的，可以选择下月计提。在折旧方法上，通常采用直线法，如果其他折旧方法能够更好地显示未来经济利益预期实现的方式，也可以采用其他折旧方法。在折旧年限上，应当遵循以下原则：如果能够合理确定在租赁期届满后承租人拥有租赁资产的所有权，承租人应当在租赁资产剩余使用寿命内计提折旧。如果无法确定在租赁期届满后承租人是否能够取得租赁资产所有权，应当选择租赁期与租赁资产剩余寿命较短者计提折旧。

(2)使用权资产减值

承租人应当按照《企业会计准则第 8 号——资产减值》规定，对使用权资产进行减值处理。如果使用权资产发生减值，则借记"资产减值损失"，贷记"使用权资产减值准备"。使用权资产一旦发生减值准备，则不得转回。承租人应当按照减值后的账面价值进行折旧。

2. 租赁负债

在租赁期开始日后，承租人对租赁负债的后续会计处理原则如下：

(1)确认租赁负债利息时，应增加租赁负债的账面价值。

(2)支付租金时，应减少租赁负债的账面价值。

(3)因重估或租赁变更等原因导致租赁付款额发生变动，需重新计量租赁负债的账面价值。

租赁负债的后续计量分为一般情况下的后续计量和需要重新计量的租赁负债。

一般情况下的后续计量需要考虑两个层面：一方面，承租人要按照合同约定支付租金。在支付租金时，借记"租赁负债"，贷记"银行存款"等。另一方面，承租人应该按照固定的周期性利率计算各期的利息费用，并计入当期损益，借记"财务费用"，贷记"租赁负债——未确认融资费用"。上述的固定周期性利率是租赁期开始日确定的折现率，包括租赁内含利率、承租人增量借款利率、承租人同期银行借款利率或者租赁合同利率等。

未纳入租赁负债的可变租赁付款额，应当在实际发生时计入当期损益，但是，按照存货计量应计入相关成本。例如，房屋租赁合同规定，如果商铺当年销售额超过 100 万元，需再支付销售额的 1%作为租金。此处的可变租赁付款额取决于未来销售额，并非取决于指数或比率。假设租赁第三年商铺的销售额为 150 万元，则第三年支付的可变租赁付款额为 15 万元，计入当期损益。

3. 租赁期届满时会计处理

在租赁期届满后，承租人一般有以下三种情况：

(1)承租人返还租赁资产。当使用权资产返还时，承租人需减少使用权资产同时结算租赁负债，会计分录应借记"租赁负债""使用权资产累计折旧"等科目，贷记"使用权资产"等科目。

(2)承租人按照合同优惠条款继续选择续租使用权资产。租赁期满后，如果承租人选择续租，应视同租赁业务一直存在。如果承租人选择不续租，则根据租赁条款承租人支付的违约金计入营业外支出。

(3)承租人按照合同优惠条款选择购买租赁资产。承租人在支付价款的同时应将使用权资产转为固定资产。

【例 7－10】 万通公司向金陵公司租赁一台设备用于生产产品，其合同主要条款如下：

(1)租赁期从 2015 年 1 月 1 日至 2019 年 12 月 31 日，租赁期 5 年。

(2)每年年末万通公司需支付 200 000 元租金，此外承租人每年年底需要支付 10 000 元维修费等实质性固定付款额。

(3)承租人提供预计的担保余值为 50 000 元。

(4)承租人发生的初始直接费用为 10 000 元。

(5)作为对承租人的激励,出租人愿意为承租人提供 5 000 元的佣金。

(6)租赁的内含利率为 5%。

(7)这套设备预估可以使用 8 年,采用年数总和法计提折旧。

(8)期满后承租人会将设备退还给出租人。

承租人万通公司的会计处理如下:

①在租赁期开始日 2015 年 1 月 1 日的会计处理

租赁负债现值=210 000×(P/A,5%,5)+50 000×(P/F,5%,5)

=210 000×4.329 5+50 000×0.783 5

=909 195+39 175

=948 370(元)

使用权资产=租赁负债初始计量+初始直接费用-租赁激励

=948 370+10 000-5 000

=953 370

未确认融资费用=租赁付款额-租赁付款额现值=1 100 000-948 370=151 630(元)

借:使用权资产 953 370

租赁负债——未确认融资费用 151 630

贷:租赁负债——租赁付款额 1 100 000

银行存款 5 000

(上述银行存款为支付的初始费用扣除收到租赁激励后的金额。)

②对使用权资产的后续计量

租赁设备采用年数总和法,残值为 50 000 元,按 5 年计提折旧,应计折旧额为 903 370 元,各年固定资产折旧如表 7-2 所示。

表 7-2 **万通公司租赁资产折旧计算表** 单位:元

年份	尚可使用年限	年折旧率	应计折旧额	年折旧额
2015	5	5/15	903 370	301 123.33
2016	4	4/15	903 370	240 898.67
2017	3	3/15	903 370	180 674
2018	2	2/15	903 370	120 449.33
2019	1	1/15	903 370	60 224.66
合计		1		903 370

2015 年,计提本年折旧:

借:制造费用 301 123.33

贷:使用权资产累计折旧 301 123.33

2016 年,计提本年折旧:

借:制造费用 240 898.67

贷:使用权资产累计折旧 240 898.67

2017 年，计提本年折旧：

借：制造费用　　180 674

　贷：使用权资产累计折旧　　180 674

2018 年，计提本年折旧：

借：制造费用　　120 449.33

　贷：使用权资产累计折旧　　120 449.33

2019 年，计提本年折旧：

借：制造费用　　60 224.66

　贷：使用权资产累计折旧　　60 224.66

③对租赁负债的后续计量

对租赁负债后续计量如表 7—3 所示。

表 7—3　　租赁负债后续计算表　　单位 元

日　期	租赁负债期初余额 (1)	利息费用 (2)＝(1)×5%	实质固定付款额 (3)	固定付款额 (4)	租赁负债期末余额 (5)
2015 年 12 月 31 日	948 370.00	47 418.50	10 000.00	200 000.00	785 788.50
2016 年 12 月 31 日	785 788.50	39 289.43	10 000.00	200 000.00	615 077.93
2017 年 12 月 31 日	615 077.93	30 753.90	10 000.00	200 000.00	435 831.82
2018 年 12 月 31 日	435 831.82	21 791.59	10 000.00	200 000.00	247 623.41
2019 年 12 月 31 日	247 623.41	12 376.59※	10 000.00	200 000.00	50 000.00
合　计	—	151 630	50 000	1 000 000	

注：为了便于计算，本题中选取两位小数。

※最后一年利息采用尾数处理法，即 260 000－247 623.41

2015 年 12 月 31 日，支付固定付款额和实质固定付款额及确认当年利息：

借：租赁负债——租赁付款额　　210 000

　贷：银行存款　　210 000

借：财务费用　　47 418.5

　贷：租赁负债——未确认融资费用　　47 418.5

2016 年 12 月 31 日，支付固定付款额和实质固定付款额及确认当年利息：

借：租赁负债——租赁付款额　　210 000

　贷：银行存款　　210 000

借：财务费用　　39 289.43

　贷：租赁负债——未确认融资费用　　39 289.43

2017 年 12 月 31 日，支付固定付款额和实质固定付款额及确认当年利息：

借：租赁负债——租赁付款额　　210 000

　贷：银行存款　　210 000

借：财务费用　　30 753.9

　贷：租赁负债——未确认融资费用　　30 753.9

2018 年 12 月 31 日，支付固定付款额和实质固定付款额及确认当年利息：

借：租赁负债——租赁付款额　210 000

　贷：银行存款　210 000

借：财务费用　21 791.59

　贷：租赁负债——未确认融资费用　21 791.59

2019 年 12 月 31 日，支付固定付款额和实质固定付款额及确认当年利息：

借：租赁负债——租赁付款额　210 000

　贷：银行存款　210 000

借：财务费用　12 376.59

　贷：租赁负债——未确认融资费用　12 376.59

④租赁届满时会计处理

承租人退还设备：

借：租赁负债——租赁付款额　50 000

　使用权资产累计折旧　903 370

　贷：使用权资产　953 370

如果题目改成租赁期满后出租人允许承租人以 100 000 元购买该设备。

借：租赁负债——租赁付款额　50 000

　营业外支出　50 000

　贷：银行存款　100 000

借：固定资产　953 370

　贷：使用权资产　953 370

(4)租赁负债重新计量

在租赁期开始日，实质固定付款额或可变租赁付款额变动会导致租赁负债重新计量。与此同时，承租人需相应调整使用权资产账面价值。当使用权资产账面减至零时，仍需对租赁负债进行调减，并将剩余金额计入当期损益。

(1)实质固定付款额变动

如果租赁付款额一开始是可变金额，但在使用期间的某一时间可变性因素消除，该租赁付款额转为实质固定额纳入租赁负债计量。在该情况下，折现率为租赁期开始日确定的折现率。

(2)可变租赁付款额

针对可变租赁付款额按照折现率是否重新修订的条件分为两种情况：情况一，担保余值、用于确定租赁付款额的指数或比率发生变动；情况二，购买选择权、续租选择权或终止租赁选择权的评估结果或实际行使情况发生变化。

担保余值、用于确定租赁付款额的指数或比率发生变动。承租人应按照变化后租赁付款额现值重新计量租赁负债。在该情况下折现率不变为原折现率，但是基于浮动利率而导致租赁付款额变化的，应采用修订后折现率。

购买选择权、续租选择权或终止租赁选择权的评估结果或实际行使情况发生变化。因购买选择权发生变动的，承租人应对其新的评估结果重新确定租赁付款额。因续租选择权或终止租赁选择权发生变化或者实际结果跟原先不一致的情况，承租人应根据变化后的租赁期重新确定租赁付款额。上述两类情况下，承租人应采用剩余租赁期间的租赁内含利率作为新的折现率，但是无法确定内含利率的应采用重估日承租人增量借款利率作为新的利率。

【例 7—11】 万通公司向金陵公司租赁一台设备用于生产产品，其合同主要条款如下：

(1)租赁期从 2015 年 1 月 1 日至 2019 年 12 月 31 日，租赁期 5 年。

(2)第一年年初付租金 200 000 元，此后每一年租金基于上一年消费者价格指数进行调整。租赁期开始日消费者价格指数为 125，之后每年稳定于 135。

(3)承租人发生的初始直接费用为 10 000 元。

(4)承租人无法合理确定出租人租赁内含报酬率，承租人增量借款利率为 5%。

(5)这套设备预估可以使用 8 年，采用年限平均法。

(6)期满后承租人会将设备退还给出租人。

承租人万通公司的会计处理如下：

①在租赁期开始日 2015 年 1 月 1 日的会计处理

租赁负债现值＝200 000×(P/A，5%，4)

＝200 000×3.546

＝709 200(元)

使用权资产＝租赁负债初始计量＋租赁期开始日支付的租赁付款额＋初始直接费用

＝709 200＋200 000＋10 000

＝919 200(元)

未确认融资费用＝租赁付款额－租赁付款额现值＝800 000－709 200＝90 800(元)

借：使用权资产　　919 200

　　租赁负债——未确认融资费用　　90 800

　　贷：租赁负债——租赁付款额　　800 000

　　　　银行存款　　210 000

②2015 年使用权资产和租赁负债后续计量

2015 年计提折旧额＝919 200÷5＝ 183 840(元)

借：制造费用　　183 840

　　贷：使用权资产累计折旧　　183 840

在租赁第一年的会计处理，尚不考虑可变租赁付款额，万通公司租赁负债后续计量见表 7—4。

表 7—4　尚未考虑可变租赁付款额的租赁负债后续计算表　　单位：元

日　期	租赁负债期初余额 (1)	固定付款额 (2)	利息费用 (3)＝[(1)－(2)]×5%	租赁负债期末余额(4)＝(1)－(2)＋(3)
2015 年 1 月 1 日	909 200.00	200 000.00	—	709 200.00
2015 年 12 月 31 日	709 200.00	—	35 460.00	744 660.00
2016 年 12 月 31 日	744 660.00	200 000.00	27 233.00	571 893.00
2017 年 12 月 31 日	571 893.00	200 000.00	18 594.65	390 487.65

续表

日　期	租赁负债期初余额(1)	固定付款额(2)	利息费用(3)=[(1)−(2)]×5%	租赁负债期末余额(4)=(1)−(2)+(3)
2018年12月31日	390 487.65	200 000.00	9 512.35※	200 000.00
2019年12月31日	200 000.00	200 000.00	0.00	0.00
合　计	—	1 000 000	90 800	—

注:为了便于计算,本题中选取两位小数。

※2018年12月31日采用尾数处理法。

为了简化处理2016年至2019年年初支付的固定付款额,均在当年年末列示。

2015年12月31日计提财务费用:

借:财务费用　35 460

　贷:租赁负债——未确认融资费用　35 460

③2016年1月1日支付租金

根据消费者价格指数调整后的租赁付款额=200 000×135÷125=216 000(元)

借:租赁负债——租赁付款额　216 000

　贷:银行存款　216 000

根据最新租赁付款额重新计算租赁负债现值,计算步骤如下:

最新租赁负债现值=216 000×(P/A,5%,3)

=216 000×2.723 2

=588 211.2(元)

2016年1月1日支付了216 000元租金,则租赁负债余额为528 660元(744 660−216 000)。

租赁负债的增加额=588 211.2−528 660=59 551.2(元)

借:使用权资产　59 551.2

　租赁负债——未确认融资费用　4 448.8

　贷:租赁负债——租赁付款额　64 000

④2016年12月31日使用权资产和租赁负债后续计量

2016年计提折旧=(919 200+59 551.2−183 840)÷4=198 727.8(元)

借:制造费用　198 727.8

　贷:使用权资产累计折旧　198 727.8

表7—5　取决于可变租赁付款额的租赁负债后续计算表　单位:元

日　期	租赁负债期初余额(1)	固定付款额(2)	利息费用(3)=[(1)−(2)]×5%	租赁负债期末余额(4)=(1)−(2)+(3)
2016年1月1日	588 211.2	216 000.00	—	58 8211.2
2016年12月31日	588 211.2	0.00	29 410.56	61 7621.76
2017年12月31日	617 621.76	216 000.00	20 081.09	421 702.85

续表

日　期	租赁负债期初余额(1)	固定付款额(2)	利息费用(3)＝[(1)－(2)]×5％	租赁负债期末余额(4)＝(1)－(2)＋(3)
2018年12月31日	421 702.85	216 000.00	10 297.15	216 000.00
2019年12月31日	216 000.00	216 000.00	0.00	0.00
合　计	—	864 000.00	59 788.8	—

借:财务费用　　29 410.56
　贷:租赁负债——未确认融资费用　　29 410.56

⑤2017年会计分录

2017年1月1日:

借:租赁负债——租赁付款额　　216 000
　贷:银行存款　　216 000

2017年12月31日:

借:制造费用　　198 727.8
　贷:使用权资产累计折旧　　198 727.8

借:财务费用　　20 081.09
　贷:租赁负债——未确认融资费用　　20 081.09

⑥2018年会计分录

2018年1月1日:

借:租赁负债——租赁付款额　　216 000
　贷:银行存款　　216 000

2018年12月31日:

借:制造费用　　198 727.8
　贷:使用权资产累计折旧　　198 727.8

借:财务费用　　10 297.15
　贷:租赁负债——未确认融资费用　　10 297.15

⑦2019年会计分录

2019年1月1日:

借:租赁负债——租赁付款额　　216 000
　贷:银行存款　　216 000

2019年12月31日:

借:制造费用　　198 727.8
　贷:使用权资产累计折旧　　198 727.8

(三)租赁变更的会计处理

租赁变更是指对原合同条款之外的资产范围、使用期限、租赁金额的变更。一般分为以下两种情况:

1. 作为一项单独租赁

通过增加一项或多项使用权资产而使租赁范围扩大或延长租赁期限，同时增加的租赁对价相当于新增使用权范围的单独价格或者延长使用期限的单独价格，变更的租赁业务应属于一项单独租赁。

2. 未作为一项单独租赁

对于不符合上述条件的租赁变更，承租人应在租赁变更生效日做以下会计处理：按照租赁分拆规定分摊合同对价；对租赁期重新确定；采用变更后的折现率重新对租赁付款额进行折现；调整租赁负债余额和使用权资产的账面价值。

对于缩小租赁范围或缩短租赁期的租赁变更，承租人应相应按缩小或缩短的比例调减使用权资产账面价值，并将调整后使用权资产账面价值与租赁负债余额的差额计入当期损益。对于其他形式的租赁变更，需相应调整使用权资产账面价值。

【例 7－12】 万通公司向金陵公司租入 6 000 平方米的办公场所，其合同主要条款如下：

(1)租赁期自 2015 年 1 月 1 日至 2020 年 12 月 31 日，共 6 年。

(2)万通公司每年年底需向金陵公司支付 10 000 000 元租金。

(3)承租人无法合理确定出租人内含利率，承租人增量借款利率为 6%。

(4)承租人初始直接费用为 2 000 000 元。

(5)办公场所可采用年限平均法。

(6)2018 年 1 月 1 日，经双方同意将租赁办公场所面积缩减至 3 000 平方米。因此，每年租金改为 6 000 000 元，在变更日，承租人增量借款利率降为 5%。

通过上述条件，可知该租赁变更不应作为一项单独租赁。

①2015 年 1 月 1 日确定租赁负债和使用权资产价值

租赁负债现值＝10 000 000×(P/A,6%,6)

＝10 000 000×4.917

＝49 170 000(元)

使用权资产＝租赁负债的初始计量＋初始直接费用

＝49 170 000＋2 000 000

＝51 170 000(元)

②租赁变更生效日对租赁负债账面价值的调整

终止使用权资产账面价值的计算：

租赁变更生效日使用权资产累计折旧＝51 170 000÷6×3＝25 585 000(元)

租赁变更生效日使用权资产账面价值＝51 170 000－25 585 000＝25 585 000(元)

由于租赁面积由 6 000 平方米缩减至 3 000 平方米，缩减比例为 50%，因此 50%租赁资产使用权账面价值为 12 792 500 元。

调整租赁负债账面价值的计算：

原租赁负债的账面价值＝10 000 000×(P/A,6%,3)

＝10 000 000×2.673

＝26 730 000(元)

缩减 50%租赁范围的相应调减的租赁负债＝26 730 000×50%＝13 365 000(元)

在租赁期变更生效日，承租人应终止原使用权资产和原租赁负债的 50%，其差额

572 500元计入当期损益。其中,租赁负债减少额包括减少的租赁付款额15 000 000元(即10 000 000×3×50%)和调增的未确认融资费用1 635 000元(即15 000 000－13 365 000)。使用权资产和租赁负债调整情况见表7－6。或者承租人根据实际利率法计算租赁负债余额和未确认融资费用计算租赁负债调整情况。

表7－6 **使用权资产和租赁负债调整情况** 单位:元

项　目		调整前金额	调整金额	剩余金额
租赁负债	租赁付款额	30 000 000	15 000 000	15 000 000
	未确认融资费用	3 270 000	1 635 000	1 635 000
	账面价值	26 730 000	13 365 000	13 365 000
使用权资产	使用权资产借方余额	51 170 000	25 585 000	25 585 000
	累计折旧	25 585 000	12 792 500	12 792 500
	账面价值	25 585 000	12 792 500	12 792 500
差　额	—	—	572 500	—

承租人应终止原使用权资产和原租赁负债的50%会计处理:

借:租赁负债——租赁付款额　15 000 000
　使用权资产累计折旧　12 792 500
　贷:使用权资产　25 585 000
　　租赁负债——未确认融资费用　1 635 000
　　资产处置损益　572 500

自2018年1月1日起,租赁金额变为6 000 000元,租赁利率改为5%。租赁变更后的租赁负债需重新计量:6 000 000×(P/A,5%,3)=16 339 200。变更后租赁负债与剩余租赁负债的差额2 974 200元,调整使用权资产账面价值。差额包括两部分:一部分为增加的租赁付款额为3 000 000元[(6 000 000－10 000 000×50%)×3],另一部分为未确认融资费用25 800元(3 000 000－2 974 200)。承租人调整使用权资产的会计处理:

借:使用权资产　2 974 200
　租赁负债——未确认融资费用　25 800
　贷:租赁负债——租赁付款额　3 000 000

二、短期租赁和低价值资产租赁的会计处理

对于短期租赁和低价值资产租赁,在租赁期内,承租人可以选择简化处理,即不使用使用权资产和租赁负债会计科目,对于租赁付款额可以按照直线法或其他合理方法进行摊销并计入相关成本和损益。

短期租赁是指在租赁期开始日,根据合同规定,租赁期未超过12个月的租赁,但是,不包含租赁购买选择权的租赁。承租人应按租赁资产的类别做出相应的会计处理。对于选择简化处理的短期租赁发生变更或者因变更之外的原因造成租赁期发生变化的,承租人应视为一项新租赁,重新进行是否简化处理的选择。

低价值租赁是指单项租赁资产作为全新资产时价值较低的租赁。在做资产评估时,不

应考虑已使用年限，应该把其作为全新资产去考量。此外低价值资产租赁应该为一个绝对的金额，不受其他因素影响，例如承租人规模、交易性质等。常见的低价值资产，如电脑、手机等。对于低价值租赁，承租人应当根据每项租赁具体情况作出简化处理，但是，如果承租人要进行转租赁业务，则不能选择简化处理。

第三节　出租人的会计处理

一、出租人的租赁分类

在租赁开始日，出租人应将租赁合同分为融资租赁或者经营租赁。出租人对租赁进行分类应该取决于租赁交易的实质形式而不是合同形式。如果一项租赁实质上转移了与资产所有权有关的几乎全部的风险与报酬，应视为融资租赁，否则应视为经营租赁。

在租赁开始日出租人作出租赁分类后，如果租赁相关条款发生变化，出租人无须重新进行评估分类，除非发生了租赁变更。

(一)融资租赁分类标准

一项租赁满足下列一种或多种情况的，通常分类为融资租赁：

1. 在租赁期届满时，租赁资产的所有权由出租人转移给承租人。通常情况下会在租赁合同中已经约定相关条款，或者在租赁开始日，根据相关条件可以合理判断出在租赁届满时，租赁资产的所有权会转移给承租人。

2. 承租人对租赁资产有购买选择权。在租赁届满时，承租人可以根据合同约定以远低于行使选择权时租赁资产公允价值的价格购买该资产，因而在租赁开始日就能合理确定承租人未来会行使该权利。

3. 租赁期届满时，租赁资产所有权虽然不转移给承租人，但是租赁期占资产使用寿命的大部分。这里有三点值得注意：首先，“大部分”指的是租赁期占资产使用寿命的75%以上(包含75%)。其次，准则强调是租赁期与资产尚可使用寿命而非资产的全部使用年限比较。最后，如果租赁的资产为旧资产，资产在租赁使用前就已使用且使用年限超过资产为全新时使用年限的75%以上时，不适用该条标准。

4. 在租赁开始日，出租人租赁收款额现值几乎相当于租赁资产的公允价值。“几乎相当于”通常是指90%以上的比例。

5. 租赁资产的特殊性，如果资产给承租人以外的第三方使用，需要对资产做较大改动。通常可以理解为出租人根据承租人的特殊要求量身定做或者专门购买，一般情况下其他企业难以使用该资产。

(二)融资租赁存在的迹象

出租人除了依据上述标准进行判断外，如果存在下列一项或多项迹象，也可能分类为融资租赁。

1. 如果承租人撤销租赁，该行为对出租人造成损失全部由承租人承担。

2. 对于资产余值公允价值的波动产生的利得或损失归属于承租人。承租人承担资产余值所产生的几乎全部的风险和报酬。

3. 承租人能够以远低于同期、同地区市场水平的租金继续租赁至下一期。

二、出租人对融资租赁的会计处理

1. 融资租赁初始计量

根据准则规定,在租赁期开始日,出租人应确认应收融资租赁款同时终止确认融资租赁资产。

应收融资租赁款反映出租人通过融资租赁获得的租赁投资净额。租赁投资净额是指按照出租人内含利率将租赁投资总额折现的现值金额。租赁投资总额为自租赁期开始日出租人尚未收到的租赁收款额和未担保余值的总和。

租赁投资净额=租赁投资总额现值

=租赁期开始日出租人尚未收到的租赁收款额现值+未担保余值现值

融资租赁资产反映出租人为获取租赁资产而付出的成本。在未融资租赁期间,出租人企业对于租赁资产应按固定资产或其他适用准则进行会计处理。

综上所述,在租赁期开始日,出租人对融资租赁所做的会计处理如下:

借:应收融资租赁款——租赁收款额
　　　　　　　　　——未担保余值
　贷:应收融资租赁款——未实现融资收益
　　　融资租赁资产(融资租赁资产账面价值)
　　　资产处置损益(终止确认资产的利得或损失)
　　　银行存款(初始直接费用)

出租人要求承租人以提交租赁保证金金为合同成立的前提条件,在出租人收到租赁保证金时,应借记"银行存款",贷记"其他应收款——租赁保证金"。如果承租人将保证金用来抵押租金时,应借记"其他应收款——租赁保证金",贷记"应收融租赁款"。

2. 融资租赁的后续计量

融资租赁的后续计量要从两方面去考虑。一方面,出租人根据固定的周期利率计算确认租赁期间利息收入。固定的周期利率指的是出租人的内含报酬率,如果是转租情况,无法确定内含利率,应采用原租赁折现率。如果发生了租赁变更,应采用修订后的利率。另一方面,收到租赁时应终止确认应收融资租赁款,如果发生了减值,应确认信用减值损失。

根据准则规定,出租人应定期复核未担保余值,如果预计未担保余值出现降低的情况,出租人应及时修改收益分配并计算预计减少额。此外,对于未纳入租赁投资净额的可变租赁付款额,应在实际发生时计入当期损益。

【例 7—13】 万通公司向金陵公司租赁一台设备用于生产产品,合同的主要条款如下:

(1)租赁期:2015 年 1 月 1 日至 2020 年 12 月 31 日,共 6 年。

(2)每年 12 月 31 日,万通公司需要向金陵公司支付 210 000 元租金,如果万通公司每次都可以及时在 12 月 31 日支付租金,金陵公司可以给予 10 000 元的租赁奖励。

(3)该设备在租赁期开始日的公允价值为 1 000 000 元,账面价值为 900 000 元。

(4)在租赁届满时,万通公司可以以 1 000 元价格购买该设备,估计该日设备公允价值为 20 000 元。

(5)如果在 2016 年和 2017 年这两年里,万通公司用该设备生产的产品销售超过

1 000 000 元，需要在年底向金陵公司支付超过部分的 5%作为分享收入。

（6）担保余值和未担保余值均为 0。

其他资料：

（1）为签订合同出租人发生初始直接费用为 10 000 元，以银行存款支付。

（2）2016 年和 2017 年，万通公司该设备生产出的产品销售分别为 1 350 000 元和 1 420 000 元。

（3）全新设备使用寿命为 7 年，采用年限平均法计提折旧。

根据上述资料，金陵公司的有关会计处理如下：

①在租赁开始日，判断租赁类型

一方面，在租赁届满时租赁资产的公允价值为 20 000 元，承租人可以以 1 000 元购买该资产，购买价仅为资产公允价值的 5%，因此可以合理确定在租赁期届满时承租人会行使购买资产的权利。另一方面，全新设备使用寿命为 7 年，租赁期占使用寿命的 85.71%。综上所述，该租赁业务为融资租赁。

②相关计算

租赁收款额＝（210 000－10 000）×6＋1 000＝1 201 000（元）

由于未担保余值为 0，所以租赁投资总额为 1 201 000 元。

计算租赁投资净额现值，需要计算租赁内含利率，计算公式如下：

（210 000－10 000）×（P/A，I，6）＋1 000×（P/F，I，6）＝1 000 000＋10 000＝1 010 000

根据内插法，解得利率为 5.19%。

租赁投资净额＝（210 000－10 000）×（P/A，5.19%，6）＋1 000×（P/F，5.19%，6）＝1 010 000（元）

未实现融资收益＝租赁投资总额－租赁投资净额

＝1 201 000－1 010 000

＝191 000（元）

③2015 年会计处理

2015 年 1 月 1 日，终止确认融资租赁资产，确认应收融资租赁款：

借：应收融资租赁款——租赁收款额　　1 201 000

　贷：应收融资租赁款——未确认融资收益　　191 000

　　银行存款　　10 000

　　融资租赁资产　　900 000

　　资产处置损益　　100 000

对于租赁期内各期利息收入的计算见表 7－7。

表 7－7　　租赁期内各期利息收入计算表　　单位：元

日　期	租赁投资净额期初余额（1）＝上一期（4）	收到的租金（2）	利息收入（3）	租赁投资净额期末余额（4）＝（1）＋（3）－（2）
2015 年 1 月 1 日				1 010 000.00
2015 年 12 月 31 日	1 010 000.00	200 000.00	52 419.00	862 419.00

续表

日　期	租赁投资净额期初余额(1)＝上一期(4)	收到的租金(2)	利息收入(3)	租赁投资净额期末余额(4)＝(1)＋(3)－(2)
2016年12月31日	862 419.00	200 000.00	44 759.55	707 178.55
2017年12月31日	707 178.55	200 000.00	36 702.57	543 881.11
2018年12月31日	543 881.11	200 000.00	28 227.43	372 108.54
2019年12月31日	372 108.54	200 000.00	19 312.43	191 420.98
2020年12月31日	191 420.98	200 000.00	9 579.02※	1 000.00

※最后一年利息收入作尾数调整：9 579.02＝200 000＋1 000－191 420.98

2015年12月31日收到租金，确认利息收入：

借：银行存款　　200 000

　贷：应收融资租赁款——租赁收款额　　200 000

借：应收融资租赁款——未实现融资收益　　52 419

　贷：租赁收入　　52 419

④2016年会计处理

2016年12月31日收到租金，确认利息收入：

借：银行存款　　200 000

　贷：应收融资租赁款——租赁收款额　　200 000

借：应收融资租赁款——未实现融资收益　　44 759.55

　贷：租赁收入　　44 759.55

2016年12月31日收到可变租赁付款额

借：银行存款　　17 500

　贷：租赁收入　　17 500

⑤2017年会计处理

2017年12月31日收到租金，确认利息收入：

借：银行存款　　200 000

　贷：应收融资租赁款——租赁收款额　　200 000

借：应收融资租赁款——未实现融资收益　　36 702.57

　贷：租赁收入　　36 702.57

2017年12月31日收到可变租赁付款额

借：银行存款　　21 000

　贷：租赁收入　　21 000

⑥2018年会计处理

2018年12月31日收到租金，确认利息收入：

借：银行存款　　200 000

　贷：应收融资租赁款——租赁收款额　　200 000

借：应收融资租赁款——未实现融资收益　　28 227.43

贷：租赁收入 28 227.43

⑦2019 年会计处理

2019 年 12 月 31 日收到租金，确认利息收入：

借：银行存款 200 000

贷：应收融资租赁款——租赁收款额 200 000

借：应收融资租赁款——未实现融资收益 19 312.43

贷：租赁收入 19 312.43

⑧2020 年会计处理

2020 年 12 月 31 日收到租金，确认利息收入：

借：银行存款 200 000

贷：应收融资租赁款——租赁收款额 200 000

借：应收融资租赁款——未实现融资收益 9 579.02

贷：租赁收入 9 579.02

3. 融资租赁变更会计处理

融资租赁变更同样也是分为两种情况，作为一项单独租赁和未作为一项单独租赁。

第一种情况：通过增加一项或多项使用权资产而使租赁范围扩大或延长租赁期限，同时增加的租赁对价相当于新增使用权范围的单独价格或者延长使用期限的单独价格，变更的租赁业务应属于一项单独租赁。

第二种情况：未满足上述条件的租赁变更应按照未作为一项单独租赁进行会计处理。如果变更在租赁开始日生效且被分类为经营租赁的，出租人应该在变更生效日作为一项新的租赁进行会计处理，并以生效日前租赁投资净额作为租赁资产的账面价值。如果变更在租赁开始日生效且被分类为融资租赁的，出租人应当按照金融工具准则修改或重新议定租赁合同。

三、出租人对经营租赁的会计处理

在经营租赁下，出租人不转移租赁资产的所有权，因此需对租赁资产继续确认折旧减值，无需对其终止确认。

租金收入：在租赁期内，出租人通过直线法或其他合理方法将租赁收款额分期确认租赁收入。如果出租人对承租人提供免租期的，租金总额按直线法或其他合理方法在整个租赁期内进行分摊，不应扣除免租期间。例如，承租人每月要支付 5 000 元租金，需支付 20 个月，但是出租人给予了 2 个月的免租期，出租人每月应确认的收入为 4 500 元(5 000×18÷20)。如果出租人承担了承租人某些费用，与承租人相反，出租人应在租金总额中扣除，按照扣除后的金额进行合理分摊。

初始直接费用：出租人发生的初始直接费用，应当予以资本化。在租赁期内按照收入分配标准分期计入当期损益。当出租人支付初始直接费用时应先计入长期待摊费用，在分摊的时候转入管理费用等。

可变租赁付款额：取决于指数或比率的可变租赁付款额，应在租赁期开始日计入租赁收款额。但是对于未计入租赁收款额的，应在实际发生时确认当期损益。

折旧和减值：租赁资产如果是固定资产，出租人应按照固定资产折旧准则进行折旧；如果是其他资产，出租人应当选择相适应的准则进行合理的摊销。

出租人应当按照《企业会计准则第 8 号——资产减值》对租赁资产进行合理判断，对减值损失进行会计处理。

第四节　特殊租赁业务的会计处理

一、转租赁

转租赁是指原承租人在租赁业务有效的情况下，将标的资产转租给其他第三人的租赁。其关系如图 7—2 所示。

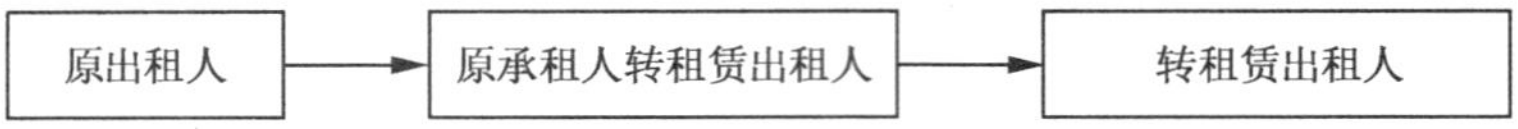

图 7—2　转租赁关系

由此可见，原承租人和转租赁出租人为同一人，但是由其签订的原租赁合同和转租赁合同交易对象不同，所以转租赁出租人应将原租赁合同和转租赁合同分开处理，即分别按照承租人和出租人的原则进行会计处理。

作为出租人时，要先对合同进行分类处理，判断转租赁业务为经营租赁还是融资租赁。由于转租赁出租人不拥有租赁资产的所有权，所以要基于使用权资产对其进行分类。如果原租赁业务是选择进行简化处理短期租赁，转租赁出租人应直接将转租赁业务划分为经营租赁。

(一)划分为融资租赁

转租赁出租人将转租赁业务划分成为融资租赁时，应进行以下会计处理：

1. 在转租赁当日，出租人应注销原租赁合同中的使用权资产，并确认转租赁合同中应收的债权，将使用权资产和应收融资租赁款的差额计入当期损益。

2. 在转租期间，原租赁业务中租赁负债保持不变。转租赁出租人仍要支付原业务中租赁付款额，同时逐期计算利息费用。

3. 在转租期间，应按期确认收回的应收租赁款，同时逐期计算利息收入。

【例 7—14】　万通公司与金陵公司签订为期 10 年的房屋租赁合同，在第四年年初，万通公司将该房屋转租给南方公司，期限为原租赁剩余 7 年。假设原租赁合同每年年底支付 3 000 000 元，承租人增量利率为 6%。转租赁合同约定，每年年底南方公司需支付 4 000 000 元的租金，承租人若撤销合同，撤销造成的损失由承租人承担。

第四年年初，万通公司与原租赁有关的账户："使用权资产"借方余额为 20 050 000 元，"使用权资产累计折旧"贷方余额为 520 000 元。租赁负债的摊余成本为 1 637 091 元。

万通公司转租赁会计处理如下：

①判断租赁类型

转租赁期限覆盖了原租赁的剩余期限，此外南方公司承担转租赁业务的撤销损失，因此转租赁业务应被划分为融资租赁。

②转租赁日，会计处理

由于不清楚出租资产内含报酬率，因此采用原租赁合同利率。

租赁投资净额＝4 000 000×(P/A,6%,7)

＝4 000 000×5.582

＝22 328 000(元)

借：应收融资租赁款　　22 328 000

　　使用权资产累计折旧　　520 000

　　贷：使用权资产　　20 050 000

　　　　资产处置损益　　2 798 000

③转租当年，会计处理

借：财务费用　　98 225

　　贷：租赁负债　　98 225

借：租赁负债　　3 000 000

　　贷：银行存款　　3 000 000

借：应收融资租赁款　　1 339 680

　　贷：租赁收入　　1 339 680

借：银行存款　　4 000 000

　　贷：应收租赁款　　4 000 000

(二)划分为经营租赁

转租赁出租人将转租赁业务划分为融资租赁时，应进行以下会计处理：

1. 继续保留原租赁业务中的使用权资产和租赁负债。

2. 对使用权资产进行折旧，同时逐期计算原租赁的利息费用。

3. 确认收到的租赁收款额。

【例 7—15】 沿用【例 7—14】资料，假设转租赁期限为两年，对资产继续采用直线法，每年年底收取租金仍为 4 000 000 元。

万通公司转租赁会计处理如下：

转租赁期限覆盖了仅为 2 年，基于对使用权资产的分类，结合其他因素应将转租赁划分为经营租赁。

借：管理费用等　　173 333.33(520 000÷3)

　　贷：使用权资产累计折旧　　173 333.33

借：财务费用　　98 225

　　贷：租赁负债　　98 225

借：租赁负债　　3 000 000

　　贷：银行存款　　3 000 000

借：银行存款　　4 000 000

　　贷：租赁收入　　4 000 000

二、生产商或经销商作为出租人的融资租赁

生产商或经销商作为出租人的融资租赁，是指生产商将生产的产品或经销商将经销的

产品出租给客户且该交易划分为融资租赁。出租人一方面要核算应收融资租赁并依据内含报酬率确认利息收入，另一方面要确认相关损益。

对于核算应收融资租赁并依据折现率确认利息收入按照出租人融资租赁相关准则进行会计处理。确认损益的部分要从两部分去计量。首先，在租赁期开始日，出租人应选取资产公允价值与按市场利率折现的租赁收款额较低者作为租赁收入；销售成本是将租赁资产账面价值扣除未担保余值现值的余额。其次，未取得融资租赁所发生的成本或者经销商赚取的利得应计入当期损益。

【例 7－16】 万通公司是一家生产设备的企业，作为生产商与金陵公司签订一份设备租赁合同。合同主要协议如下：

(1)租赁期从 2018 年 1 月 1 日到 2020 年 12 月 31 日，共 3 年。

(2)金陵公司每年年底需向万通公司支付 100 000 元。

(3)租赁的合同利率为 6%。

(4)该设备 2018 年 1 月 1 日公允价为 280 000 元，账面价值为 220 000 元。

(5)万通公司为取得该租赁发生相关成本 5 000 元。

(6)该设备在 2018 年 1 月 1 日交付给金陵公司，预计使用寿命为 7 年。租赁届满时金陵公司可以选择以 200 元价格购买此设备，预计租赁届满时设备的公允价为 50 000 元。租赁期内对于设备的维修等费用均由金陵公司承担。

万通公司会计处理如下：

①判断租赁类型

在租赁届满时金陵公司可以以 200 元的价格购买价值 50 000 元的设备，购买价远低于资产的公允价，因此可以合理确定租赁届满时金陵公司会行使购买权。此外，对于租赁期内的维修等费用由金陵公司承担，设备所有权的风险和报酬实际上已经转移给金陵公司。综合考虑，应判断该租赁为融资租赁。

②相关计算

租赁收款额＝100 000×3＋200＝300 200(元)

租赁收款额现值＝100 000×(P/A,6%,3)＋100×(P/F,6%,3)

＝100 000×2.673＋100×0.839 6

＝267 383.96(元)

收入应按资产公允价值与租赁收款额现值就低入账，应为 267 383.96 元。

销售成本＝账面价值－未担保余值的现值＝220 000－0＝220 000(元)

③租赁期开始日会计处理

借：应收融资租赁款——租赁收款额	300 200	
贷：主营业务收入		267 383.96
应收融资租赁款——未实现融资收益		32 816.04
借：主营业务成本	220 000	
贷：库存商品		220 000
借：销售费用	5 000	
贷：银行存款		5 000

④2018 年 12 月 31 日会计处理

注意：如果出租方是以资产公允价值确定收入和租赁投资净额，出租方需要重新计算内含利率。此题是按市场利率折现的租赁资产收款额确定收入和租赁投资净额，因此无需重新计算内含报酬率。

借：应收融资租赁款——未实现融资收益　　16 043.04

　　贷：租赁收入　　16 043.04

借：银行存款　　100 000

　　贷：应收融资租赁款——租赁收款额　　100 000

2019 年、2020 年的账务处理以此类推。

三、售后租回

售后租回是指卖方企业将资产转让给买方企业后，再从买方企业租回该资产的交易。其关系如图 7—3 所示。

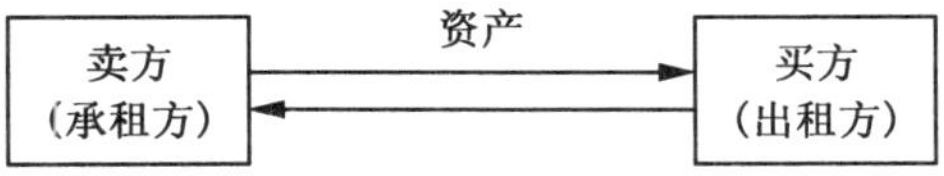

图 7—3　售后租回关系

售后租回交易中，卖方是承租方，买方是出租方；整个交易包括了转让和租赁两个业务。双方企业应先按照《企业会计准则第 14 号——收入》评估资产转让是否为销售，再在此基础上做不同的会计处理。

一般情况下标的资产转移，作为卖方会优先获得该资产的法定所有权。但是值得注意的是，如果卖方将标的资产转移给买方之前未拥有对该资产的控制权，即使卖方取得了标的资产的法定所有权，也不能将该交易定义为售后租回。

（一）资产转让属于销售的售后租回会计处理

在租赁期开始日，卖方兼承租方应按使用权资产的租赁付款额现值占租赁资产公允价值的比例分配租赁资产的账面价值作为售后租回所形成的使用权资产，与此同时，还要计算将资产转让至买方所获得的相关利得。买方兼出租方应根据其他相关准则对资产进行购买处理，并根据本章《企业会计准则第 21 号——租赁》对租赁资产进行会计处理。

如果销售对价的公允价值不与标的资产的公允价值相同，或者承租人未按市场价格支付租金，双方企业应做以下调整：

1. 作为承租人应做的调整

（1）如果销售对价低于市场价格，差额作为预付租金。

（2）如果销售对价高于市场价格，差额作为出租方向承租方提供的额外融资。

（3）按照公允价值调整相关利得或损失。

2. 作为出租人应做的调整

出租人应该按照市场价格调整租赁收入。

企业在进行调整时，应当选择以下两个项目中较为确定的：销售对价的公允价值和资产公允价值的差异，租赁合同中的租赁付款额现值和按市场价格收取租赁计算的租赁付款额的差异。

【例7—17】 万通公司向金陵公司出售一栋写字楼，售价为50 000 000元。在出售日，该写字楼账面原值为38 000 000元，累计折旧8 000 000元。与此同时，万通公司与金陵公司又签订一份租赁合同，合同约定万通公司享有写字楼20年的使用权（出售日，写字楼全部剩余50年使用年限），每年年末万通公司需支付2 800 000元租金。根据交易条款和条件可知，万通公司转让写字楼属于销售行为。假设写字楼在销售日公允价值为45 000 000元，两家公司租赁内含利率均为5%。

万通公司的售价并非写字楼的公允价值，所以对于万通公司和金陵公司都需要进行调整。销售价格超过公允价值45 000 000元，因为金陵公司向万通公司提供了额外融资。

租赁付款额现值＝2 800 000×(P/A,5%,20)
＝2 800 000×12.462 2
＝34 894 160(元)

租赁付款额现值包括两部分：一部分是向承租人提供的额外融租，另一部分则是与租赁相关的租赁付款额现值。

(1)万通公司会计处理

使用权资产＝租赁资产的账面价值×(与租赁相关的租赁付款额现值÷租赁资产公允价值)＝(38 000 000－8 000 000)×[(34 894 160－5 000 000)÷45 000 000]＝19 929 440(元)

出售资产全部利得＝45 000 000－30 000 000＝15 000 000(元)

与转让资产相关利得＝15 000 000－15 000 000×[(34 894 160－5 000 000)÷45 000 000]＝5 035 280(元)

①租赁期开始日，与额外融资有关的会计处理：

借：银行存款	5 000 000	
贷：长期应付款		5 000 000

②租赁期开始日，与租赁有关的会计处理：

借：银行存款	45 000 000	
使用权资产	19 929 440	
累计折旧	8 000 000	
租赁负债——未确认融资费用	18 081 575	
贷：固定资产		38 000 000
租赁负债——租赁付款额		47 975 735
资产处置损益		5 035 280

计算：租赁负债——租赁付款额＝(34 894 160－5 000 000)÷12.462 2×20＝47 975 735(元)

租赁负债——未确认融资费用＝47 975 735－34 894 160＝18 081 575(元)

③第一年年末，与额外融资有关的会计处理：

借：财务费用	250 000	
长期应付款	151 213	
贷：银行存款		401 213

计算：财务费用＝5 000 000×5%＝250 000(元)

银行存款＝5 000 000÷12.462 2＝401 213(元)

长期应付款＝401 213－250 000＝151 213(元)

④第一年年末，与租赁有关的会计处理：

借：财务费用　　1 494 708

　租赁负债——租赁付款额　　2 398 787

　贷：租赁负债——未确认融资费用　　1 494 708

　　银行存款　　2 398 787

计算：租赁负债——租赁付款额＝(34 894 160－5 000 000)÷12.4622＝2 398 787(元)

租赁负债——未确认融资费用＝(34 894 160－5 000 000)×5%＝1 494 708(元)

⑤使用权资产累计折旧

借：制造费用等　　996 472

　贷：使用权资产累计折旧　　996 472

以后各年以此类推。

(2)金陵公司会计处理

考虑到租赁期占剩余使用年限的比例，金陵公司应将租赁划分为经营租赁。

①租赁期开始日

借：固定资产　　45 000 000

　长期应收款　　5 000 000

　贷：银行存款　　50 000 000

②第一年年末确认租赁收入和利息收益

借：银行存款　　2 800 000

　贷：租赁收入　　2 398 787

　　利息收入　　250 000

　　长期应收款　　151 213

以后各年以此类推。

(二)资产转让不属于销售的售后租回会计处理

在租赁期开始日，卖方兼承租方一方面应继续对资产进行后续计量，另一方面对收到的转让金额确认为金融负债。买方兼出租方一方面对收到的资产不予以确认，另一方面对支付的金额确认为金融资产。

第五节　列报与披露

一、承租人的列报与披露

(一)承租人的列报

1. 在资产负债表中，承租人应单独列示使用权资产和租赁负债。“使用权资产”科目的账面价值应是“使用权资产”期末余额减去“使用权资产累计折旧”和“使用权资产减值准备”后的金额。“租赁负债”科目表示资产负债表日承租人尚未支付的租赁付款额余额，其中租赁负债包括非流动负债和1年内到期的非流动负债。

2. 在利润表中，承租人应分别列示因租赁负债引起的利息费用和对使用权资产进行后续计量的折旧费用。利息费用应在财务费用中列示，折旧费用应根据使用权资产的性质决定具体有哪些费用。对于金融企业，财务报表中没有财务费用这一项，因此要将费用在“业务及管理费用”中列示。

3. 在现金流量表中，应将偿还本金和支付利息的现金计入筹资活动现金流出；对短期租赁和低价值资产进行简化处理而支付的相关付款额以及没有纳入租赁负债的可变租赁付款额计入经营活动现金流出。

(二)承租人的披露

1. 各类使用权资产的期初余额、本期增加额、累计折旧额、减值金额和期末余额。

2. 租赁负债的利息费用。

3. 选择简化处理的短期租赁费用和低价值资产租赁费用。

4. 没有纳入租赁负债的可变租赁付款额。

5. 转租赁获得的收入。

6. 与租赁相关的现金总流出。

7. 售后租回业务产生的相关损益。

8. 按照《企业会计准则第37号——金融工具列报》应当披露的有关租赁负债的信息。

(三)其他定量和定性信息

承租人应当根据财务报表的需要，披露相关定量和定性的信息。

1. 租赁活动的性质。例如，租入资产的类别、数量、使用期限等基本情况。

2. 没有纳入租赁负债计量的未来潜在现金流出。例如，可变租赁付款额、担保余值、续租或终止租赁选择权等。

3. 由租赁导致的限制或承诺。例如，承租人要维持特定比率的条款等。

4. 售后租回交易。

5. 其他相关信息。

二、出租人的列报与披露

(一)出租人的列报

在资产负债表中，出租人应当根据资产的性质，列示经营租赁资产。

(二)出租人的披露

1. 与融资租赁相关的信息

(1)销售损益、租赁投资净额的融资收益以及没有纳入租赁投资净额的可变租赁付款额相关收入。

(2)资产负债表日后连续5个会计年度每年收到未进行折现的租赁收款额和剩余年度将要收到未进行折现的租赁收款额总额。

(3)没有进行折现的租赁收款额与租赁投资净额的调节表。

2. 与经营租赁相关的信息

(1)租赁收入、并单独披露与未纳入租赁收款额计量的可变租赁付款额的相关收入。

(2)将经营租赁租入的固定资产与出租人自由固定资产分开，并按经营租赁固定资产的类别提供《企业会计准则第 4 号——固定资产》要求披露的信息。

(3)资产负债表日后连续 5 个会计年度每年收到未进行折现的租赁收款额和剩余年度将要收到未进行折现的租赁收款额总额。

(三)其他定量和定性信息

出租人应当根据财务报表的需要,披露相关定量和定性的信息。

1. 租赁活动的性质。例如,租出资产的类别、数量、使用期限等基本情况。

2. 对其在租赁资产户保留的权利进行风险管理的情况。例如,出租人回购协议、担保余值等条款用以降低风险等方式。

3. 其他相关信息。

本章习题

一、单项选择题

1. 下列各项是租赁合同本质特点的是(　　)。

A. 资产所有权的转移　　B. 资产使用权的转移

C. 出租人进行投资　　D. 承租人进行融资

2. 承租人在计算租赁付款额现值时,所选取的折现率,应首选(　　)。

A. 同期银行贷款利率　　B. 承租人抵押利率

C. 租赁内含报酬率　　D. 类似合同利率

3. 租赁双方对租赁业务进行初始确认的时间为(　　)。

A. 租赁期开始日

B. 租赁开始日

C. 租赁届满日

D. 租赁期开始日与租赁开始日较早日

4. 承租人在租赁期内支付的技术咨询费、人员培训费、保险费等属于(　　)。

A. 租赁资产的入账价值　　B. 初始直接费用

C. 或有租金　　D. 履约成本

5. 对于简化处理的短期租赁和低价值资产租赁的租赁款额分摊,应采用的方法是(　　)。

A. 直线法　　B. 年数总和法

C. 实际利率法　　D. 双倍余额递减法

6. 对承租人取决于指数或比率的可变租赁付款额会计处理,错误的是(　　)。

A. 取决于消费者价格指数的可变租赁付款额计入租赁负债

B. 取决于基准利率的可变租赁付款额计入租赁负债

C. 取决于销售量的可变租赁付款额计入租赁负债

D. 取决于市场租金率的可变租赁付款额计入租赁负债

7. 2020 年,甲公司以经营租赁出租办公室一间,合同约定租赁期为 5 年,第一年免租金,以后每年租金为 10 万元,甲公司在第一年应确认租金收入(　　)。

A. 0 元　　B. 8 万元　　C. 10 万元　　D. 12 万元

8. 下列哪项适用《企业会计准则第 21 号——租赁》(　　)。
A. 承租人承租 100 只母猪
B. 出租人授予制作奶茶的知识产权
C. 承租人通过许可使用协议取得电影版权
D. 承租人将承租的办公楼进行转租

二、多项选择题

1. 对于出租人而言,下列哪项判断为融资租赁(　　)。
A. 租赁届满日,承租人可以以 100 元价格购买公允价值 100 000 元的租赁资产
B. 租赁到期后,其他公司可以直接使用该租赁资产无需进行修整
C. 租赁资产为全新设备,且租赁期占租赁使用寿命的 95%
D. 租赁资产为承租人量身定做的,其他人无法直接使用

2. 在融资租赁业务中,租赁资产余值为 20 万元,其中承租人担保余值为 5 万元,承租人母公司担保余值为 4 万元,担保公司担保余值为 6 万元。下列哪项是正确的(　　)。
A. 出租人担保余值为 15 万元　　B. 出租人担保余值为 5 万元
C. 未担保余值为 15 万元　　D. 未担保余值为 5 万元

3. 租赁付款额包括(　　)。
A. 固定付款额及实质固定付款额
B. 或有租金
C. 合理确定承租人行使购买租赁资产的价格
D. 承租人提供的担保余值

4. 使用权资产包括(　　)。
A. 租赁负债初始计量金额
B. 承租人发生的初始直接费用
C. 租赁期开始日支付的租赁付款额
D. 将租赁资产恢复至合同约定状态将要发生的成本

三、判断题

1. 在租赁期开始日,承租人对租赁业务区分融资租赁和经营租赁。(　　)
2. 承租人要对租赁资产进行折旧处理。(　　)
3. 租赁变更时,承租人必须重新调整租赁负债和使用权资产账面价值。(　　)
4. 在租赁业务中出租人拥有实质替换权,可以随意替换合同资产。(　　)
5. 基于同一商业目的而订立一揽子交易,可以将多份租赁合同合并。(　　)
6. 在转租赁中,原承租人要对租赁业务区分融资租赁和经营租赁。(　　)

四、综合题

甲与乙签订一份设备租赁合同,其合同主要条款如下:
(1)租赁期至 2015 年 1 月 1 日至 2020 年 12 月 31 日,租赁期 6 年。
(2)每年年末甲需支付 100 000 元租金。

(3)租赁的内含利率为5%。

(4)该设备全新时使用年限为7年,租赁期开始日该资产公允价值为账面价值为480 000元,公允价值为506 770元。

(5)期满后承租人会将设备退还给出租人。

其他资料:

(1)甲、乙公司初始直接费用分别为1 000元和800元,均由银行存款支付。

(2)甲公司对该资产使用年限平均法。

要求:做出甲、乙公司的会计处理。

第八章

所得税会计

导读案例

A 公司是一家生产天然植物提取物产品以及天然中草药提取物产品的天然健康产品公司。A 公司 2018 年 12 月购进了一批生产设备，其入账价值为 200 万元，预计每年的税前扣除折旧前营业利润为 1 200 万元。预估该设备能使用 10 年，预计残值率为 5%，预计净残值为 200×5%=10 万元。按照 A 公司原会计政策，采用的是平均年限法计算折旧。但 A 公司属于高新技术型企业，且该生产设备经过有关部门核实，属于 A 公司中技术进步、产品更新换代较快的固定资产，根据《中华人民共和国企业所得税法实施条例》的第九十八条规定，可以采取加速折旧法来计提每年的折旧额。假定税法要求，按年数总和法对该设备计提折旧。

请思考：

2019 年 12 月 31 日，A 公司该设备的折旧方法对年度所得税的申报有什么影响？应该怎么进行账务处理？

学习目标

1. 理解会计利润与应纳税所得之间的差异。
2. 理解和运用资产、负债的计税基础。
3. 掌握暂时性差异的概念与产生。
4. 掌握所得税的会计处理方法（资产负债表债务法）。

第一节　所得税会计概述

为了规范企业所得税的确认、计量和相关信息的列报，根据《企业会计准则——基本准则》,制定《企业会计准则第 18 号——所得税》。《企业会计准则》所称所得税包括企业以应纳税所得额为基础的各种境内和境外税额。《企业会计准则》不涉及政府补助的确认和计量,但因政府补助产生暂时性差异的所得税影响,应当按照《企业会计准则》进行确认和计量。

《企业会计准则》和《所得税税法》是基于不同的目的、遵循不同的原则分别制定的,二者在资产与负债的计量标准、收入与费用的确认原则等诸多方面存在着一定的分歧,导致企业在一定期间按《企业会计准则》的要求确认的会计利润往往不等于按税法规定计算的应纳税所得额。所得税会计是研究如何处理会计利润和应纳税所得额之间差异的会计理论与方法。

一、会计利润与应纳税所得额之间的差异

会计利润是指企业根据《企业会计准则》要求,采用一定的会计程序与方法确定的所得税前利润总额,其目的是向财务报告使用者提供关于企业经营成果的会计信息,为其决策提供相关、可靠的依据;应纳税所得额是指按照所得税法的要求,以一定期间应税收入扣减税法准予扣除的项目后计算得出的应税所得,其目的是为企业进行纳税申报和国家税收机关对企业的经营所得征税提供依据。由于会计利润与应纳税所得额的确定依据和目的不同,因此,二者之间往往存在一定的差异,这种差异按其性质可以分为永久性差异和暂时性差异两个类型。

1. 永久性差异

永久性差异是指某一会计期间,由于会计准则和税法在计算收益、费用或损失时的口径不同所产生的税前会计利润与应纳税所得额之间的差异。永久性差异的特点是在本期发生,不会在以后各期转回。常见的永久性差异,诸如国债利息收入、罚款捐赠、非公益性捐赠、直接捐赠、超标的业务招待费、超标的职工薪酬、超标的借款利息、企业支付的违法经营罚款、税收滞纳金等。比如,企业购买国债取得的利息收入,在会计核算上作为投资收益,计入当期利润表,但是根据税法的规定,不属于应税收入,不计入应纳税所得额。

2. 暂时性差异

暂时性差异是指资产、负债的账面价值与其计税基础不同产生的差异,该差异的存在将影响未来期间的应纳税所得额。暂时性差异也叫时间性差异,是由于会计准则与税法对收益和费用损失的确认时间不同而产生的税前会计利润与应纳税所得额之间的差异。暂时性差异的特点是发生于某一会计期间,但在以后一期或若干期内能够转回。常见的暂时性差异有:(1)需要折旧或摊销的固定资产、无形资产或投资性房地产;(2)计提减值准备的各项资产;(3)公允价值计量的投资性房地产、交易性金融资产和可供出售金融资产;(4)采用权益法核算的长期股权投资;(5)因计提产品质量保证、赔偿损失、担保损失等原因确认的预计负债;(6)可税前弥补的亏损等。

例如,按照《企业会计准则》的规定,交易性金融资产期末应以公允价值计量,公允价值的变动计入当期损益;但是按照税法规定,交易性金融资产在持有期间的公允价值变动不计入应纳税所得额,待处置交易性金融资产时,按实际取得成本从处置收入中扣除,因而其计税基础保持不变,仍为初始投资成本,由此产生了交易性金融资产的账面价值与其计税基础之间的差异,该差异将会影响处置交易性金融资产期间的应纳税所得额。

特别注意：永久性差异的特点是在本期发生，不会在以后各期转回；暂时性差异的特点是发生于某一会计期间，但在以后一期或若干期内能够转回。

二、所得税的会计处理方法

（一）应付税款法和纳税影响会计法

1. 应付税款法

应付税款法是指企业不确认暂时性差异对所得税的影响金额，按照当期计算的应交所得税确认当期所得税费用的方法。在这种方法下，当期确认的所得税费用等于当期应交所得税。应付税款法下，不需要区分永久性差异和暂时性差异，本期发生的各类差异对所得税的影响金额，均在当期确认为所得税费用或抵减所得税费用。

应付税款法的会计处理比较简单，但不符合权责发生制原则。因此，我国《企业会计准则》不允许采用这种方法。

2. 纳税影响会计法

纳税影响会计法是指企业确认暂时性差异对所得税的影响金额，按照当期应交所得税和暂时性差异对所得税影响金额的合计确认所得税费用的方法。它是将企业确认的时间性差异对所得税影响的金额，按当期应交的所得税金额与时间性差异造成影响的金额两者合计，然后确认当期所得税费用的一种方法。与传统的应付税款法相比较，这种方法更加贴合收入与费用相配比的原则要求。这种方法在会计处理中，是将应交所得税进行跨期摊销分配的一种方法，因为它是以权责发生制为基础的，在这个基础上确认每个会计期间的所得税费用。

（二）递延法和债务法

在采用纳税影响会计法进行所得税的会计处理时，按照税率变动是否需要对已入账的递延所得税项目进行调整，又可以分为递延法和债务法两种具体处理方法。

1. 递延法

递延法是指在产生暂时性差异时，均按当期的适用税率计算对所得税的影响金额并作为递延所得税项目确认入账，在税率发生变动的情况下，不需要按未来适用税率调整已入账的递延所得税项目，待转回暂时性差异对所得税的影响金额时，按照原确认递延所得税项目时的适用税率计算并予以转销的一种会计处理方法。采用递延法进行会计处理，递延所得税项目的账面余额不能完全代表企业外来收款的权利或付款的义务，不符合资产或负债的定义，因而只能将其视为一项递延所得税借项或贷项。鉴于递延法的不足，我国《企业会计准则》不允许采用这种方法进行所得税的会计处理。

2. 债务法

债务法是指在产生暂时性差异时，均按当期的适用税率计算确认对所得税的影响金额并作为递延所得税项目确认入账，在税率发生变动的情况下，需要按未来转回暂时性差异对所得税的影响金额期间的适用税率调整已入账的递延所得税项目，待转回暂时性差异对所得税的影响金额时，均按转回期间适用税率计算并予以转销的一种会计处理方法。采用债务法进行会计处理，递延所得税项目的账面余额所代表的是企业未来收款的权利或付款的义务，符合资产或负债的定义，因而可以分别称为递延所得税资产或递延所得税负债。

(三)利润表债务法和资产负债表债务法

1. 利润表债务法

利润表债务法是从利润表出发,将暂时性差异对未来所得税的影响看作本期所得税费用的一部分,首先据以确定本期的所得税费用,并在此基础上倒推出递延所得税负债或递延所得税资产的一种方法。利润表债务法以"收入费用观"为理论基础,其主要目的是合理确认利润表中的所得税费用,递延所得税资产或递延所得税负债是由利润表间接得出来的。

由于这种方法混淆了资产和负债的内涵,因此,我国《企业会计准则》已不再允许采用利润表债务法。

2. 资产负债表债务法

资产负债表债务法是从资产负债表出发,通过分析暂时性差异产生的原因及其性质,将其对未来所得税的影响分别确认为递延所得税负债和递延所得税资产,并在此基础上倒推出各期所得税费用的一种方法。资产负债表债务法以"资产负债观"为理论基础,其主要目的是合理确认资产负债表中的递延所得税资产和递延所得税负债,所得税费用是由资产负债表间接得出来的。资产负债表债务法下,将递延所得税资产和递延所得税负债区分开来,使资产负债表可以清晰地反映企业的财务状况,有利于财务报表使用者的正确决策。

综上所述,所得税的会计处理方法包括应付税款法和纳税影响会计法,其中纳税影响会计法又分为递延法和债务法,而债务法进一步又分为利润表债务法和资产负债表债务法。我国现行《企业会计准则》只允许采用资产负债表债务法进行所得税的会计处理。

三、资产负债表债务法的基本核算程序

资产负债表债务法进行所得税核算,企业一般应于每一资产负债表日进行所得税的相关会计处理。如果发生企业合并等特殊交易或事项,则应在确认该交易或事项取得的资产、负债的同时,确认相关的所得税影响。其核算基本程序如下:

第一步,确定资产和负债账面价值。

资产和负债账面价值,是指按照《企业会计准则》相关规定在企业资产负债表日对资产、负债进行会计处理后确定的在资产负债表中列示的金额,而非原账面价值。

第二步,确定每项资产或负债的计税基础。

资产和负债的计税基础应按照《企业会计准则》中要求的对资产和负债计税基础的确定方法,以使用的税收法规为基础进行确定。

第三步,确定递延所得税。

确定资产或负债的账面金额与其计税基础之间差额,计算暂时性差异。对于存在差异的,区分应纳税暂时性差异和可抵扣暂时性差异,按资产负债表日所得税税率计算该差异产生的递延所得税负债和递延所得税资产。如果期初递延所得税负债和递延所得税资产余额小于资产负债表日产生的递延所得税负债和递延所得税资产余额,对于两者之间的差额应进一步确认为当期的递延所得税负债和递延所得税资产;如果期初递延所得税负债和递延所得税资产的余额大于资产负债表日产生的递延所得税负债和递延所得税资产余额,对于两者之间的差额应予以转销。

第四步,确定当期应交所得税。

按照税法规定对会计利润进行调整,计算企业应纳税所得额,按适用税率计算企业应交

所得税。

第五步，计算当期利润表中所得税费用。

根据当期应交所得税和当期进一步确认或转销的递延所得税负债和递延所得税资产计算当期所得税费用。企业在计算确定当期所得税和递延所得税的基础上，将两者之和（或之差）作为利润表中的所得税费用。

第二节 资产和负债的计税基础

企业在取得资产、负债时，应当确定其计税基础。资产、负债的账面价值与其计税基础存在差异的，应当按照《企业会计准则》规定确认所产生的递延所得税资产或递延所得税负债。

一、资产的计税基础

资产的计税基础是指企业收回资产账面价值过程中，计算应纳税所得额时按照税法规定可以自应税经济利益中抵扣的金额，即某一项资产在未来期间计税时按照税法规定可予以税前扣除的金额。

通常情况下，资产在取得时入账价值与计税基础是相同的，后续计量过程中因企业会计准则与税法的规定不同，可能造成账面价值与计税基础的差异。

资产在初始确认时，其计税基础一般为取得成本，即企业为取得某项资产支付的成本在未来期间准予税前扣除。在资产持续持有的过程中，其计税基础是指资产的取得成本减去以前期间按照税法规定已经扣除的金额后的余额。

（一）固定资产

以各种方式取得的固定资产，初始确认时按照《企业会计准则》规定确定的入账价值基本上是被税法认可的，即取得时其账面价值一般等于计税基础。

固定资产在持有期间进行后续计量时，由于会计与税收规定就折旧方法、折旧年限以及固定资产减值准备的提取等方面不同，可能造成固定资产的账面价值与计税基础产生差异。

1. 折旧方法、折旧年限等产生的差异。《企业会计准则》规定，企业应当根据与固定资产有关的经济利益的预期实现方式合理选择折旧方法，比如直线法、加速折旧法。税法中除某些按规定可以加速折旧的情况外，基本上可以税前扣除的是按照直线法计提的折旧；另外，税法还就每一类固定资产的折旧年限作出了规定，而《企业会计准则》规定折旧年限是由企业根据固定资产的性质和使用情况等合理确定的。企业进行会计处理时采用的折旧方法、折旧年限与税法不同，就会导致固定资产的账面价值和计税基础之间产生差异。

【例 8—1】 金蝌蚪公司 2×18 年 12 月 15 日购入一台设备，账面原值为 1 000 万元，会计按直线法计提折旧，预计使用年限 5 年。税法规定该设备按年数总和法计提折旧，折旧年限为 7 年。预计净残值为 0。2×19 年 12 月 31 日，该设备账面价值和计税基础计算如下：

设备的账面价值＝1 000－1 000÷5＝800（万元）

设备的计税基础＝1 000－1 000×7÷28＝750（万元）

该设备的账面价值和计税基础产生了 50 万元的暂时性差异。

2. 因计提固定资产减值准备产生的差异。持有固定资产的期间内，对固定资产计提减值准备，因税法规定企业计提的资产减值准备在发生实质性损失前不允许税前扣除，因此账面价值与计税基础会产生差异。

【例 8—2】 金蝌蚪公司 2×18 年 12 月 15 日购入一台设备，账面原值为 1 000 万元，会计按直线法计提折旧，预计使用年限 5 年。税法规定该设备按年数总和法计提折旧，折旧年限为 7 年。预计净残值为 0。计提了 1 年的折旧后，2×19 年末，企业对该设备计提了 10 万元的减值准备。则 2019 年末：

该设备的账面价值＝1 000－1 000÷5－10＝790(万元)

该设备的计税基础＝1 000－1 000×7÷28＝750(万元)

该设备的账面价值和计税基础产生了 40 万元的暂时性差异。

(二)无形资产

除内部研究开发形成的无形资产以外，企业通过其他方式取得的无形资产，初始确认时按照《企业会计准则》规定确定的入账价值与按照税法规定确定的计税基础之间一般不存在差异。无形资产的账面价值与其计税基础之间的差异主要产生于企业内部研究开发形成的无形资产、使用寿命不确定的无形资产和计提无形资产减值准备。

1. 企业内部研究开发形成的无形资产导致的差异

内部研究开发形成的无形资产，其成本为开发阶段符合资本化条件以后至达到预定用途前发生的支出，除此之外，研究开发过程中发生的其他支出应予以费用化计入损益。对于研究开发费用的加计扣除，税法中规定企业为开发新技术、新产品、新工艺发生的研究开发费用，未形成无形资产计入当期损益的，在按照规定据实扣除的基础上，按照研究开发费用的 50%加计扣除；形成无形资产的，按照无形资产成本的 150%摊销。由此产生了内部研究开发形成无形资产在初始确认时账面价值与计税基础的差异。

【例 8—3】 2×19 年 1 月 1 日，金蝌蚪公司开发一项新技术达到预定用途，作为无形资产入账。研发过程中符合资产条件的支出 1 000 万元确认为该项无形资产的成本，并从 2×14 年度起分期摊销。则该项无形资产在初始确认时：

账面价值＝入账成本＝1 000(万元)

计税基础＝1 000×150%＝1 500(万元)

初始确认的账面价值小于计税基础 500 万元，该差额将于未来期间减少企业的应纳税所得额。

2. 使用寿命不确定、计提减值准备的无形资产导致的差异

《企业会计准则》规定，应根据无形资产的使用寿命情况，区分为使用寿命有限的无形资产和使用寿命不确定的无形资产。对于使用寿命不确定的无形资产，不要求摊销，但持有期间每年应进行减值测试。税法规定，企业取得的无形资产成本，应在一定期限内摊销。对于使用寿命不确定的无形资产，会计处理时不予摊销，但计税时按照税法规定确定的摊销额允许税前扣除。

在对无形资产计提减值准备的情况下，因税法规定计提的无形资产减值准备在转变为实质性损失前不允许税前扣除，也就是无形资产的计税基础不会随减值准备的计提发生变化，从而造成无形资产的账面价值和计税基础不同产生差异。

【例 8—4】 金蝌蚪公司 2×19 年 1 月 1 日购入一项专利权，成本为 1 200 万元，会计按

直线法计提折旧，预计使用年限为 10 年，税法规定的适用年限与摊销方法和会计相同。2×19 年末，企业估计该项专利权的可收回金额为 800 万元。则 2×19 年 12 月 31 日，该项专利权：

账面价值＝(1 200－120)－280＝800(万元)

计税基础＝1 200－120＝1 080(万元)

该专利权账面价值与计税基础产生了 280 万元的差异，该差异将于未来期间减少企业的应纳税所得额，属于可抵扣暂时性差异。

(三)以公允价值计量且其变动计入当期损益的金融资产

《企业会计准则》规定，以公允价值计量且其变动计入当期损益的金融资产于某一会计期末的账面价值为其公允价值；税法规定其在持有期间公允价值的变动不计入应纳税所得额，待处置时一并计算应计入应纳税所得额的金额，该类金融资产在某一会计期末的计税基础为其取得成本，从而造成在公允价值变动的情况下，以公允价值计量且其变动计入当期损益的金融资产账面价值与计税基础之间的差异。

【例 8－5】 2×19 年 9 月 20 日，金蝌蚪公司购入 A 股票 200 万股并划分为以公允价值计量且其变动计入当期损益的金融资产，支付购买价 1 800 万元。2×19 年 12 月 31 日，A 公司股票的市价为 1 500 万元。2×19 年 12 月 31 日，该项金融资产：

账面价值＝期末公允价值＝1 500(万元)

计税基础＝初始入账价值＝1 800(万元)

该项金融资产账面价值小于计税基础 300 万元，该差异将于未来期间减少企业的应纳税所得额。

(四)采用权益法核算的长期股权投资

长期股权投资采用权益法核算时，其账面价值会随着初始投资成本的调整、投资收益的确认、利润分配等变动的确认而发生相应的变动。但是税法中并没有权益法的概念，税法要求长期股权投资在处置时按照取得投资时确定的实际投资成本予以扣除，由此导致长期股权投资的账面价值与计税基础之间产生差异。

(五)其他计提了减值准备的资产

如前所述，企业的固定资产、无形资产会因计提减值准备而导致其账面价值与计税基础之间产生差异。企业的存货、金融资产、长期股权投资、投资性房地产等，也同样会因计提减值准备而导致其账面价值与计税基础之间产生差异。

二、负债的计税基础

负债的计税基础是指负债的账面价值减去未来期间计算应纳税所得额时按照税法规定可予以抵扣的金额。用公式表示：

负债的计税基础＝负债的账面价值－未来期间按照税法可予税前扣除的金额

通常情况下，负债的确认与偿还不会影响企业的损益，也不会影响其应纳税所得额，未来期间计算应纳税所得额时按照税法规定可予以抵扣的金额为零，计税基础即为账面价值。但是，某些情况下，负债的确认可能会影响企业的损益，进而影响不同期间的应纳税所得额，使得其计税基础与账面价值之间产生差额。

(一)预计负债

对于某些事项所确认的预计负债，如果税法规定在未来期间实际发生相关支出时只准予部分税前扣除，则其计税基础为预计负债的账面价值减去未来期间计税时按税法规定可予以税前扣除的部分；如果税法规定相关支出无论何时发生、是否实际发生，一律不允许税前扣除，即按照税法规定可予以税前扣除的金额为零，则该预计负债的计税基础和账面价值相等。

【例 8－6】　2×19 年 12 月 31 日，金蝌蚪公司资产负债表中列示的因提供产品售后服务而确认的预计负债金额为 300 万元。假定按照税法规定，与产品相关的售后服务费用在实际发生时允许税前扣除。则 2×19 年 12 月 31 日，该预计负债的账面价值和计税基础计算如下：

账面价值＝300(万元)

计税基础＝300－300＝0(元)

该预计负债的账面价值和计税基础之间产生了 300 万元差额，该差额将于未来期间减少企业的应纳税所得额。

(二)预收账款

企业在收到客户预付的款项时，因不符合收入的确认条件，会计上将其确认为一项负债。一般情况下，税法中对于收入的确认原则一般与会计规定相同。

如果某些因不符合收入确认条件而未确认为收入的预收款项，按照税法规定应计入收款当期的应纳税所得额，即未来期间确认的收入可全额从税前扣除。因此，在该预收款项产生期间，其计税基础为零。

【例 8－7】　2×19 年 12 月 20 日，金蝌蚪公司预收了一笔金额为 600 万元的销售合同款，因为不符合收入确认条件确认为预收账款。假定按税法固定，该款项应计入当期应纳税所得额计算应纳所得税。则 2×19 年 12 月 31 日，该预收账款：

账面价值＝600(万元)

计税基础＝600－600＝0(元)

该预收账款的账面价值和计税基础之间产生了 600 万元差额，该差额将于未来期间减少企业的应纳税所得额。

(三)应付职工薪酬

《企业会计准则》规定，企业为职工提供的服务给予的各种形式的报酬以及其他相关支出均确认为职工薪酬，计入有关成本费用。税法规定，企业发生的合理的职工薪酬，准予税前扣除，如支付给职工的工资薪金、按国家规定的范围和标准为职工缴纳的基本社会保险费、住房公积金、补充养老保险费等；而对有些职工薪酬，税法中则规定了税前扣除的标准，如企业发生的职工福利费支出，不超过工资薪金总额 14％的部分准予税前扣除；还有一些职工薪酬，税法规定不允许税前扣除，如企业为职工支付的一般性的商业保险费。

【例 8－8】　2×19 年 12 月，金蝌蚪股份有限公司资产负债表中应付职工薪酬余额为 5 600 万元，其中，应付工资 3 500 万元，应缴纳社会保险费和住房公积金为 1 500 万元，应付职工福利费为 600 万元。

上例中，按照税法规定，应付工资薪金、社会保险费和住房公积金均允许当期税前扣除，不存在以后期间税前扣除的问题；职工福利费大于允许税前扣除金额的差额 110 万元(600

－3 500×14%)，不允许当期税前扣除，以后期间也不得从税前扣除，形成一项永久性差异。因此，应付职工薪酬的计税基础为5 600万元(5 600－0)，与其账面价值相等。

(四)其他负债

其他负债如企业应交的罚款和滞纳金等，在尚未支付之前按照会计规定确认为费用或损失，同时作为负债反映。税法规定，罚款和滞纳金不能税前扣除，即该部分费用无论是在发生当期还是在以后期间均不允许税前扣除。因此，计税基础等于账面价值，因而也不产生暂时性差异。其他交易或事项产生的负债，其计税基础的确定应遵从适用税法的相关规定。

除企业在正常生产经营活动过程中取得的资产和负债以外，对于某些特殊交易中产生的资产、负债，其计税基础的确定应遵从税法规定，如企业合并过程中取得资产、负债计税基础的确定。

第三节　暂时性差异

暂时性差异是指资产或负债的账面价值与其计税基础之间的差额；未作为资产和负债确认的项目，按照税法规定可以确定其计税基础的，该计税基础与其账面价值之间的差额也属于暂时性差异。按照暂时性差异对未来期间应税金额的影响，分为应纳税暂时性差异和可抵扣暂时性差异。

资产暂时性差异＝资产账面价值－资产计税基础

负债暂时性差异＝负债账面价值－负债计税基础＝未来期间可税前扣除的金额

一、应纳税暂时性差异

应纳税暂时性差异是指在确定未来收回资产或清偿负债期间的应纳税所得额时，将导致产生应税金额的暂时性差异。即该项暂时性差异在未来期间转回时，将会增加转回期间的应纳税所得额和相应的应交所得税。应纳税暂时性差异通常产生于下列情况：

1. 资产的账面价值大于其计税基础。资产的账面价值代表的是企业在持续使用和最终处置该项资产时取得的经济利益总额，而计税基础代表的是资产在未来期间可予以税前扣除的金额。资产的账面价值大于其计税基础，该项资产未来期间产生的经济利益不能全部税前抵扣，两者之间的差额需要缴税，产生应纳税暂时性差异。

实例1：一项资产的账面价值为500万元，计税基础为375万元，两者之间的差额会造成未来期间应纳税所得额和应交所得税的增加，在其产生当期，应确认相关的递延所得税负债。

实例2：某企业持有一项交易性金融资产，成本为1 000万元，期末公允价值为1 500万元，而计税基础仍维持1 000万元不变，该计税基础与其账面价值1 000万元之间的差额500万元即为应纳税暂时性差异。

2. 负债的账面价值小于其计税基础。负债的账面价值为企业预计在未来期间清偿该项负债时的经济利益流出，而其计税基础代表的是账面价值在扣除税法规定未来期间允许税前扣除的金额之后的差额，本质上是与该项负债相关的费用支出在未来期间计税时可予以税前扣除的金额。

负债的账面价值小于其计税基础，意味着该项负债在未来期间计税时可予以税前扣除的金额为负数，即应在未来期间应纳税所得额的基础上进一步增加应纳税所得额和相应的应交所得税，产生应纳税暂时性差异。

二、可抵扣暂时性差异

可抵扣暂时性差异是指在确定未来收回资产或清偿负债期间的应纳税所得额时，将导致产生可抵扣金额的暂时性差异，即该项暂时性差异在未来期间转回时，将会减少转回期间的应纳税所得额和相应的应交所得税。可抵扣暂时性差异通常产生于下列情况：

1. 资产的账面价值小于其计税基础。资产的账面价值小于其计税基础，意味着资产在未来期间产生的经济利益小于按照税法规定允许税前扣除的金额，两者之间的差额可以减少企业在未来期间的应纳税所得额，从而减少未来期间的应交所得税，产生可抵扣暂时性差异。例如，企业的一笔应收账款，账面余额 1 000 万元，已提坏账准备 200 万元，则账面价值是 800 万元，计税基础为 1 000 万元，这将导致应收账款发生实质性损失期间的应纳税所得额相对于会计收益减少 200 万元，因而属于可抵扣暂时性差异。

2. 负债的账面价值大于其计税基础。负债的账面价值大于其计税基础，就意味着该项负债在未来期间可予以税前抵扣的金额为正数，即按照税法规定与该项负债相关的费用支出未来期间计税时可以全部或部分自应税经济利益中扣除，从而减少未来期间的应纳税所得额和相应的应交所得税，产生可抵扣暂时性差异。符合有关确认条件时，应确认相关的递延所得税资产。

三、特殊情况形成的暂时性差异

1. 未作为资产、负债确认的项目产生的暂时性差异，即会计未确认资产或者负债，而税法能够确认其计税基础，从而形成的暂时性差异。例如，A 公司 2019 年发生 2 000 万元广告费支出，并发生时确认为销售费用计入当期损益。税法规定，该类支出不超过当年销售收入15%的部分允许当期税前扣除，超过部分允许向以后年度结转税前扣除。A 公司 2019 年实现销售收入 10 000 万元。广告费作为销售费用计入当期损益，如果将其视为资产，账面价值为 0。按照税法规定，当期可予以税前扣除 1 500 万元，当期未予以税前扣除的 500 万元可以向以后年度结转，其计税基础为 500 万元。该项资产账面价值和计税基础之间产生了500 万元的暂时性差异，该差异在未来期间可减少企业的应纳税所得额，为可抵扣暂时性差异，符合确认条件时，应确认相关的递延所得税资产。

2. 可抵扣亏损及税款递减产生的暂时性差异。以后年度可税前抵扣的未弥补亏损及税款抵减，形成可抵扣暂时性差异，符合确认条件的情况，应确认相关的递延所得税资产。

3. 企业合并中形成的资产和负债产生的暂时性差异。

第四节　递延所得税负债和递延所得税资产

资产负债表日，企业应通过比较资产、负债的账面价值与计税基础，确定应纳税暂时性差异和可抵扣暂时性差异，进而按照《企业会计准则》规定的原则确认相关的递延所得税资产和递延所得税负债。

一、递延所得税资产的确认和计量

可抵扣暂时性差异在转回期间将减少企业的应纳税所得额和相应的应交所得税，导致经济利益流入企业，因而在其产生期间，相关的所得税影响金额构成一项未来的经济利益，应确认为一项资产，即可抵扣暂时性差异形成递延所得税资产。

（一）递延所得税资产的确认原则

企业应当以很可能取得用来抵扣可抵扣暂时性差异的应纳税所得额为限，确认由可抵扣暂时性差异产生的递延所得税资产。在可抵扣暂时性差异转回的未来期间内，企业无法产生应纳税所得额进而利用可抵扣暂时性差异的影响，使得与可抵扣暂时性差异相关的经济利益无法全部实现的，则不应确认为递延所得税资产。在判断企业于可抵扣暂时性差异转回的未来期间是否能够产生足够的应纳税所得额时，应考虑企业在未来期间通过正常的生产经营活动能够实现的应纳税所得额以及以前期间产生的应纳税暂时性差异在未来期间转回时将增加的应纳税所得额两方面的影响。

在确认可抵扣暂时性差异形成的递延所得税资产的同时，由于导致可抵扣暂时性差异产生的交易或事项在发生时大多会影响到会计利润或应纳税所得额，因此，相关的所得税影响通常应减少利润表中的所得税费用，但与直接计入所有者权益的交易或事项相关的所得税影响以及与企业合并中取得资产、负债相关的所得税影响除外。

在确认递延所得税资产时，应当以预期收回该资产期间适用的所得税税率为基础计算确定。无论相关的可抵扣暂时性差异转回期间如何，递延所得税资产均不要求折现。计算公式如下：

递延所得税资产＝可抵扣暂时性差异－转回期间适用的所得税税率

当期确认的递延所得税资产＝期末递延所得税资产余额－期初递延所得税资产余额

【例 8－9】 2×17 年末，A 公司产生累计可抵扣暂时性差异为 1 000 万元，适用的税率为 25%，该暂时性差异在未来期间有足够的应纳税所得额予以抵减。2×18 年末，由于公司业绩下滑，预计未来存续时间不长，估计在存续期间最多只能产生 500 万元的应纳税所得额。2×19 年末，A 公司市场状况好转，预计公司在存续期间能够实现 800 万元的应纳税所得额。假定各年度末没有发生其他的暂时性差异。

2×17 年末 A 公司确认 250 万元递延所得税资产。2×18 年末，由于预计未来实现的应纳税所得额只有 500 万元，以 500 万元为限未来可抵减应纳所得税的递延所得税资产为 125 万元。而递延所得税资产余额为 250 万元，因此该递延所得税资产减至 125 万元。

借：所得税费用　　1 250 000

　　贷：递延所得税资产　　1 250 000

2×19 年末，预计未来应纳税所得额为 800 万元，在未来期间可抵扣的应纳所得税为 200 万元，因而恢复递延所得税资产 75 万元。

借：递延所得税资产　　750 000

　　贷：所得税费用　　750 000

至此，递延所得税资产余额为 200 万元。

应该特别注意的是，下列交易或事项产生的可抵扣暂时性差异，应根据交易或事项的不同情况确认相应的递延所得税资产：

企业对与子公司、联营企业及合营企业投资相关的可抵扣暂时性差异，同时满足下列条件的，应当确认相应的递延所得税资产：

(1)暂时性差异在可预见的未来很可能转回。

(2)未来很可能获得用来抵扣可抵扣暂时性差异的应纳税所得额。

企业对与子公司、联营企业及合营企业投资产生的可抵扣暂时性差异，主要产生于权益法下被投资单位发生亏损时，投资企业按照持股比例确认应予承担的部分并相应减少长期股权投资的账面价值，但是税法规定长期股权投资的成本在持有期间不发生变化，造成长期股权投资的账面价值小于其计税基础，产生可抵扣暂时性差异。若产生的可抵扣暂时性差异影响其他综合收益，则递延所得税资产的对应账户为"其他综合收益"账户。

企业对于能够结转以后年度的可抵扣亏损和税款抵减，应当以很可能获得用来抵扣可抵扣亏损和税款抵减的未来应纳税所得额为限，确认相应的递延所得税资产。

【例 8－10】 A 公司 2×18 年发生政策性经营亏损 1 000 万元，税法规定可以由以后年度连续 5 年的税前利润弥补。假定 A 公司存续期间所得税税率为 25%，并且在存续期间产生足够可弥补的应纳税所得额。则按规定确认递延所得税资产 250 万元(1 000×25%)。

借：递延所得税资产	2 500 000	
贷：所得税费用		2 500 000

(二)不确认递延所得税资产的情况

企业应当以很可能取得用来抵扣可抵扣暂时性差异的应纳税所得额为限，确认由可抵扣暂时性差异产生的递延所得税资产。但是，同时具有下列特征的交易中因资产或负债的初始确认所产生的递延所得税资产不予确认：

1. 该项交易不是企业合并。

2. 交易发生时既不影响会计利润也不影响应纳税所得额(或可抵扣亏损)。资产负债表日，有确凿证据表明未来期间很可能获得足够的应纳税所得额用来抵扣可抵扣暂时性差异的，应当确认以前期间未确认的递延所得税资产。

例如，融资租赁中承租人取得的资产，按照《企业会计准则》规定，应当将租赁开始日租赁资产公允价值与最低租赁付款额现值两者中较低者以及相关的初始直接费用作为租入资产的入账价值。而税法规定，融资租入固定资产应当按照租赁协议或者合同确定价款加上运输费、保险费等金额计价，作为其计税基础。对于两者之间产生的暂时性差异，按照《企业会计准则》规定，这种情况下不确认相应的递延所得税资产。

二、递延所得税负债的确认和计量

企业应当将当期和以前期间应交未交的所得税确认为负债，存在应纳税暂时性差异的，应当按照《企业会计准则》规定确认递延所得税负债。

应纳税暂时性差异在未来期间转回时，会增加转回期间的应纳税所得额和相应的应交所得税，导致经济利益流出企业，因而在其产生期间，相关的所得税影响金额构成一项未来的纳税义务，应确认为一项负债，即递延所得税负债产生于应纳税暂时性差异。

(一)递延所得税负债的确认原则

为了充分反映交易或事项发生后引起的未来期间纳税义务，除《企业会计准则》中明确规定可不确认递延所得税负债的特殊情况外，企业对于所有的应纳税暂时性差异均应确认相关的递延所得税负债。由于导致应纳税暂时性差异产生的交易或事项在发生时大多会影响到会计利润或应纳税所得额，因此，相关的所得税影响通常应增加利润表中的所得税费用，但与直接计入所有者权益的交易或事项相关的所得税影响以及与企业合并中取得的资产、负债相关的所得税影响除外。

递延所得税负债应以相关应纳税暂时性差异转回期间按照税法规定适用的所得税税率计量。无论应纳税暂时性差异的转回期间如何，相关的递延所得税负债不要求折现。递延所得税负债的计算公式如下：

递延所得税负债＝应纳税暂时性差异×转回期间适用的所得税税率

当期确认的递延所得税负债＝期末递延所得税负债余额－期初递延所得税负债余额

【例 8－11】 2×17 年 9 月 20 日，A 公司购入 D 公司股票作为交易性金融资产入账，成本为 200 000 元；2017 年末，A 公司持有的 D 公司股票公允价值为 260 000 元；2×18 年 3 月 20 日，A 公司将持有的 D 公司股票全部出售，收到价款 280 000 万元。假定除该项交易性金融资产产生的会计与税收之间的差异外，不存在其他会计与税收差异。A 公司适用所得税税率为 25%。

(1)2×17 年 12 月 31 日

该项交易性金融资产期末账面价值大于计税基础的差额 60 000 元，属于应纳税暂时性差异，A 公司相应确认递延所得税负债 15 000 元，会计处理如下：

借：所得税费用　　15 000

　贷：递延所得税负债　　15 000

(2)2×18 年 3 月 20 日

A 公司出售该项交易性金融资产确认的会计收益为 20 000 元，而 2018 年度计税该项交易性金融资产出售应确定的应纳税所得额为 80 000 元。二者之差 60 000 元为 2017 年度产生的应纳税暂时性差异在 2018 年度全部转回所增加的本年应纳税所得额，并相应增加本年应交所得税 15 000 元。由于 2017 年度产生的应纳税暂时性差异在 2018 年出售该资产时全部转回，因此应将上年确认的递延所得税负债全部转回。

借：递延所得税负债　　15 000

　贷：所得税费用　　15 000

【例 8－12】 2×13 年 12 月 25 日，金蝌蚪股份有限公司购入一套生产设备，实际成本为 750 000 元，预计使用年限为 5 年，预计净残值为零，采用年限平均法计提折旧。假定税法对折旧年限和净残值的规定与会计相同。公司在计税时按年数总和法计提折旧。假定除该项固定资产产生的会计与税收之间的差异外，不存在其他会计与税收的差异。公司适用的所得税税率为 25%。

根据上述资料，列表 8－1 如下：

表 8－1　　**递延所得税确认表**　　单位：万元

项　目	2×14 年	2×15 年	2×16 年	2×17 年	2×18 年
实际成本	75	75	75	75	75
累计会计折旧	15	30	45	60	75

续表

项　目	2×14 年	2×15 年	2×16 年	2×17 年	2×18 年
期末账面价值	60	45	30	15	0
累计计税折旧	25	45	60	70	75
期末计税基础	50	30	15	5	0
应纳税暂时性差异	10	15	15	10	0
递延所得税负债期末余额	2.5	3.75	3.75	2.5	0

根据表 8—1，金蝌蚪公司各年资产负债表日确认递延所得税负债的会计处理如下：

(1)2×14 年 12 月 31 日

借：所得税费用　　25 000

　贷：递延所得税负债　　25 000

(2)2×15 年 12 月 31 日

2×15 年资产负债表日，递延所得税负债期末余额应为 37 500 元，递延所得税期初余额为 25 000 元，因而本期应进一步确认递延所得税负债 12 500 元。

借：所得税费用　　12 500

　贷：递延所得税负债　　12 500

(3)2×16 年 12 月 31 日

2×16 年资产负债表日，递延所得税负债期末余额应为 37 500 元，递延所得税期初余额为 37 500 元，因而本期应不需要确认递延所得税负债。

(4)2×17 年 12 月 31 日

2×17 年资产负债表日，递延所得税负债期末余额应为 25 000 元，递延所得税期初余额为 37 500 元，因而本期应转回原已确认递延所得税负债 12 500 元。

借：递延所得税负债　　12 500

　贷：所得税费用　　12 500

(5)2×18 年 12 月 31 日

2×18 年资产负债表日，递延所得税负债期末余额应为 0 元，递延所得税期初余额为 25 000 元，因而本期应转回全部递延所得税负债余额 25 000 元。

借：递延所得税负债　　25 000

　贷：所得税费用　　25 000

(二)不确认递延所得税负债的特殊情况

在下列情况下，虽然资产、负债的账面价值与其计税基础不同，产生了应纳税暂时性差异，但是基于各种考虑，会计准则规定不确认相关的递延所得税负债：

1. 商誉的初始确认。在非同一控制下的企业合并中，合并成本大于合并中取得的被购买方可辨认净资产公允价值份额的差额，按照《企业会计准则》的规定应确认为商誉。商誉在初始确认时，其计税基础一般等于账面价值，二者之间不存在差异；该商誉在后续计量过程中因《企业会计准则》规定与税法规定不同产生应纳税暂时性差异时，应确认相关的所得税影响。但是，如果企业合并符合税法规定的免税合并条件，在企业按照税法规定进行免税处理的情况下，购买方在企业合并中取得的被购买方有关资产、负债应维持其原计税基础不变，被购买方原账面上未确认商誉，计税时也不认可商誉的价值，即商誉的计税基础为零，商誉初始确认的账面价值大于其计税基础的差额形成一项应纳税暂时性差异，会计准则规定不确认与其相关的递延所得税负债。

2. 除企业合并以外的其他交易或事项中，该交易或事项发生时既不影响会计利润也不影响应纳税所得额，则所产生的资产、负债的初始确认金额与其计税基础不同形成应纳税暂时性差异的，交易或事项发生时不确认相应的递延所得税负债。这是因为确认递延所得税负债的直接结果是增加有关资产账面价值或减少有关负债的账面价值，使得资产、负债在初始确认时不符合历史成本原则，影响会计信息的可靠性。

3. 企业对与子公司、联营企业及合营企业投资相关的应纳税暂时性差异，应当确认相应的递延所得税负债。但是，同时满足下列条件的除外：

(1)投资企业能够控制暂时性差异转回的时间；

(2)该暂时性差异在可预见的未来很可能不会转回。

满足上述条件时，投资企业可以运用自身的影响力决定暂时性差异的转回，如果不希望其转回，则在可预见的未来不转回该项暂时性差异，从而对未来期间不会产生所得税影响，无须确认相应的递延所得税负债。

对于采用权益法核算的长期股权投资，其账面价值与计税基础产生的有关暂时性差异是否应确认相关的所得税影响，应当考虑该项投资的持有意图：

其一，对于采用权益法核算的长期股权投资，如果企业拟长期持有，则因初始投资成本的调整产生的暂时性差异预计未来期间不会转回，对未来期间没有所得税影响；因确认投资损益产生的暂时性差异，如果在未来期间逐期分回现金股利或利润时免税，也不存在对未来期间的所得税影响；因确认享有被投资单位其他权益变动而产生的暂时性差异而形成的递延所得税负债，在长期持有的情况下预计未来时间也不会转回。因此，在准备长期持有的情况下，对于采用权益法核算的长期股权投资账面价值与计税基础之间的差异，投资企业一般不确认相关的所得税影响。

其二，对于采用权益法核算的长期股权投资，如果投资企业改变持有意图拟对外出售的情况下，按照税法规定，企业在转让或者处置投资资产时，投资资产的成本准予扣除。在持有意图由长期持有转变为拟近期出售的情况下，因长期股权投资的账面价值与计税基础不同产生的有关暂时性差异，均应确认相关的所得税影响。

(三)适用税率变化所带来的的影响

资产负债表日，对于递延所得税资产和递延所得税负债，应当根据税法规定，按照预期收回该资产或清偿该负债期间的适用税率计量。因税收法规的变化导致企业在某一会计期间适用的所得税税率发生变化的，企业应对已确认的递延所得税资产和递延所得税负债进行重新计量，除直接在所有者权益中确认的交易或者事项产生的递延所得税资产和递延所得税负债以外，应当将其影响数计入变化当期的所得税费用。

递延所得税资产和递延所得税负债的计量，应当反映资产负债表日企业预期收回资产或清偿负债方式的所得税影响，即在计量递延所得税资产和递延所得税负债时，应当采用与收回资产或清偿债务的预期方式相一致的税率和计税基础。

适用税率变化的情况下，应对原已确认的递延所得税资产和递延所得税负债的金额进行调整，反映税率变化带来的影响。除直接计入所有者权益的交易或事项产的递延所得税资产和递延所得税负债，相关的调整金额应计入所有者权益以外，其他情况下因税率变化产生的调整金额应确认为税率变化当期的所得税费用或收益。

第五节　所得税费用的确认和计量

所得税会计的主要目的是确定当期应交所得税以及利润表中的所得税费用。在资产负债表债务法下，利润表中的所得税费用由当期所得税和递延所得税两部分组成。企业应于资产负债表日，分析比较资产、负债的账面价值与其计税基础，两者之间存在差异的，按照重要性原则，确认递延所得税资产、递延所得税负债及相应的递延所得税费用（或收益）。

一、当期所得税

当期所得税是指企业对当期发生的交易或事项，按照税法规定计算确定的应向税务部门缴纳的所得税金额，即当期应交所得税。

企业在确定当期应交所得税时，对于当期发生的交易或事项，会计处理与纳税处理不同的，应在会计利润的基础上，按照适用税收法规的规定进行调整，计算出当期应纳税所得额，按照应纳税所得额与适用所得税税率计算确定当期应交所得税。一般情况下，应纳税所得额可在会计利润的基础上，考虑会计处理与纳税处理之间的差异，按照下列公式计算确定：

应纳税所得额

＝利润总额±纳税调整事项

＝利润总额±永久性差异±时间性差异

＝利润总额＋会计确认为费用但计税时不允许税前扣除的费用

－会计确认为收益而税法规定不征税的收益

＋会计未确认为收益而税法要求确认的收益

－会计未确认为费用而税法允许在税前扣除的费用

±其他需要调整的因素

应交所得税＝应纳税所得额×所得税税率

根据计算出来的应交所得税，作下面账务处理：

借：所得税费用

　　贷：应交税费——应交所得税

二、递延所得税

递延所得税是指按照《企业会计准则》的规定应当计入当期利润表的递延所得税费用（或收益），其金额为当期应予以确认的递延所得税负债减去当期应予确认的递延所得税资产的差额，用公式表示如下：

递延所得税＝（期末递延所得税负债－期初递延所得税负债）－（期末递延所得税资产－期初递延所得税资产）

其中，

递延所得税负债＝期末应纳税暂时性差异×适用所得税税率

递延所得税资产＝期末可抵扣暂时性差异×适用所得税税率

上式中，期末递延所得税负债减去期初递延所得税负债，为当期应予以确认的递延所得税负债；期末递延所得税资产减去期初递延所得税资产，为当期应予以确认的递延所得税资产。当期应予以确认的递延所得税负债与当期应予以确认的递延所得税资产之间的差额，为当期应予以确认的递延所得税。需要注意的是，由于递延所得税指的是应当计入当期利润表的递延所得税费用或收益，因此，在计算递延所得税时，不应当包括直接计入所有者权益的交易或事项产生的递延所得税负债和递延所得税资产以及合并中产生的递延所得税负债和递延所得税资产。

应纳税暂时性差异形成递延所得税负债；可抵扣暂时性差异形成递延所得税资产。

借：递延所得税资产

　　贷：所得税费用

或者

借：所得税费用

　　贷：递延所得税负债

三、所得税费用

企业在计算确定了当期所得税以及递延所得税的基础上，将两者之和认为利润表中的所得税费用，即：

所得税费用＝当期所得税＋递延所得税

【例 8－13】 金蝌蚪股份有限公司适用的所得税税率为 25%，2×18 年度按照税法规定计算的应交所得税为 1 200 万元。期末，通过比较资产、负债的账面价值与其计税基础，确定应纳税暂时性差异为 2 000 万元，可抵扣暂时性差异为 1 500 万元，上列暂时性差异均与直接计入所有者权益的交易或事项无关。金蝌蚪公司不存在可抵扣亏损和税款抵减，预计在未来期间能够产生足够的应纳税所得额用以抵扣可抵扣暂时性差异。根据不同假定情况，公司有关所得税的会计处理如下：

(1)假定金蝌蚪公司的递延所得税资产和递延所得税负债均无期初余额。当期确认的递延所得税负债＝2 000×25%＝500(万元)

当期确认的递延所得税资产＝1 500×25%＝375(万元)

当期确认的递延所得税＝500－375＝125(万元)

当期确认的所得税费用＝1200＋125＝1 325(万元)

借：所得税费用——当期所得税	12 000 000	
贷：应交税费——应交所得税		12 000 000
借：所得税费用——递延所得税	1 250 000	
递延所得税资产	3 750 000	
贷：递延所得税负债		5 000 000

(2)假定金蝌蚪公司的递延所得税资产期初账面余额为 300 万元，递延所得税负债期初余额为 450 万元。

当期确认的递延所得税负债＝2 000×25%－450＝50(万元)

当期确认的递延所得税资产＝1 500×25%－300＝75(万元)

当期确认的递延所得税＝50－75＝－25(万元)

当期确认的所得税费用＝1 200－25＝1 175(万元)

借:所得税费用——当期所得税　　12 000 000

　贷:应交税费——应交所得税　　12 000 000

借:递延所得税资产　　750 000

　贷:所得税费用——递延所得税　　250 000

　　递延所得税负债　　500 000

(3)假定金蝌蚪公司的递延所得税资产期初账面余额为 500 万元,递延所得税负债期初余额为 550 万元。

当期确认的递延所得税负债＝2 000×25％－550＝－50(万元)

当期确认的递延所得税资产＝1 500×25％－500＝－125(万元)

当期确认的递延所得税＝－50－(－125)＝75(万元)

当期确认的所得税费用＝1 200＋75＝1 275(万元)

借:所得税费用——当期所得税　　12 000 000

　贷:应交税费——应交所得税　　12 000 000

借:递延所得税负债　　500 000

　所得税费用——递延所得税　　750 000

　贷:递延所得税资产　　1 250 000

【例 8－14】 2×18 年 1 月 1 日,金蝌蚪股份有限公司递延所得税负债期初余额为 400 万元,其中,因其他债权投资公允价值变动而确认的递延所得税负债金额为 60 万元;递延所得税资产期初余额为 200 万元。2×18 年度,公司发生下列会计处理与纳税处理存在差别的交易和事项:

(1)本年会计计提的固定资产折旧费用为 560 万元,按照税法规定允许税前扣除的折旧费用为 720 万元。期末固定资产账面价值 6 000 万元,计税基础 5 200 万元。

(2)向关联企业捐赠现金 300 万元,按照税法规定,不允许税前扣除。

(3)期末确认交易性金融资产公允价值变动收益 300 万元,账面价值 5 000 万元,计税基础 4 000 万元。

(4)期末确认其他债权投资账面价值 2 500 万元,计税基础 2 120 万元。

(5)当期支付产品保修费用 100 万元,前期已对产品保修费用计提了预计负债。期末预计负债账面价值 200 万元,计税基础 0 元。

(6)违反环保法有关规定支付罚款 260 万元。

(7)期末存货账面价值 8 000 万元,计税基础 8 500 万元。期末计提存货跌价准备和无形资产减值准备各 200 万元。

(8)期末无形资产账面价值 3 400 万元,计税基础 3 600 万元。

2×18 年 12 月 31 日,分析金蝌蚪公司资产、负债的账面价值与其计税基础存在差异的项目。

2×18 年度,金蝌蚪公司利润表中的利润总额为 6 000 万元,该公司适用的所得税税率为 25％。假定公司不存在可抵扣亏损和税款抵减,预计在未来期间能够产生足够的应纳税所得额用以抵扣可抵扣暂时性差异。公司账务处理如下:

(1) 计算确定当期所得税

应纳税所得＝6 000－(720－560)＋300－300－100＋260＋200＋200＝6 400(万元)

应交所得税＝6 400×25%＝1 600(万元)

(2)计算确定递延所得税

当期确认的递延所得税负债＝2 180×25%－400＝145(万元)

其中,应计入其他综合收益的递延所得税负债＝380×25%－60＝35(万元)

当期确认的递延所得税资产＝900×25%－200＝25(万元)

递延所得税＝(145－35)－25＝85(万元)

所得税费用＝1 600＋85＝1 685(万元)

(3)编制确认所得税的分录

借:所得税费用——当期所得税	16 000 000	
贷:应交税费——应交所得税		16 000 000
借:所得税费用——递延所得税	850 000	
递延所得税资产	250 000	
贷:递延所得税负债		1 100 000
借:其他综合收益	350 000	
贷:递延所得税负债		350 000

本章习题

一、单项选择题

1. 下列各项资产和负债中,因账面价值和计税基础不一致形成暂时性差异的是(　　)

A. 计提职工工资形成的应付职工薪酬

B. 购买国债确认的利息收入

C. 因违反税法规定应交纳但尚未交纳的罚款

D. 因确认产品质量保证形成的预计负债

2. A公司2018年1月取得一项无形资产,成本为160万元,因其使用寿命无法合理估计,会计上视为使用寿命不确定的无形资产,不予摊销。但税法规定按不短于10年的期限进行摊销。则2018年12月31日产生的暂时性差异为(　　)

A. 无暂时性差异　　B. 可抵扣暂时性差异16万元

C. 应纳税暂时性差异16万元　　D. 可抵扣暂时性差异144万元

3. 甲公司2019年因债务担保等原因于当期确认了100万元的预计负债。税法规定,有关因债务担保不得税前列支。则本年产生的暂时性差异为(　　)。

A. 0元　　B. 可抵扣暂时性差异100万元

C. 应纳税暂时性差异100万元　　D. 可抵扣暂时性差异25万元

4. 下列项目中,会产生可抵扣暂时性差异的有(　　)。

A. 预提产品售后保修费用

B. 购入可供出售金融资产,期末公允价值大于其初始确认金额

C. 会计计提的折旧小于税法规定的折旧

D. 支付行政罚款支出

5. 以下会形成应纳税暂时性差异的是(　　)。

A. 非公益性捐赠　　B. 确认预计负债

C. 交易性金融资产公允价值上升　　D. 计提固定资产减值准备

6. 下列项目中,会产生暂时性差异的是(　　)。

A. 因漏税受到税务部门处罚而支付的罚款

B. 非公益性捐赠支出

C. 取得国债利息收入

D. 计提存货跌价准备

7. 2017 年 12 月 1 日,某公司购入一项环保设备,原价为 1 000 万元,预计使用年限为 10 年,会计处理按直线法计提折旧,税法规定允许按双倍余额递减法计提折旧,设备净残值为 0。2019 年末,企业对该项固定资产计提了 80 万元的减值准备。则该项设备 2019 年年末的计税基础是(　　)万元。

A. 640　　B. 720　　C. 800　　D. 560

8. A 公司 2016 年 12 月 6 日购入设备 1 台,原值为 360 万元,净残值为 60 万元。税法规定采用年数总和法计提折旧,折旧年限为 5 年;会计规定采用直线法,折旧年限为 4。税前会计利润每年均为 1 000 万元,适用所得税税率为 25%。则 2018 年末,“递延所得税负债”账户余额为(　　)万元。

A. 5　　B. 7. 5　　C. 10　　D. 30

9. 我国所得税会计采用的核算方法是(　　)

A. 应付税款法　　B. 资产负债表债务法

C. 利润表债务法　　D. 递延所得税债务法

10. A 公司 2019 年 12 月 31 日,资产负债表中应付职工薪酬项目为 4 000 万元。假设税法规定当期可予税前扣除的薪金支出限额为 3 000 万元。则该应付职工薪酬的计税基础为(　　)万元。

A. 4 000　　B. 3 000　　C. 1 000　　D. 0

二、多项选择题

1. 在不考虑其他影响因素的情况下,企业发生的下列交易或事项中,期末可能会引起递延所得税资产增加的有(　　)。

A. 本期计提固定资产减值准备

B. 本期产生存货跌价准备

C. 企业购入交易性金融资产,当期期末公允价值小于其初始确认金额

D. 计提预计负债

2. 下列经济业务或事项中,能够产生可抵扣暂时性差异的有(　　)。

A. 预计产品保修费用　　B. 年末允许以后弥补的亏损

C. 计提存货跌价准备　　D. 按应收账款余额的 30%计提坏账准备

3. 下列有关暂时性差异的表述中,正确的有(　　)。

A. 暂时性差异是指资产或负债的账面价值与计税基础之间的差额

B. 未作为资产和负债确认的项目，该计税基础与其账面价值之间的差额为零

C. 按照暂时性差异对未来期间应税金额的影响，分为应纳税暂时性差异和可抵扣暂时性差异

D. 应纳税暂时性差异是指在确定未来收回资产或清偿负债期间的应纳税所得额时，产生的应税金额的暂时性差异

4. 下列各项投资收益中，按税法规定交纳所得税，在计算纳税所得时应予以调整的项目有（　　）。

A. 交易性金融资产转让的净收益　　B. 国债利息收入

C. 作为债权投资的公司债券利息收入　　D. 其他债权投资转让的净收益

5. 有关所得税列报的表述中，不正确的有（　　）。

A. 递延所得税资产应当作为非流动资产在资产负债表中列示

B. 递延所得税资产应当作为流动资产在资产负债表中列示

C. 递延所得税负债应当作为非流动负债在资产负债表中列示

D. 递延所得税负债应当作为流动负债在资产负债表中列示

6. 下列业务中，不影响递延所得税资产的有（　　）。

A. 资产减值准备的计提　　B. 非公益性捐赠支出

C. 国债利息收入　　D. 罚款支出

7. 企业当期发生的递延所得税费用，可能计入（　　）科目中。

A. 资本公积　　B. 其他综合收益　　C. 所得税费用　　D. 商誉

8. 下列各项差异，属于应纳税暂时性差异的有（　　）。

A. 资产的账面价值大于其计税基础的差异

B. 资产的账面价值小于其计税基础的差异

C. 负债的账面价值大于其计税基础的差异

D. 负债的账面价值小于其计税基础的差异

9. 下列交易或事项能导致"递延所得税资产"科目金额增加的有（　　）。

A. 发生的净亏损　　B. 计提固定资产减值准备

C. 预提产品质量保证金　　D. 确认国债收入

10. 下列表述中，观点正确的有（　　）。

A. 本期发生的递延所得税资产会减少相应的本期所得税费用

B. 企业应将应纳税暂时性差异确认为相应的递延所得税负债

C. 企业应将可抵扣暂时性差异确认为相应的递延所得税资产

D. 本期所得税费用由当期应交所得税和递延所得税费用构成

三、判断题

1. 资产的计税基础是指某项资产在未来期间计税时可予以税前扣除的金额。（　　）

2. 当期应确认的递延所得税负债金额应等于当期应纳税暂时性差异乘以当期适用的所得税税率。（　　）

3. 利润表中的"所得税费用"科目金额应与当期"应交税费——应交所得税"科目金额相等。（　　）

4. 对某一个会计年度来说，企业采用资产负债表债务法与采用其他方法计算应交所得税相等。（　　）

5. 在采用应付税款进行所得税会计处理时，不确认时间性差异对当期所得税费用的影响金额。（　　）

6. 所得税会计是会计与税收规定之间的差异在所得税会计核算中的具体体现。（　　）

7. 递延所得税资产或递延所得税负债应在资产负债表中反映，可以相互抵销。（　　）

8. 在资产负债表债务法下，本期发生的经营性亏损可以确认相应的递延所得税负债。（　　）

9. 无论企业采用什么方法，只要当期不存在永久性差异，那么当期所得税费用与应交所得税的数额应当是相等的。（　　）

10. 暂时性差异主要是指在某一个会计期间会计确认而税法不予以确认，而以后则相反，所以两者的差异是暂时的，但是会造成少缴或者多缴税。（　　）

四、计算及账务处理题

1. 甲公司 2018 年度实现的利润总额为 5 000 万元，所得税税率为 25%。2018 年，甲公司有关资产减值准备的计提与转回等资料见表 8—2：

表 8—2　**甲公司资产减值准备明细**　单位：万元

项　目	年初余额	本年增加数	本年转回数	年末余额
存货跌价准备	220	90	150	150
长期股权投资减值准备	1 400	100	—	1 500
固定资产减值准备	0	300	—	300
无形资产减值准备	0	150	—	150

要求：分别计算甲公司 2018 年应交所得税、递延所得税资产发生额、所得税费用，并编制会计分录。

2. A 公司 2018 年度利润表中利润总额为 3 000 万元，该公司适用所得税税率为 25%。递延所得税资产和递延所得税负债不存在期初余额。与所得税核算有关的情况如下：

(1)2018 年 1 月开始计提折旧的一项固定资产，成本为 1 500 万元，预计使用年限为 10 年，净残值为 0，会计处理按双倍余额递减法计提折旧，税收处理按直线法计提折旧。假定税法规定的使用年限及净残值与会计规定相同。

(2)向关联企业捐赠现金 500 万元。按照税法规定，该捐赠不允许税前扣除。

(3)当期取得作为交易性金融资产核算的股票投资成本为 800 万元，2018 年 12 月 31 日的公允价值为 1 200 万元。税法规定，以公允价值计量的金融资产持有期间市价变动不计入应纳税所得额。

(4)违反环保法规定应支付罚款 250 万元。

(5)期末对持有的存货计提了 75 万元的存货跌价准备。

要求：确认当期的所得税费用并作出相关账务处理。

第九章

会计政策、会计估计变更与差错更正

导读案例

四川明星电力股份有限公司关于会计政策变更的公告

证券代码:600101　　证券简称:明星电力　　编号:临 2020—003

本公司董事会及全体董事保证本公告内容不存在任何虚假记载、误导性陈述或者重大遗漏,并对其内容的真实性、准确性和完整性承担个别及连带责任。

重要内容提示:本次会计政策变更仅影响公司合并财务报表项目列报,对公司财务状况、经营成果和现金流量均没有影响。

2020 年 1 月 14 日,四川明星电力股份有限公司(简称"公司")第十一届董事会第七次会议以 9 名董事全票审议通过了《关于会计政策变更的议案》,本议案无需提交股东大会审议。现将相关情况公告如下:

一、本次会计政策变更概述

(一)本次会计政策变更的原因

2019 年 9 月 19 日,财政部颁布了《关于修订印发合并财务报表格式(2019 版)的通知》(财会〔2019〕16 号),适用于执行《企业会计准则》的企业 2019 年度合并财务报表及以后期间的合并财务报表。同时废止 2019 年 1 月 18 日颁布的《关于修订印发 2018 年度合并财务报表格式的通知》(财会〔2019〕1 号)。

(二)本次会计政策变更的内容

根据财政部《关于修订印发合并财务报表格式(2019 版)的通知》(财会〔2019〕16 号)要求,公司对合并财务报表格式进行了以下调整:

1. 合并资产负债表

(1)增加"使用权资产""租赁负债""专项储备"项目。

(2)将"应收票据及应收账款"分拆为"应收票据""应收账款""应收款项融资"。

(3)将"应付票据及应付账款"分拆为"应付票据""应付账款"。

2. 合并利润表

(1)在“投资收益”项目下增加“其中:以摊余成本计量的金融资产终止确认收益”。

(2)调整“资产减值损失”“信用减值损失”列报顺序。

3. 合并现金流量表

删除“为交易目的而持有的金融资产净增加额”“发行债券收到的现金”等项目。

4. 合并所有者权益变动表

增加“专项储备”项目。

(三)本次会计政策变更的日期

公司编制2019年度合并财务报表及以后期间的合并财务报表执行财政部《关于修订印发合并财务报表格式(2019版)的通知》(财会〔2019〕16号)要求。

(四)变更前公司采用的会计政策

本次会计政策变更前,公司执行财政部颁布的《关于修订印发2018年度合并财务报表格式的通知》(财会〔2019〕1号)。

(五)变更后公司采用的会计政策

本次会计政策变更后,公司编制合并财务报表执行财政部《关于修订印发合并财务报表格式(2019版)的通知》(财会〔2019〕16号)要求。除上述会计政策变更外,其他未变更部分,仍执行财政部前期颁布的《企业会计准则——基本准则》和各项具体会计准则、《企业会计准则应用指南》、企业会计准则解释公告以及其他相关规定。

二、本次会计政策变更对公司的影响

本次会计政策变更仅影响公司合并财务报表项目列报,对公司财务状况、经营成果和现金流量均没有影响。

三、独立董事意见

公司独立董事发表了同意的独立意见,认为本次会计政策变更是根据财政部的要求进行的合理变更,符合国家统一会计制度的规定。执行变更后的会计政策能够客观、公允地反映公司的财务状况和经营成果,能够为投资者提供更可靠、更准确的会计信息,不存在损害公司和全体股东利益特别是中小股东利益的情形。

四、监事会意见

监事会认为,本次会计政策变更符合财政部的相关要求,执行变更后的会计政策能够客观、公允地反映公司的财务状况和经营成果。该事项的决策程序符合国家法律法规和公司《章程》的相关规定,不会损害公司和全体股东的利益。

五、备查文件

(一)公司第十一届董事会第七次会议决议。

(二)公司独立董事意见。

(三)公司第十届监事会第六次会议决议。

特此公告。

四川明星电力股份有限公司董事会

二〇二〇年一月十四日

请思考:

1. 四川明星电力股份有限公司此次会计政策变更的原因是什么?变更前后的会计政策分别是怎么样的?对利润有无影响?

2. 独立董事和监事会对四川明星电力股份有限公司会计政策变更是否建议追溯调整?

学习目标

1. 了解会计政策与会计估计的概念、特点。

2. 熟悉主要的会计政策、常见的会计估计和重要的前期差错,能够正确区分会计政策变更与会计估计变更。

3. 掌握会计政策变更、会计估计变更和前期差错更正的会计处理方法。

第一节 会计政策及其变更

一、会计政策概述

(一)会计政策的概念

会计政策是指企业在会计确认、计量和报告中所采用的原则、基础和会计处理方法。

1. 原则

原则是指按照《企业会计准则》规定的、适合于企业会计核算所采用的具体会计原则。例如《企业会计准则——基本准则》中规定符合资产的定义、与该资源有关的经济利益很可能流入企业、该资源的成本或者价值能够可靠计量等作为资产的确认条件,这就是资产确认的具体原则。

2. 基础

基础是指为了将会计原则应用于交易或事项而采用的基础,主要是计量基础(即计量属性),包括历史成本、重置成本、可变现净值、现值和公允价值等。

3. 会计处理方法

会计处理方法是指企业在会计核算中按照法律、行政法规或者国家统一的会计制度等规定采用或者选择的、适合于本企业的具体会计处理方法。

例如,《企业会计准则第 1 号——存货》规定了存货后续计量采用"成本与可变现净值孰低"来计量存货中资产负债表日的入账金额。其中,对其后续计量所采用的"成本与可变现净值孰低"是具体会计原则。该原则涉及历史成本和可变现净值两个会计计量基础。当存货成本高于其可变现净值时,应当计提存货跌价准备,是按照单个存货项目计提,还是按照存货类别计提,属于具体的会计处理方法。

(二)会计政策的特点

会计政策所包括的具体会计原则、基础和具体会计处理方法由《企业会计准则》规定,我国的《企业会计准则》属于会计法规,企业基本上是在会计法规所允许的范围内选择适合本企业实际情况的会计政策。所以,会计政策具有强制性、选择性和多层次性。

1. 会计政策的强制性

在我国,会计准则和会计制度属于行政法规,会计政策所包括的具体会计原则、计量基础和具体会计处理方法由会计准则或会计制度规定,具有一定的强制性。企业必须在法规所允许的范围内选择适合本企业实际情况的会计政策。即企业在发生某项经济业务时，必须按允许的会计原则来计量。

2. 会计政策的选择性

由于企业经济业务的复杂性和多样化，某些经济业务在符合会计原则和计量基础的要求下，可以有多种会计处理方法，即存在不止一种可供选择的会计政策。例如，确定发出存货的实际成本可以在先进先出法、加权平均法或者个别计价法中进行选择。

3. 会计政策的多层次性

会计政策包括会计原则、会计基础和会计处理方法三个层次。其中，会计原则是指导企业会计核算的具体原则，例如，《企业会计准则第13号——或有事项》规定的以该义务是企业承担的现时义务、履行该义务很可能导致经济利益流出企业、该义务的金额能够可靠地计量作为预计负债的确认条件就是预计负债确认的具体会计原则；会计基础是为将会计原则体现在会计核算而采用的基础，例如《企业会计准则第8号——资产减值》中涉及公允价值就是计量基础；会计处理方法是按照会计原则和会计基础的要求，由企业在会计核算中采用或者选择的、适合于本企业的具体会计处理方法，例如，企业按照《企业会计准则第3号——投资性房地产》的规定，对满足公允价值计量条件的投资性房地产采用公允价值进行后续计量就是会计处理方法。会计原则、基础和会计处理方法三者之间是一个具有逻辑性、密不可分的整体，通过这个整体，会计政策才能得以应用和落实。

(三)重要的会计政策

企业应当披露重要的会计政策，不具有重要性的会计政策可以不予披露，判断会计政策是否重要，应当考虑与会计政策相关项目的性质和金额。企业应当披露的重要会计政策包括：

1. 发出存货成本的计量

发出存货成本的计量是指企业确定发出存货成本所采用的会计处理。例如，企业发出存货成本的计量是采用先进先出法，还是采用其他计量方法。

2. 长期股权投资的后续计量

长期股权投资的后续计量是指企业取得长期股权投资后的会计处理。例如，企业对被投资单位的长期股权投资是采用成本法，还是采用权益法核算。

3. 投资性房地产的后续计量

投资性房地产的后续计量是指企业对投资性房地产进行后续计量所采用的会计处理。例如，企业对投资性房地产的后续计量是采用成本模式，还是公允价值模式。

4. 固定资产的初始计量

固定资产的初始计量是指对取得的固定资产初始成本的计量。例如，企业取得的固定资产初始成本是以购买价款，还是以购买价款的现值为基础进行计量。

5. 生物资产的初始计量

生物资产的初始计量是指对取得的生物资产初始成本的计量。例如，企业为取得生物资产而产生的借款费用，应当予以资本化还是计入当期损益。

6. 无形资产的确认

无形资产的确认是指对无形资产项目的支出是否确认为无形资产。例如，企业内部研究开发项目开发阶段的支出是确认为无形资产，还是在发生时计入当期损益。

7. 非货币性资产交换的计量

非货币性资产交换的计量是指非货币性资产交换事项中对换入资产成本的计量。例如,非货币性资产交换是以换出资产的公允价值作为确定换入资产成本的基础,还是以换出资产的账面价值作为确定换入资产成本的基础。

8. 收入的确认

收入的确认是指收入确认所采用的会计方法。例如,企业确认收入时是按照从购货方已收或应收的合同或协议价款确定销售商品收入金额,还是按照应收的合同或协议价款的公允价值确定销售商品收入金额。

9. 借款费用的处理

借款费用的处理是指借款费用的会计处理方法,即是采用资本化,还是采用费用化。

10. 企业合并政策

企业合并政策是指编制合并财务报表所采纳的原则。例如,母公司与子公司的会计年度不一致的处理原则;合并范围的确定原则等。

11. 其他重要会计政策

其他重要会计政策是指除上述会计政策以外的其他会影响企业财务会计信息的重要的会计原则、会计基础和会计处理方法。

二、会计政策变更概述

(一)会计政策变更的概念

会计政策变更是指企业对相同的交易或事项由原来采用的会计政策改用另一会计政策的行为。为保证会计信息的可比性,使财务报表使用者的比较企业一个以上期间的财务报表时,能够正确判断企业的财务状况、经营成果和现金流量的趋势,一般情况下,企业采用的会计政策,在每一会计期间和前后各期应当保持一致,不得随意变更;否则,势必削弱会计信息的可比性。

(二)会计政策变更的条件

1. 法律、行政法规或者国家统一的会计制度等要求变更

这种情况是指按照法律、行政法规以及国家统一的会计制度的规定,要求企业采用新的会计政策,则企业应当按照法律、行政法规以及国家统一的会计制度的规定改变原会计政策,按照新的会计政策执行。例如,《企业会计准则第 1 号——存货》对发出存货实际成本的计价排除了后进先出法,这就要求执行《企业会计准则》体系的企业按照新规定,将原来以后进先出法核算发出存货成本改为准则规定可以采用的其他发出存货成本计价方法。又如,《企业会计准则第 8 号——资产减值》规定,已计提固定资产减值准备不允许转回,这就要求执行《企业会计准则》体系的企业按照新规定改变原允许固定资产减值准备转回的做法,变更原有会计政策。

2. 会计政策变更能够提供更可靠、更相关的会计信息

由于经济环境、客观情况的改变,使企业原采用的会计政策所提供的会计信息,已不能恰当地反映企业的财务状况、经营成果和现金流量等情况。在这种情况下,应改变原有会计政策,按变更后新的会计政策进行会计处理,以便对外提供更可靠、更相关的会计信息。例如,企业一直采用成本模式对投资性房地产进行后续计量,如果企业能够从房地产交易市场上持续地取得同类或类似房地产的市场价格及其他相关信息,从而能够对投资性房地产的

公允价值作出合理的估计，此时，企业可以将投资性房地产的后续计量方法由成本模式变更为公允价值模式。

需要注意的是，除法律、行政法规以及国家统一的会计制度要求变更会计政策的，应当按照国家的相关规定执行外，企业因满足上述第二个条件，变更会计政策时必须有充分、合理的证据表明其变更的合理性，并说明变更会计政策后，能够提供关于企业财务状况、经营成果和现金流量等更可靠、更相关的会计信息的理由。

（三）不属于会计政策变更的情况

1. 本期发生的交易或者事项与以前相比具有本质差别而采用新的会计政策

这是因为会计政策是针对特定类型的交易或事项，如果发生的交易或事项与其他交易或事项有本质区别，那么，企业实际上是为新的交易或事项选择适当的会计政策，并没有改变原有的会计政策。例如，将自用的办公楼改为出租，不属于会计政策变更，而是采用新的会计政策。再如，某企业以往租入的设备均为临时需要而租入的，因此按经营租赁会计处理方法核算，但自本年起租入的设备均采用融资租赁方式，则企业应自本年起对新租赁的设备采用融资租赁会计处理方法核算，这种也是不属于会计政策变更的。

2. 对初次发生的或不重要的交易或者事项采用新的会计政策

对初次发生的某类交易或事项采用适当的会计政策，并未改变原有的会计政策。例如，企业以前没有建造合同业务，当年签订一项建造合同为另一企业建造三栋厂房，对该项建造合同采用完工百分比法确认收入，不是会计政策变更。至于对不重要的交易或事项采用新的会计政策，不按会计政策变更作出会计处理并不影响会计信息的可比性，所以也不作为会计政策变更。例如，企业原在生产经营过程中使用少量的低值易耗品，并且价值较低，故企业在领用低值易耗品时一次计入费用；该企业于近期投产新产品，所需低值易耗品比较多，且价值较大，企业对领用的低值易耗品处理方法改为“五五摊销法”。该企业低值易耗品在企业生产经营中所占的费用比例并不大，改变低值易耗品处理方法后，对损益的影响也不大，属于不重要的事项，会计政策在这种情况下的改变不属于会计政策变更。

三、会计政策变更的会计处理

发生会计政策变更时，有两种会计处理方法，即追溯调整法和未来适用法。这两种方法适用于不同的情形。

（一）追溯调整法

追溯调整法是指对于某项交易或事项变更会计政策，视同该项交易或事项初次发生时即采用变更后的会计政策，并以此对财务报表相关项目进行调整的方法。企业采用追溯调整法时，对于比较财务报表期间的会计政策变更，应调整各期间净损益各项目和财务报表其他相关项目，视同该政策在比较财务报表期间一直采用。

《〈企业会计准则第 28 号——会计政策、会计估计和差错更正〉解释》中规定：会计政策变更采用追溯调整法，应当将会计政策变更的累计影响数调整期初留存收益。留存收益包括当年和以前年度的未分配利润，以及按照相关法律规定提取并累计的盈余公积。调整期初留存收益是指对期初未分配利润和留存收益两个项目的调整。

追溯调整法通常由以下步骤构成：

第一步，计算会计政策变更的累计影响数；

第二步,编制相关项目的调整分录;

第三步,调整列报前期最早期初财务报表相关项目;

第四步,附注说明。

其中,会计政策变更累计影响数是指按照变更后的会计政策对以前各期追溯计算的列报前期最早期初留存收益应有金额与现有金额之间的差额。根据上述定义的表述,会计政策变更的累计影响数可以分解为以下两个金额之间的差额:

1. 在变更会计政策当期,按变更后的会计政策对以前各期追溯计算,所得到列报前期最早期初留存收益金额。

2. 在变更会计政策当期,列报前期最早期初留存收益金额。

上述留存收益金额包括盈余公积和未分配利润等项目,不考虑由于损益的变化而应补分的利润或股利。在财务报表只提供列报项目上一个可比会计期间比较数据的情况下,上述第 2 项在变更会计政策当期,列报前期最早期初留存收益金额,即为上期资产负债表所反映的期初留存收益,可以从上年资产负债表项目中获得;需要计算确定的是第 1 项,即按变更后的会计政策对以前各期追溯计算,所得到的上期期初留存收益金额。

第一步,根据新会计政策重新计算受影响的前期交易或事项;

第二步,计算两种会计政策下的差异;

第三步,计算差异的所得税影响金额;

第四步,确定前期中的每一期的税后差异;

第五步,计算会计政策变更的累计影响数。

需要注意的是,对以前年度损益进行追溯调整或追溯重述的,应当重新计算各列报期间的每股收益。

【例 9—1】 甲公司 2×17 年以交易为目的从股票市场购入 A 公司股票 10 万股,每股市价 10 元/股(假设不考虑购入股票发生的交易费用),该股票市价一直高于购入成本。公司采用成本与市价孰低法对购入股票进行计量。公司从 2×18 年起对其改为公允价值计量,公司保存的会计资料比较齐备,可以通过会计资料进行追溯计算。假设所得税税率为 25%,公司按照净利润的 10%提取法定盈余公积,按净利润的 5%计提任意盈余公积。公司发行股票份额为 2 000 万股。两种方法计量的交易性金融资产账面价值如表 9—1 所示。

表 9—1　　两种方法计量的交易性金融资产账面价值　　单位:万元

	成本与市价孰低	2×17 年末公允价值	2×18 年末公允价值
A 股票	100	110	150

根据上述资料,甲公司的会计处理如下:

第一步,计算改变交易性金融资产计量方法后的累计影响数(见表 9—2)

表 9—2　　改变交易性金融资产计量方法后的累计影响数　　单位:万元

时间	公允价值	成本与市价孰低	税前差异	所得税影响	税后差异
2×17 年末	110	100	10	2.5	7.5
2×18 年末	150	100	50	12.5	37.5

甲公司2×19年12月31日的比较财务报表列报前期最早期初为2×18年1月1日。

甲公司2×17年末按公允价值计量的账面价值为110万元，按成本与市价孰低法计量的账面价值为100万元，两者的所得税影响合计为2.5万元，两者差异的税后净影响额为7.5万元，即为该公司2×18年期初由成本与市价孰低改为公允价值的累计影响数。

甲公司2×18年末公允价值计量的账面价值为150万元，按成本与市价孰低法计量的账面价值为100万元，两者的所得税影响合计为12.5万元，两者差异的税后净影响额为37.5万元。

甲公司按照公允价值重新计量A股票，2×17年末A股票的公允价值变动收益少计了10万元，所得税费用少计了2.5万元，净利润少计了7.5万元。

至2×18年末，A股票的公允价值变动收益少计了50万元，所得税费用少计了12.5万元，净利润少计了37.5万元。

第二步，编制有关项目的调整分录

(1)对2×17年有关事项的调整分录

①调整交易性金融资产

借：以公允价值计量且其变动计入当期损益的金融资产　　100 000

　　贷：利润分配——未分配利润　　75 000

　　　　递延所得税负债　　25 000

②调整利润分配

借：利润分配——未分配利润　　11 250(75 000×15%)

　　贷：盈余公积　　11 250

(2)对2×18年有关事项的调整分录

①调整交易性金融资产

借：以公允价值计量且其变动计入当期损益的金融资产　　400 000

　　贷：利润分配——未分配利润　　300 000

　　　　递延所得税负债　　100 000

②调整利润分配

借：利润分配——未分配利润　　45 000(300 000×15%)

　　贷：盈余公积　　45 000

第三步，财务报表调整和重述(财务报表略)。

甲公司在列报2×19年财务报表时，应调整2×19年资产负债表有关项目的年初余额、利润表有关项目的上年金额和所有者权益变动表有关项目的上年金额和本年金额。

(1)资产负债表项目的调整

调整交易性金融资产年初余额50万元；调增递延所得税负债年初余额12.5万元；调增盈余公积年初余额5.625万元；调增未分配利润年初余额3.187 5万元。

(2)利润表项目的调整

调整公允价值变动损益上年金额40万元；调增所得税费用上年金额10万元；调增净利润上年金额30万元；调增基本每股收益上年金额0.015元。

(3)所有者权益变动表项目的调整

调增会计政策变更项目中盈余公积上年金额1.125万元，未分配利润上年金额6.375

万元,所有者权益合计上年金额 7.5 万元。

调增会计政策变更项目中盈余公积本年金额 4.5 万元,未分配利润本年金额 25.5 万元,所有者权益合计本年金额 30 万元。

(二)未来适用法

未来适用法是指将变更后的会计政策应用于变更日及以后发生的交易或事项,或者在会计估计变更当期和未来期间确认会计估计变更影响数的方法。

在未来适用法下,不需要计算会计政策变更产生的累计影响数,也无须重编以前年度的财务报表。企业会计账簿记录及财务报表上反映的金额,变更之日仍保留原有的金额,不因会计政策变更而改变以前年度的既定结果,并在现有金额的基础上再按新的会计政策进行核算。

【例 9—2】 甲公司原对存货采用先进先出法,由于该公司存货价格上涨较快,公司从 2×19 年 1 月 1 日起改用月末一次加权平均法对发出存货进行计价。2×19 年 1 月 1 日存货价值为 250 万元,公司当年购入存货的实际成本为 1 800 万元,2×19 年 12 月 31 日按月末一次加权平均法计算确定的存货价值为 450 万元,当年销售额为 2 500 万元。假设该年度其他费用为 150 万元,所得税税率为 25%。2×19 年 12 月 31 日按先进先出法计算的存货价值为 500 万元。

甲公司由于存货物价上涨较快,继续采用先进先出法会高估期末存货的价值和当前利润,因此改为月末一次加权平均法,符合《企业会计准则》的要求。假定其采用未来适用法进行处理,即对存货采用月末一次加权平均法从 2×19 年及以后才适用,不需要计算 2×19 年 1 月 1 日以前按月末一次加权平均法计算存货应有的余额以及对留存收益的影响金额。甲公司当前净利润的影响数如表 9—3 所示。

表 9—3 **当前净利润的影响数计算表** 单位:万元

项 目	月末一次加权平均法	先进先出法
营业收入	2 500	2 500
减:营业成本	1 600	1 550
减:其他费用	150	150
利润总额	750	800
减:所得税	187.5	200
净利润	562.5	600
差额	37.5	

其中,采用月末一次加权平均法的销售成本为:期初存货+购入存货的实际成本—期末存货=250+1 800—450=1 600 万元;采用先进先出法的销售成本为:期初存货+购入存货的实际成本—期末存货=250+1 800—500=1 550 万元。

变更会计政策后,当前营业成本增加 50 万元,所得税费用减少 12.5 万元,当前净利润减少 37.5 万元。

(三)会计政策变更的会计处理方法的选择

对于会计政策变更,企业应当根据具体情况,分别采用不同的会计处理方法。

1. 在法律、行政法规或者国家统一的会计制度等要求变更的情况下，企业应当根据以下情况进行处理：

(1)国家发布相关的会计处理办法，则按照国家发布的相关会计处理规定进行处理；

(2)国家没有发布相关的会计处理办法，则采用追溯调整法进行会计处理。

2. 在会计政策变更能够提供更可靠，更相关的会计信息的情况下，企业应当采用追溯调整法进行会计处理，根据会计政策变更累计影响数调整列报前期最早期初留存收益，其他相关项目的期初余额和列报前期披露的其他比较数据也应当一并调整。

3. 确定会计政策变更对列报前期影响数不切实可行的，应当从可追溯调整的最早期间期初开始应用变更后的会计政策。

4. 在当期期初确定会计政策变更对以前各期累计影响数不切实可行的，应当采用未来适用法进行处理。例如，企业因账簿、凭证超过法定保存期限而销毁，或因不可抗力而毁坏、遗失，如火灾、水灾等，或因人为因素，如盗窃、故意毁坏等，可能使当期期初确定会计政策变更对以前各期累计影响数无法计算，即不切实可行，此时，会计政策变更应当采用未来适用法进行处理。

(四)会计政策变更的披露

企业应当在附注中披露与会计政策变更有关的信息：

1. 会计政策变更的性质、内容和原因，包括对会计政策变更的简要阐述、变更的日期、变更前采用的会计政策和变更后所采用的新会计政策及会计政策变更的原因。例如，依据法律或《企业会计准则》等行政法规、规章的要求变更会计政策时，在财务报表附注中应当披露所依据的文件，如对由于执行《企业会计准则》而发生的变更，应在财务报表附注中说明：依据《企业会计准则第 28 号——会计政策、会计估计变更和会计差错更正》的要求变更会计政策。

2. 当期和各个列报前期财务报表中受影响的项目名称和调整金额，包括采用追溯调整法时，计算出的会计政策变更的累积影响数；当期和各个列报前期财务报表中需要调整的净损益及其影响金额，以及其他需要调整的项目名称和调整金额。

3. 无法进行追溯调整的，说明该事实和原因以及开始应用变更后的会计政策的时点、具体应用情况，包括无法进行追溯调整的事实；确定会计政策变更对列报前期影响数不切实可行的原因；在当期期初确定会计政策变更对以前各期累计影响数不切实可行的原因；开始应用新会计政策的时点和具体应用情况。

需要注意的是，在以后期间的财务报表中，不需要重复披露在以前期间的附注中已披露的会计政策变更的信息。

第二节　会计估计及其变更

一、会计估计概述

(一)会计估计的概念

会计估计是指企业对结果不确定的交易或者事项以最近可利用的信息为基础所作的判

断。由于商业活动内在不确定因素的影响，许多财务报表中的项目不能精确地计量，而只能加以估计。估计应当以最近可利用、可靠的信息为基础进行判断。

(二)会计估计的特点

1. 经济活动内在的不确定性是会计估计存在的前提

在会计核算中企业总是力求保持会计核算的准确性，但有些经济业务本身具有不确定性(例如，坏账、固定资产折旧年限、固定资产残余价值、无形资产摊销年限、收入确认，等等)，因而需要根据经验做出估计。可以说，在进行会计核算和相关信息披露的过程中，会计估计是不可避免的。

2. 最近可利用的信息或资料是会计估计的基础

企业在会计核算中由于经营活动内在的不确定性，不得不经常进行估计。一些估计的主要目的是为了确定资产或负债的账面价值，例如，坏账准备、担保责任引起的负债等；另一些估计的主要目的是确定将在某一期间记录的收益或费用的金额，例如，某一期间的折旧、摊销的金额。企业在进行会计估计时，通常应根据当时的情况和经验，以一定的信息或资料为基础。但随着时间的推移、环境的变化，进行会计估计的基础可能会发生变化，因此，进行会计估计所依据的信息或者资料不得不经常发生变化。由于最新的信息是最接近目标的信息，以其为基础所作的估计最接近实际，因此进行会计估计时，应以最近可利用的信息或资料为基础。

3. 进行会计估计并不会削弱会计确认和计量的可靠性

企业为了定期、及时地提供有用的会计信息，将延续不断的经营活动人为划分为一定的期间，并在权责发生制的基础上对企业的财务状况和经营成果进行定期确认和计量。例如，在会计分期的情况下，许多企业的交易跨越若干会计年度，以至于需要在一定程度上做出决定：某一年度发生的开支，哪些可以合理地预期能够产生其他年度以收益形式表示的利益，从而全部或部分向后递延；哪些可以合理地预期在当期能够得到补偿，从而确认为费用。也就是说，需要决定在结算日，哪些开支可以在资产负债表中处理，哪些开支可以在损益表中作为当年费用处理，因此，由于会计分期和货币计量的前提，在确认和计量过程中，不得不对许多尚在延续中、其结果尚未确定的交易或事项予以估计入账。

(三)重要的会计估计

企业应当披露重要的会计估计，不具有重要性的会计估计可以不披露。判断会计估计是否重要，应当考虑与会计估计相关项目的性质和金额。企业应当披露的重要会计估计包括：

1. 存货可变现净值的确定。
2. 采用公允价值模式下的投资性房地产公允价值的确定。
3. 固定资产的使用寿命、预计净残值和折旧方法、弃置费用的确定。
4. 消耗性生物资产可变现净值的确定、生物资产的预计使用寿命、预计净残值和折旧方法。
5. 使用寿命有限的无形资产的预计使用寿命、残值、摊销方法。
6. 非货币性资产公允价值的确定。
7. 固定资产、无形资产、长期股权投资等非流动资产可回收金额的确定。
8. 职工薪酬金额的确定。

9. 与股份支付相关的公允价值的确定。

10. 与债务重组相关的公允价值的确定。

11. 预计负债金额的确定。

12. 收入金额的确定、提供劳务完工进度的确定。

13. 建造合同完工进度的确定。

14. 与政府补助相关的公允价值的确定。

15. 一般借款资本化金额的确定。

16. 应纳税暂时性差异和可抵扣暂时性差异的确定。

17. 与非同一控制下的企业合并相关的公允价值的确定。

18. 租赁资产公允价值的确定、最低租赁付款额现值的确定、承租人融资租赁折现率的确定、融资费用和融资收入的确定、未担保余值的确定。

19. 与金融工具相关的公允价值的确定、摊余成本的确定，金融减值损失的确定。

20. 继续涉入所转移金融资产程度的确定、金融资产所有权风险和报酬转移程度的确定。

21. 套期工具和被套期项目公允价值的确定。

22. 保险合同准备金的计算及充足性测试。

23. 探明矿区权益、井及相关设施的折耗计提方法，与油气开采活动相关的辅助设备及设施的折旧方法，弃置费用的确定。

二、会计估计变更概述

(一)会计估计变更的概念

会计估计变更是指由于资产和负债的当前状况及预期经济利益和义务发生了变化，从而对资产或负债的账面价值或者资产的定期消耗金额进行调整。

会计估计变更的依据应当真实、可靠，否则不得进行会计估计变更。可以进行会计估计的前提条件有以下两方面：

1. 企业赖以进行估计的基础发生了变化

企业进行会计估计，总是依赖于一定的基础。如果其所依赖的基础发生了变化，则会计估计也相应发生变化。例如，企业的某项固定资产折旧年限原定为 10 年，以后发生的情况表明，该资产的受益年限不足 10 年，应相应调减折旧年限。

2. 企业取得了新的信息、积累了更多的经验

企业进行会计估计是就现有资料对未来所作的判断，随着时间的推移，企业有可能取得新的信息、积累更多的经验。在这种情况下，企业可能不得不对会计估计进行修订，即发生会计估计变更。例如，企业原根据当时掌握的信息，对应收账款每年按照其余额的 8%计提坏账准备。现在掌握了新的信息，判定不能应收账款基本不能收回，此时企业应当全额计提坏账准备。

会计估计变更并不意味着以前期间会计估计是错误的，只是由于情况发生了变化，或者掌握了新的信息，积累了更多的经验，使得变更会计估计能更好地反映企业目前的财务状况和经营成果。如果以前期间的会计估计是错误的，则属于前期差错，按前期差错更正的会计处理方法来进行处理。

(二)会计政策变更与会计估计变更的划分

企业应当以变更事项的会计确认、计量基础和列报项目是否发生变更作为判断该变更是会计政策变更还是会计估计变更。

1. 以会计确认是否发生变更作为判断基础

《企业会计准则——基本准则》规定了资产、负债、所有者权益、收入、费用和利润6项会计要素的确认标准,是会计处理的首要环节。一般地,对会计确认的指定或是选择是会计政策,其相应的变更是会计政策变更。会计确认的变更一般会引起列报项目的变更。例如,企业在前期将某项内部研究开发项目开发阶段的支出计入当期损益,而当期按照《企业会计准则第6号——无形资产》的规定,该项支出符合无形资产的确认条件,应当确认为无形资产。该事项的会计确认发生变更,即前期将研发费用确认为一项费用,而当期将其确认为一项资产。该事项中会计确认发生了变化,所以变更是会计政策变更。

2. 以计量基础是否发生变更作为判断基础

《企业会计准则——基本准则》规定了历史成本、重置成本、可变现净值、现值和公允价值5项会计计量属性,是会计处理的计量基础。一般地,对计量基础的指定或是选择是会计政策,其相应的变更是会计政策变更。例如,企业在前期对购入的价款超过正常信用条件延期支付的固定资产初始计量采用历史成本,而当期按照《企业会计准则第4号——固定资产》的规定,该类固定资产的初始成本应以购买价款的现值为基础确定。该事项的计量基础发生了变化,所以该变更是会计政策变更。

3. 以列报项目是否生变更作为判断基础

《企业会计准则第30号——财务报表列报》规定了财务报表项目采用的列报原则。一般地,对列报项目的指定或选择是会计政策,其相应的变更是会计政策变更。例如,某商业企业在前期按原会计准则规定将商品采购费用列入营业费用,当期据新发布的《企业会计准则第1号——存货》的规定,将采购费用列入存货成本。因为列报项目发生了变化,所以该变更是会计政策变更。

4. 根据会计确认、计量基础和列报项目所选择的、为取得与资产负债表项目有关的金额或数值(如预计使用寿命、净残值等)所采用的处理方法,不是会计政策,而是会计估计,其相应的变更是会计估计变更

例如,企业需要对某项资产采用公允价值进行计量,而公允价值的确定需要根据市场情况选择不同的处理方法。相应地,当企业面对的市场情况发生变化时,其采用的确定公允价值的方法变更是会计估计变更,不是会计政策变更。

企业可以采用以下具体方法划分会计政策变更与会计估计变更:分析并判断该事项涉及会计确认、计量基础选择或列报项目的变更,当至少涉及上述一项划分基础变更时,该事项是会计政策变更;不涉及上述划分基础变更时,该事项可以判断为会计估计变更。

例如,企业在前期按原会计准则规定将购建固定资产相关的一般借款利息计入当期损益,当期根据新的会计准则的规定,将其予以资本化,企业因此将对该事项进行变更。该事项的计量基础未发生变更,即都是以历史成本作为计量基础;该事项的会计确认发生变更,即前期将借款费用确认为一项费用,而当期将其确认为一项资产;同时该确认的变更导致该事项在资产负债表和利润表相关项目的列报也发生变更。该事项涉及会计确认和列报的变更,所以属于会计政策变更。

又如，企业原采用双倍余额递减法计提固定资产折旧，根据固定资产使用的实际情况，企业决定改用直线法计提固定资产折旧。该事项前后采用的两种计提折旧的方法都是以历史成本作为计量基础，对该事项的会计确认和列报项目也未发生变更，只是固定资产折旧、固定资产净值等相关金额发生了变化。因此，该事项属于会计估计变更。

注：常见的容易混淆将其认定为会计政策变更或会计估计变更，但实质上两者均不是的事项如下：

(1)持有至到期投资因意图和能力的原因，重新分类为可供出售金融资产；

(2)自用固定资产因出租转变为投资性房地产，投资性房地产转变为自用资产；

(3)低值易耗品摊销由一次摊销变更为分次摊销；

(4)将符合持有待售条件的固定资产由非流动资产重分类为流动资产列报；

(5)年末根据当前发生的暂时性差异所产生的递延所得税资产/负债调整所得税费用。

三、会计估计变更的会计处理

企业对会计估计变更应当采用未来适用法处理，即在会计估计变更当期及以后期间采用新的会计估计不改变以前期间的会计估计，也不调整以前期间的报告结果。

1. 会计估计变更仅影响变更当期的，其影响数应当在变更当期予以确认

例如，企业原应收款余额的5%提取坏账准备，由于企业不能收回应收账款的比例已达10%，则企业改按应收款余额的10%提取坏账准备，这类会计估计的变更，只影响变更当期，因此，应于变更当期确认。

2. 既影响变更当期又影响未来期间的，其影响数应当在变更当期和未来期间予以确认

例如，企业的某项可计提折旧的固定资产，其有效使用年限或预计净残值的估计发生的变更，常常影响变更当期及资产以后使用年限内各个期间的折旧费用，这类会计估计的变更，应于变更当期及以后各期确认。

会计估计变更的影响数应计入变更当期与前期相同的项目中。为了保证不同期间的财务报表具有可比性，如果以前期间的会计估计变更的影响数计入企业日常经营活动损益，则以后期间应计入日常经营活动损益；如果以前期间的会计估计变更的影响数计入特殊项目中，则以后期间也应计入特殊项目中。

3. 企业应当正确划分会计政策变更和会计估计变更，并按不同的方法进行会计处理。企业通过判断会计政策变更和会计估计变更划分基础仍然难以对某项变更进行区分的，应当将其作为会计估计变更处理

【例9-3】 甲公司有一台管理用设备，原始价值为94 000元，预计使用寿命为6年，净残值为4 000元，自2×16年1月1日起按直线法计提折旧。2×19年1月，由于新技术的发展等原因，需要对原预计使用寿命和净残值做出修正，修改后的预计使用寿命为5年，净残值为2 000元。甲公司适用所得税税率为25%。假定税法允许变更后的折旧额在税前扣除。

①不调整以前各期折旧，也不计算累计影响数。

②变更日以后发生的经济业务改按新的估计使用寿命提取折旧。

按原估计，每年折旧额15 000元，已提折旧3年，共计45 000元，固定资产净值为49 000元。

改变估计使用寿命后，2×19 年 1 月 1 日起每年计提的折旧费用为 23 500[(49 000－2 000)÷(5－3)]元。2×19 年不必对以前年度已计提折旧进行调整，只需按重新预计的尚可使用寿命和净残值计算确定的年折旧费用。编制会计分录如下：

借：管理费用　　23 500
　贷：累计折旧　　23 500

四、会计估计变更的披露

企业应当在附注中披露与会计估计变更有关的下列信息。

第一，会计估计变更的内容和原因。包括变更的内容、变更日期以及要对会计估计进行变更的原因。

第二，会计估计变更对当前和未来期间的影响数。包括会计估计变更对当前和未来期间损益的影响金额，以及对其他各个项目的影响金额。

第三，会计估计变更的影响数不能确定的，披露这一事实和原因。

【例 9－4】 沿用【例 9－3】的资料，甲公司应在财务报表附注中作如下说明。

本公司一台管理用设备，原始价值 94 000 元，原预计使用寿命为 6 年，预计净残值为 4 000 元，按直线法计提折旧。由于新技术的发展等原因，该设备已不能按原预计使用寿命计提折旧，本公司于 2×19 年年初变更该设备的使用寿命为 5 年，预计净残值为 2 000 元，以反映该设备的真实耐用年限和净残值。此估计变更影响本年度净利润减少数为 6 375[(23 500－15 000)×(1－25%)]元。

第三节　前期差错及其更正

一、前期差错概述

前期差错是指没有运用或错误运用下列两种信息，而对前期财务报表造成省略或错报。①编报前期财务报表时预期能够取得并加以考虑的可靠信息；②前期财务报告批准报出时能够取得的可靠信息。

前期差错通常包括计算错误、应用会计政策错误、疏忽或曲解事实以及舞弊产生的影响等。没有运用或错误运用上述两种信息而形成的前期差错情形主要有以下几类：

1. 计算以及账户分类错误

例如，企业购入的 5 年期国债，意图长期持有，但在记账时计入了交易性金融资产，导致账户分类上的错误，并导致在资产负债表上流动资产和非流动资产的分类也有误。

2. 采用法律、行政法规或者国家统一的会计制度等不允许的会计政策

例如，按照《企业会计准制第 17 号——借款费用》的规定，为购建固定资产的专门借款而发生的费用，满足一定条件的，在固定资产达到预定可使用状态前发生的，应予以资本化，计入所购建固定资产的成本；固定资产达到预定可使用状态后发生的，计入当期损益。如果企业固定资产已达到预定可使用状态后发生的借款费用，也计入了该固定资产的价值，予以资本化，则属于采用法律或会计等行政法规、规章所不允许的会计政策。

3. 对事实的疏忽或曲解，以及舞弊

例如，企业对某项建造合同应按建造合同规定的方法确认营业收入，但该企业却按确认商品销售收入的原则确认收入。

4. 在期末对应计项目与递延项目未予调整

例如，企业应在本期摊销的费用在期末未予摊销。

5. 漏记已完成的交易

例如，企业销售一批商品，商品已经发出，开出增值税专用发票，商品销售收入确认条件均已满足，但企业在期末时未将已实现的销售收入入账。

6. 提前确认尚未实现的收入或不确认已实现的收入

例如，在采用委托代销商品的销售式下，应在收到代销单位的代销清单时，确认商品销售收入的实现，如企业在发出委托代销商品时即确认为收入，则为提前确认尚未实现的收入。

7. 资本性支出与收益性支出划分差错等

例如，企业发生的管理人员的工资一般作为收益性支出，而发生的在建工程人员工资一般作为资本性支出。如果企业将发生的在建工程人员工资计入了当期损益，则属于资本性支出与收益性支出的划分差错。

需要注意的是，就会计估计的性质来说，它是个近似值，随着更多信息的获得，估计可能需要进行修正，但是会计估计变更不属于前期差错更正。

二、前期差错更正的会计处理

企业应当采用追溯重述法更正重要的前期差错，但确定前期差错累计影响数不切实可行的除外。追溯重述法是指在发现前期差错时，视同该项前期差错从未发生过，从而对财务报表相关项目进行更正的方法。

那么，追溯重述法与追溯调整法的联系与区别是什么呢？

二者处理思路一致，涉及税前、所得税、税后三个阶段，其中所得税既可能有对“应交税费”有影响，也可能对“递延所得税”有影响。

但追溯重述法适用于前期差错更正，涉及损益的调整通过“以前年度损益调整”核算；追溯调整法适用于会计政策变更，涉及损益的不能通过“以前年度损益调整”调整，而是调整留存收益。

如果财务报表项目的遗漏或错误表述可能影响财务报表使用者根据财务报表所做出的经济决策，则该项目的遗漏或错误是重要的。重要的前期差错是指足以影响财务报表使用者对企业财务状况、经营成果和现金流量做出正确判断的前期差错。不重要的前期差错是指不足以影响财务报表使用者对企业财务状况、经营成果和现金流量做出正确判断的会计差错。

前期差错的重要性取决于在相关环境下对遗漏或错误表述的规模和性质的判断。前期差错所影响的财务报表项目的金额或性质，是判断该前期差错是否具有重要性的决定性因素。一般来说，前期差错所影响的财务报表项目的金额越大、性质越严重，其重要性程度越高。

(一)不重要的前期差错的会计处理

对于不重要的前期差错,企业不需调整财务报表相关项目的期初数,但应调整发现当期与前期相同的相关项目;属于影响损益的,应直接计入本期与上期相同的净损益项目;属于不影响损益的,应调整本期与前期相同的相关项目。

【例 9－5】 甲公司在 2×19 年 12 月 31 日发现,一台 2×18 年 6 月 10 日购入的设备,实际成本为 1 万元,直接计入管理费用。该设备采用直线法计提折旧,预计使用年限为 5 年,假设不考虑净残值等因素,则在 2×19 年 12 月 31 日更正此差错的会计分录为:

借:固定资产	10 000	
贷:管理费用		7 000
累计折旧		3 000

假设该项差错直到固定资产全部折旧计提后才发现,则不需要做任何分录,因为该项差错已经抵消了。

(二)重要的前期差错的会计处理

对于重要的前期差错,企业应当在其发现当期的财务报表中,调整前期比较数据,具体来说,企业应当在重要的前期差错发现当期的财务报表中,通过下述处理对其进行追溯更正。

1. 追溯重述差错发生期间列报的前期比较金额。

2. 如果前期差错发生在列报的最早前期之前,则追溯重述列报的最早前期的资产、负债和所有者权益相关项目的期初余额。

对于发生的重要差错,如影响损益,则应将其对损益的影响数调整发现当期的期初留存收益,财务报表其他相关项目的期初数也应一并调整;如不影响损益,则应调整财务报表相关项目的期初数。

确定前期差错影响数不切实可行的,可以从可追溯重述的最早期间开始调整留存收益的期初余额,财务报表其他相关项目的期初余额也应当一并调整,或者可以采用未来适用法。当企业确定前期差错对列报的一个或者多个前期特定期间的累计影响数不切实可行时,应当追溯重述切实可行的最早期间的资产、负债和所有者权益相关项目的期初余额(可能是当期);当企业在当期期初确定前期差错对所有前期的累计影响数不切实可行时,应当从确定前期差错影响数切实可行的最早日期开始采用未来适用法追溯重述比较信息。

需要注意的是,为了保证经营活动的正常进行,企业应当建立健全内部稽核制度,保证会计资料的真实、完整。对于年度资产负债表日至财务报告批准报出日之间发现的报告年度的会计差错及报告年度前不重要的前期差错,应按照《企业会计准则第 29 号——资产负债表日后事项》的规定进行处理。

【例 9－6】 甲公司在 2×19 年发现,2×18 年公司漏记一项固定资产的折旧费用 15 000 元,所得税申报表中未扣除该项费用。假设 2×18 年适用所得税税率为 25%,无其他纳税调整事项。该公司按净利润的 10%、5%提取法定盈余公积和任意盈余公积。甲公司发行股票份额为 120 000 股。假定税法允许调整应交所得税。

1. 分析前期差错的影响数

2×18 年少计折旧费用 15 000 元;多计所得税费用 3 750(15 000×25%)元;多计净利润 11 250 元;多计应交税费 3 750(15 000×25%)元;多提法定盈余公积和任意盈余公积分

别为 1 125(11 250×10%)元和 562.5(11 250×5%)元。

2. 编制有关项目的调整分录

(1)补提折旧

借:以前年度损益调整　　15 000

　贷:累计折旧　　15 000

(2)调整应交所得税

借:应交税费——应交所得税　　3 750

　贷:以前年度损益调整　　3 750

(3)将“以前年度损益调整”科目转入“利润分配”

借:利润分配——未分配利润　　11 250

　贷:以前年度损益调整　　11 250

(4)调整利润分配有关数

借:盈余公积　　1 687.5

　贷:利润分配——未分配利润　　1 687.5

3. 财务报表调整和重述(财务报表略)

甲公司在列报 2×19 年财务报表时,应调整 2×19 年资产负债表有关项目的年初余额、利润表有关项目及所有者权益变动表的上年金额也应进行调整。

(1)资产负债表项目的调整

调增累计折旧 15 000 元;调减应交税费 3 750 元;调减盈余公积 1 687.5 元;调减未分配利润 9 562.5 元。

(2)利润表项目的调整

调增营业成本上年金额 15 000 元;调减所得税费用 3 750 元;调减净利润上年金额 11 250 元;调减基本每股收益上年金额 0.093 75 元

(3)所有者权益变动表项目的调整

调减前期差错更正项目中盈余公积上年金额 1 687.5 元,未分配利润 9 562.5 元,所有者权益合计上年金额 11 250 元。

(三)前期差错更正的披露

企业应当在附注中披露与前期差错更正有关的下列信息。

1. 前期差错的性质。

2. 各个列报前期财务报表中受影响的项目名称和更正金额。

3. 无法进行追溯重述的,说明该事实和原因以及对前期差错开始进行更正的时点、具体更正情况。

在以后期间的财务报表中,不需要重复披露在以前期间的附注中已披露的前期差错更正的信息。

【例 9—7】　沿用【例 9—6】,甲公司应在财务报表附注中作如下说明。

本年度发现 2×18 年漏记固定资产折旧 15 000 元,在编制 2×18 年与 2×19 年比较财务报表时,已对该项差错进行更正。更正后,调减 2×18 年净利润及留存收益 11 250 元,调增累计折旧 15 000 元。

本章习题

一、单项选择题

1. 会计政策是指（　　）。

A. 企业在会计确认、计量和报告中所采用的原则、基础和会计处理方法。

B. 企业在会计确认中所采用的原则、基础和会计处理方法

C. 企业在会计计量中所采用的原则、基础和会计处理方法

D. 企业在会计报告中所采用的原则、基础和会计处理方法

2. 甲公司为某集团母公司，其与控股子公司（乙公司）会计处理存在差异的下列事项中，在编制合并财务报表时，应作为会计政策予以统一的是（　　）。

A. 甲公司产品保修费用的计提比例为售价的3%，乙公司为售价的1%

B. 公司对机器设备的折旧年限按不少于10年来确定，乙公司为不少于15年

C. 甲公司对投资性房地产采用成本模式进行后续计量，乙公司采用公允价值模式进行后续计量

D. 甲公司对1年以内的应收账款计提坏账准备的比例为期末余额的5%，乙公司为期末余额的10%

3. 甲公司董事会决定的下列事项中，属于会计政策变更的是（　　）。

A. 将自行开发无形资产的摊销年限由8年调整为6年

B. 将发出存货的计价方法由先进先出法调整为移动加权平均法

C. 将账龄在1年以内应收账款的坏账比例由5%提高到8%

D. 将符合持有待售条件的固定资产由非流动资产重分类为流动资产列报

4. 甲公司2×17年年末购入一台设备并投入公司管理部门使用，该设备入账价值103万元，预计使用年限为5年，预计净残值3万元，自2×18年1月1日期按年限平均法计提折旧。2×19年年初，由于技术进步等原因，甲公司将该设备的折旧方法改为年数总和法，预计剩余使用年限改为3年，预计净残值不变。在此之前该设备未计提减值准备，甲公司适用的所得税税率为25%。该项变化将导致2×19年甲公司的净利润减少（　　）万元。

A. 40　　B. 30　　C. 15　　D. 20

5. 甲公司发出存货采用先进先出法计价，期末存货按成本与可变现净值孰低法计量。2×19年1月1日将发出存货由先进先出法改为月末一次加权平均法。2×19年年初存货账面余额等于账面价值40 000元，数量为50千克，2×19年1月、2月分别购入材料600千克、350千克，单价分别为850元、900元，3月5日领用400千克，用未来适用法处理该项会计政策变更，则2×19年第一季度末该存货的账面余额为（　　）元。

A. 54 000　　B. 467 500　　C. 51 000　　D. 51 900

6. 甲公司2×19年12月31日发现2×18年多计管理费用300万元，并进行了企业所得税申报，甲公司适用的所得税税率为25%，按净利润10%计提盈余公积。假设甲公司2×18年度企业所得税申报的应纳税所得额大于零，则下列甲公司对此项重要前期差错进行更正的会计处理正确的是（　　）。

A. 调减2×19年当前管理费用300万元

B. 调增2×19年当前未分配利润225万元

C. 调增2×19年年初未分配利润202.5万元

D. 调减2×19年年初未分配利润202.5万元

7. 甲公司所得税税率为25%，采用债务法，盈余公积计提比例为10%。2×18年12月以500万元购入乙上市公司的股票作为短期股票投资，期末市价600万元，2×19年1月1日首次执行新准则，将其重分类为交易性金融资产，该企业2×19年会计政策变更时的累计影响数为(　　)。

A. 增加留存收益100万元　　B. 减少留存收益100万元

C. 对留存收益没有影响　　D. 增加留存收益75万元

8. 甲公司所得税税率为25%，采用债务法，盈余公积计提比例为10%。2×18年12月31日，甲公司对外出租一栋办公楼(作为投资性房地产采用成本模式计量)的账面价值为14 000万元，已计提折旧400万元，未计提减值准备，且计税基础和账面价值相同。2×19年1月1日甲公司将该办公楼由成本模式改为公允价值模式计量，当日公允价值为17 600万元。对此项会计政策，甲公司应调整2×19年1月1日盈余公积的金额为(　　)万元。

A. 3 000　　B. 300　　C. 2 700　　D. 400

9. 在采用追溯调整法时，下列不应考虑的因素是(　　)。

A. 会计政策变更导致损益变化而应补分的股利

B. 会计政策变更后资产的变化

C. 会计政策变更导致所得税费用的变动

D. 会计政策变更导致留存收益的变动

10. 某企业对下列各项业务进行的会计处理中，一般需要进行追溯调整的是(　　)。

A. 有证据表明原使用寿命不确定的无形资产的使用寿命已能够合理估计

B. 企业将投资性房地产的后续计量由成本模式变更为公允价值模式

C. 原暂估入账的固定资产已办理竣工决算

D. 提前报废固定资产

二、多项选择题

1. 下列项目中，属于会计政策变更的是(　　)。

A. 分期付款取得的固定资产由购买价款改为购买价款现值计价

B. 商品流通企业采购费用由计入营业费用改为计入取得存货的成本

C. 将内部研发项目开发阶段的支出由计入当期损益改为符合规定条件的确认为无形资产

D. 固定资产折旧方法由年限平均法改为双倍余额递减法

2. 下列项目中，属于会计政策变更的有(　　)。

A. 固定资产的预计使用年限由15年改为10年

B. 所得税会计处理由应付税款法改为资产负债表债务法

C. 投资性房地产的后续计量由公允价值模式改为成本模式

D. 开发费用的处理由直接计入当期损益改为有条件的资本化

3. 下列情形中，应采用未来适用法处理的有(　　)。

A. 当期期初确定会计政策变更对以前各期累计影响数不切实可行
B. 固定资产折旧方法的变更
C. 固定资产预计使用年限的变更
D. 难以对某项变更区分为会计政策变更或会计估计变更
E. 当期期初确定会计政策变更对以前各期累计影响数能够合理确定

4. 企业发生会计估计变更时，应在财务报表附注中披露的内容有(　　)。
A. 会计估计变更的内容
B. 会计估计变更的原因
C. 会计估计变更对当期和未来期间的影响数
D. 会计估计变更的影响数不能确定的，披露这一事实和原因
E. 会计估计变更累计影响数

5. 下列会计事项中，可能会影响企业期初留存收益的是(　　)。
A. 发现上年度财务费用少计 10 万元(达到重要性要求)
B. 因固定资产折旧方法由年限平均法改为年数总和法，使当年折旧计提额比上年增加了 150 万元
C. 研究开发项目已支出的 200 万元在上年度将费用化部分计入当期损益，本年度将符合资本化条件部分确认为无形资产
D. 盘盈一项重置价值为 100 万元的固定资产

三、判断题

1. 为了保持会计信息的可比性，企业采用的会计政策在每一会计期间和前后各期应当保持一致，不得随意变更。(　　)

2. 企业对于会计估计变更应当采用追溯重述法或未来适用法进行会计处理。(　　)

3. 某项变更难以区分为会计政策变更或会计估计变更的，应当作为会计政策变更来处理。(　　)

4. 初次发生的交易或事项采用新的会计政策属于会计政策变更，应采用追溯调整法进行处理。(　　)

5. 企业对初次发生的或不重要的交易或事项采用新的会计政策，属于会计政策变更。(　　)

四、综合题

甲公司为增值税一般纳税人，适用的增值税税率为 13%。2×19 年 12 月，甲公司内部审计部门在对财务会计资料审查过程中发现以下会计处理错误，提请财会部门进行处理：

(1) 2×19 年 10 月 14 日，甲公司与乙公司签订协议，采用支付手续费方式委托乙公司销售 400 台设备，代销协议规定的销售价格为每台 10 万元，甲公司按乙公司销售每台设备价格的 5% 支付手续费。截至 2×19 年 11 月 30 日，甲公司累计向乙公司发出 400 台设备。每台设备成本为 8 万元。2×19 年 12 月 31 日，甲公司收到乙公司转来的代销清单，注明已销售设备 300 台，同时开出增值税专用发票，注明增值税税额为 390(300×10×13%)万元。甲公司尚未收到销售设备的款项。

甲公司确认主营业务收入4 000万元，确认主营业务成本3 200万元，确认销售费用400万元。

(2)2×19年12月1日，甲公司与丙公司签订合同，以1 000万元的价格向丙公司销售设备，产品价格750万元。同时，甲公司与丙公司签订补充合同，约定甲公司在2020年4月30日以1 250万元价格回购该设备。当日，甲公司开出增值税专用发票，注明增值税税额为130万元，款项已收存银行。截至2×19年12月31日，该设备尚未发出。

甲公司确认主营业务收入1 000万元，确认主营业务成本750万元，未作其他会计处理。

(3)2×19年12月22日，丁公司诉讼甲公司违约案判决，法院一审判决甲公司赔偿丁公司20万元经济损失。甲公司和丁公司均表示不服并继续上诉。甲公司认为二审很可能维持一审的判决。甲公司未作会计处理。

(4)2×19年4月1日，甲公司与戊公司签订合同，从戊公司购买一台固定资产供其销售部门使用，合同价格3 000万元。因甲公司现金流量不足，按合同约定，价款自合同签订之日起分3期支付，每年4月1日支付1 000万元。该设备取得后即达到预定用途。甲公司预计其使用寿命为5年，预计净残值为零，采用年限平均法摊销。((P/A,10%,3)=2.486 9)

甲公司对上述交易或事项会计处理如下(单位：万元)：

借：固定资产　3 000
　　贷：长期应付款　3 000
借：销售费用　400
　　贷：累计折旧　400

(5)2×19年4月21日，甲公司与庚公司签订资产置换协议，约定甲公司换出2×19年初购买的机器设备，换入对庚公司的股权投资。4月30日完成股权登记手续。换入股权后，甲公司持有庚公司20%的股权，对庚公司的财务和经营决策具有重大的影响。

甲公司换出机器设备的账面价值是1 800万元，公允价值是2 000万元，庚公司20%股权的公允价值是2 260万元，该交换具有商业实质。甲公司对上述交易或事项的会计处理如下(单位：万元)：

借：长期股权投资　2 060
　　贷：固定资产清理　1 800
　　　　应交税费——应交增值税(销项税额)　260

第十章

资产负债表日后事项

导读案例

广州通达汽车电气股份有限公司

关于因资产负债表日后事项追溯调整中期财务报告的公告

证券代码:870399　　证券简称:通达电气　　主办券商:中信证券

本公司及董事会全体成员保证公告内容的真实、准确和完善,没有虚假记载、误导性陈述或者重大遗漏,并对其内容的真实性、准确性和完整性承担个别及连带法律责任。

广州通达汽车电气股份有限公司(以下简称"公司")根据全国中小企业股份转让系统有限责任公司发布的《关于发布〈挂牌公司信息披露及会计业务问答(三)〉的通知》《企业会计准则第 29 号——资产负债表日后事项》,参照中国证券监督管理委员会颁布的《公开发行证券的公司信息披露编报规则第 19 号——财务信息的更正及相关披露》等的相关规定和要求,于 2018 年 9 月 26 日召开第二届董事会第二十八次会议及第二届监事会第十六次会议,审议通过《关于公司 2018 年半年度报告追溯调整的议案》,决定根据公司资产负债表日后事项追溯调整 2018 年半年度报告中的相关财务数据,现将本次具体事项公告如下:

一、追溯调整概述

扬子江汽车集团有限公司(以下简称"扬子江")为公司客户,截至 2018 年 6 月 30 日应收扬子江的账款余额为 2 217.11 万元,公司已于 2018 年 8 月 29 日披露的 2018 年半年度报告按照规定根据账龄计提了坏账准备。2018 年 8 月 29 日公司公告 2018 年半年度报告后扬子江有重大诉讼、仲裁案件被有关机关公示出来。根据《企业会计准则第 29 号——资产负债表日后事项》的规定,基于谨慎性原则,公司获悉后,将根据此资产负债表日后事项对公司 2018 年 1 月至 6 月财务报表进行追溯调整。

二、本次资产负债表日后事项对公司的影响

公司本次资产负债表日后事项采用追溯调整法,具体如下:

公司对截至 2018 年 6 月 30 日应收扬子江的账款余额全额计提坏账准备,对发给扬子江的发出商品期末余额全额计提存货跌价准备,涉及调整应收账款坏账准备、存货跌价准备、递延所得税资产、资产减值损失、所得税费用科目。

上述追溯调整，对公司 2018 年半年度财务数据影响如表 10—1：

表 10—1　　公司 2018 年半年度财务数据　　单位：元

项　目	2018 年 6 月 30 日和 2018 年半年度			
	调整前	影响数	调整后	影响比例
应收票据及应收账款	553 860 982.02	—19 777 154.16	534 083 827.86	—3.57%
存货	115 606 950.7	—463 564.02	115 143 386.68	—0.40%
递延所得税资产	6 657 712.59	3 036 107.73	9 693 820.32	45.60%
资产总计	999 774 951.20	—17 204 610.45	982 570 340.75	—1.72%
未分配利润	180 514 908.48	—17 204 610.45	163 310 298.03	—9.53%
归属于母公司所有者权益合计	662 731 201.01	—17 204 610.45	645 526 590.56	—2.60%
所有者权益合计	663 842 579.57	—17 204 610.45	646 637 969.12	—2.59%
资产减值损失	8 405 271.14	20 240 718.18	28 645 989.32	240.81%
营业利润(亏损以"—"号填列)	80 639 592.37	—20 240 718.18	60 398 874.19	—25.10%
利润总额(亏损总额以"—"号填列)	81 945 520.29	—20 240 718.18	61 704 802.11	—24.70%
所得税费用	10 377 720.87	—3 036 107.73	7 341 613.14	—29.26%
净利润	71 567 799.42	—17 204 610.45	54 363 188.97	—24.04%
其中：归属于母公司所有者的净利润	71 658 847.53	—17 204 610.45	54 454 237.08	—24.01%

特此公告。

广州通达汽车电气股份有限公司董事会

二〇一八年九月二十八日

请思考：

1. 广州通达汽车电气股份有限公司此次资产负债表日后事项更正公告的是什么事项？
2. 上述事项的更正是否需要调整 2018 年年报相关数据？如需要，应如何调整？

学习目标

1. 了解资产负债表日后事项的概念。
2. 理解资产负债表日后调整事项和非调整事项的区别。
3. 掌握资产负债表日后调整事项和非调整事项的会计处理。

第一节 资产负债表日后事项概述

一、资产负债表日后事项的定义

《企业会计准则第29号——资产负债表日后事项》(简称"资产负债表日后事项准则")规定,资产负债表日后事项是指资产负债表日至财务报告批准报出日之间发生的有利或不利事项。

(一)资产负债表日

资产负债表日是指会计年度末和会计中期期末,其中,年度资产负债表日是指公历12月31日;会计中期通常包括半年度、季度和月度等,会计中期期末相应地是指公历半年末、季末和月末等。

如果母公司或者子公司在国外,无论该母公司或子公司如何确定会计年度和会计中期,其向国内提供的财务报告都应根据我国《会计法》和《企业会计准则》的要求确定资产负债表日。

(二)财务报告批准报出日

财务报告批准报出日是指董事会或类似机构批准财务报告报出的日期。通常是指对财务报告的内容负有法律责任的单位或个人批准财务报告对外公布的批准日期。

财务报告的批准者包括所有者、所有者中的多数、董事会或类似的管理单位、部门和个人。公司制企业财务报告批准报出日是董事会批准财务报告报出的日期。对于非公司制企业,财务报告批准报出日是指经理(厂长)会议或类似机构批准财务报告报出的日期。

(三)有利或不利事项

资产负债表日后事项准则所称"有利或不利事项",是指资产负债表日后事项肯定对企业财务状况和经营成果具有一定影响(既包括有利影响也包括不利影响)。如果某些事项的发生对企业并无任何影响,那么,那些事项既不是有利事项也不是不利事项,也就不属于资产负债表日后事项。

二、资产负债表日后事项涵盖的期间

资产负债表日后事项涵盖期间是自资产负债表日次日起至财务报告批准报出日止的一段时间。具体而言,资产负债表日后事项涵盖的期间包括如下内容(如图10—1所示):

1. 报告年度次年的1月1日或报告期下一期间的第一天至董事会或类似机构批准财务报告对外公布的日期,即以董事会或类似权力机构批准财务报告对外公布的日期为截止日期。

2. 董事会或类似权力机构批准财务报告对外公布的日期,与实际对外公布日之间发生的与资产负债表日后事项有关的事项,由此影响财务报告对外公布日期的,应以董事会或类似机构再次批准财务报告对外公布的日期为截止日期。

如果公司管理层由此修改了财务报表,注册会计师应当根据具体情况实施必要的审计程序,并针对修改后的财务报表重新出具审计报告。新的审计报告日期不应早于董事会或类似机构批准修改后的财务报表对外公布的日期。

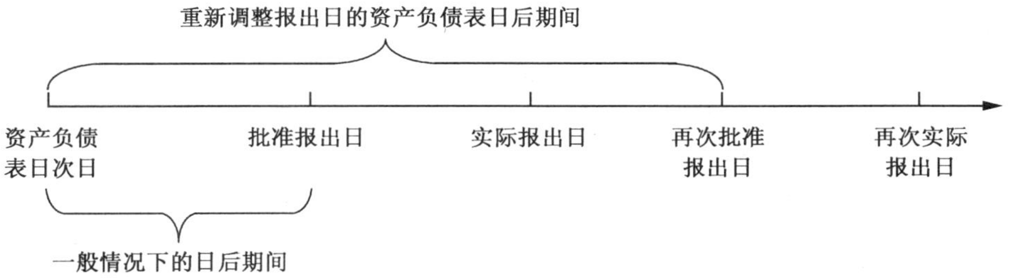

图 10－1　资产负债表日后事项涵盖期间

【例 10－1】　一家上市公司 2×19 年的年度报告于 2×20 年 2 月 14 日编制完成，注册会计师完成整个年度审计工作并签署审计报告的日期为 2×20 年 4 月 18 日，经董事会批准财务报告可以对外公布的日期为 2×20 年 4 月 22 日，财务报告实际对外公布的日期为 2×20 年 4 月 25 日，股东大会召开的日期为 2×20 年 5 月 3 日。

根据《企业会计准则第 29 号——资产负债表日后事项》的规定，财务报告批准报出日为 2×20 年 4 月 22 日，资产负债表日后事项的时间为 2×20 年 1 月 1 日至 2×20 年 4 月 22 日。

三、资产负债表日后事项的内容

资产负债表日后事项包括资产负债表日后调整事项和资产负债表日后非调整事项。

(一)调整事项

资产负债表日后调整事项是指对资产负债表日已经存在的情况提供了新的或进一步证据的事项。

如果资产负债表日及所属会计期间已经存在某种情况，但当时并不知道其存在或者不能知道确切结果，资产负债表日后发生的事项能够证实该情况的存在或者确切结果，则该事项属于资产负债表日后事项中的调整事项。调整事项能对资产负债表日的存在情况提供追加的证据，并会影响编制财务报表过程中的内在估计。

企业在生产经营中可能存在一些不确定的因素，会计人员只能根据专业知识做出估计和判断，如果资产负债表日后事项对资产负债表日的情况提供了进一步的证据，该证据表明的情况与原来的估计和判断不完全一致，则需要对原来的会计处理进行调整。

企业发生的资产负债表日后调整事项，通常包括下列内容：

1. 资产负债表日后诉讼案件结案，法院判决证实了企业在资产负债表日已经存在现时义务，需要调整原先确认的与诉讼案件相关的预计负债，或确认一项新负债。

2. 资产负债表日后取得确凿证据，表明某项资产在资产负债表日发生了减值或者需要调整该项资产原先确认的减值金额。

3. 资产负债表日后进一步确定了资产负债表日前购入资产的成本或售出资产的收入。

4. 资产负债表日后发现了财务报表舞弊或差错。

【例 10－2】　甲公司因污水影响了居民的生活，被公司附近居民起诉。2×19 年 12 月

31 日法院尚未判决，考虑到公司很可能败诉并被要求赔偿，甲公司为此确认了 500 万元的预计负债。2×20 年 2 月 20 日，在甲公司 2×19 年度财务报告对外报出之前，法院判决甲公司败诉，要求甲公司支付赔偿款 700 万元。

本例中，甲公司在 2×19 年 12 月 31 日结账时已经知道公司败诉的可能性很大，但不能知道法院判决的确切结果，因此确认了 500 万元的预计负债。2×20 年 2 月 20 日法院判决结果为甲公司预计负债的存在提供了进一步的证据。此时，按照 2×19 年 12 月 31 日存在状况编制的财务报表所提供的信息已不能真实反映企业的实际情况，该事项属于资产负债表日后调整事项，应据此对财务报表相关项目的数字进行调整。

（二）非调整事项

资产负债表日后非调整事项是指表明资产负债表日后发生的情况的事项。非调整事项的发生不影响资产负债表日企业的财务报表数字，只说明资产负债表日后发生了某些情况。对于财务报告使用者而言，非调整事项说明的情况有的重要、有的不重要。其中重要的非调整事项虽然不影响资产负债表日的财务报表数字，但可能影响资产负债表以后的财务状况和经营成果，不加以说明将会影响财务报告使用者做出正确估计和决策，因此需要适当披露。

企业发生的资产负债表日后非调整事项，通常包括下列各项：

1. 资产负债表日后发生重大诉讼、仲裁、承诺。
2. 资产负债表日后资产价格、税收政策、外汇汇率发生重大变化。
3. 资产负债表日后因自然灾害导致资产发生重大损失。
4. 资产负债表日后发行股票和债券以及其他巨额举债。
5. 资产负债表日后资本公积转增资本。
6. 资产负债表日后发生巨额亏损。
7. 资产负债表日后发生企业合并或处置子公司。
8. 资产负债表日后企业利润分配方案中拟分配的以及经审议批准发放的现金股利和利润。

【例 10—3】 甲公司 2×19 年度财务报告批准报出日为 2×20 年 2 月 28 日。2×20 年 1 月，该公司股东大会做出决议，对中、高层管理人员以及公司认为应当激励的核心技术人员、业务骨干共计 900 人授予 1 839 万份股票期权，对应的标的股票数量为 1 839 万股，占当期股本的 2%。

该事项在 2×19 年 12 月 31 日前尚未发生，与资产负债表日存在的状况无关，不影响资产负债表日该公司的财务报表数字，但该事项属于重要事项，会影响该公司今后的财务状况和经营成果，因此属于资产负债表日后非调整事项，应当在财务报告附注中披露。

（三）调整事项和非调整事项的区别

资产负债表日后发生的某一事项究竟是调整事项还是非调整事项，取决于该事项表明的情况在资产负债表日或资产负债表日以前是否已经存在。若该情况在资产负债表日或之前已经存在，则属于调整事项；反之，则属于非调整事项。

【例 10—4】 甲公司 2×19 年财务报表于 2×20 年 4 月 30 日对外报出。其 2×20 年 1～5 月发生的下列有关事项：

(1)1 月 10 日，发现 2×19 年无形资产少提摊销，达到重要性要求。

(2)1 月 15 日,发现 2×19 年一项重要交易会计处理未充分考虑当时情况,导致虚增 2×19 年利润。

(3)2 月 12 日,某项于 2×19 年资产负债表日已存在的未决诉讼结案,由于新的司法解释出台,甲公司实际支付赔偿金额大于原已确认预计负债。

(4)3 月 10 日,因某客户所在地发生自然灾害造成重大损失,导致甲公司 2×19 年资产负债表日应收该客户货款按新的情况预计的坏账高于原预计金额。

(5)3 月 15 日,公司处置其持股比例为 51%的子公司。

(6)3 月 20 日,公司遭受水灾造成存货重大损失 500 万元,达到重要性要求。

(7)4 月 1 日,公司对外发行 5 年期、面值总额为 80 万元的债券,发行价格 85 万元。

(8)4 月 5 日,发生台风导致公司存货发生严重亏损。

(9)4 月 15 日,公司资本公积转增资本。

(10)4 月 16 日,发现 2×19 年固定资产少提折旧,达到重要性要求。

(11)4 月 20 日,2×20 年 1 月销售的商品被退回。

(12)5 月 2 日,自 2×19 年 9 月起已开始策划的企业合并交易获得股东大会批准。

(13)5 月 10 日,发现 2×19 年固定资产多计提折旧,达到重要性要求。

请分析判断上述事项哪些是属于资产负债表日后调整事项?哪些是属于资产负债表日后非调整事项?

资产负债表日后调整事项包括:(1)、(2)、(3)、(10)

资产负债表日后非调整事项包括:(4)、(5)、(6)、(7)、(8)、(9)、(11)、(12)、(13)

第二节　资产负债表日后调整事项的会计处理

一、资产负债表日后调整事项的会计处理原则

(一)账务处理原则

资产负债表日后发生的调整事项,应当如同资产负债表所属期间发生的事项一样,做相关账务处理,并对资产负债表日已经编制的财务报表进行调整。这里的财务报表包括资产负债表、利润表及所有者权益变动表等内容,但不包括现金流量表正表。

由于资产负债表日后事项发生在次年,报告年度的有关账目已经结转,特别是损益类科目在结账后已无余额。因此,资产负债表日后发生的调整事项,应当区分以下情况进行处理(如图 10—2 所示):

1. 涉及损益的事项,通过"以前年度损益调整"科目核算,调整完成后,应将"以前年度损益调整"科目的贷方或借方余额,转入"利润分配——未分配利润"科目。

2. 涉及利润分配调整的事项,直接在"利润分配——未分配利润"科目核算。

3. 不涉及损益以及利润分配的事项,调整相关科目。

4. 通过上述账务处理后,还应同时调整财务报表相关项目的数字,包括:

(1)资产负债表日编制的财务报表相关项目的期末数或本年发生数;

(2)当期编制的财务报表相关项目的期初数或上年数;

(3)经过上述调整后,如果涉及报表附注内容的,还应当调整报表附注相关项目的数字。

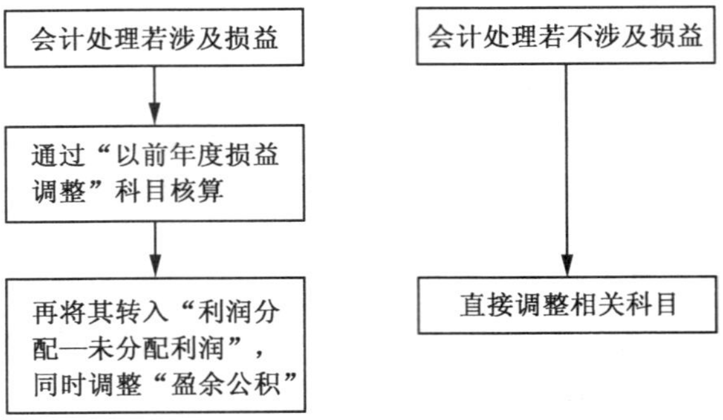

图 10—2　资产负债表日后调整事项处理

(二)所得税的处理原则

所得税的处理,可参见【例 10—5】。

【例 10—5】 资产负债表日为 2×19 年 12 月 31 日,2×19 年度财务报告于 2×20 年 4 月 30 日批准报出,资产负债表日后事项涵盖期间为 2×20 年 1 月 1 日至 2×20 年 4 月 30 日。假定 2×19 年所得税汇算清缴于 2×20 年 3 月 30 日完成。如果该调整事项发生在所得税汇算清缴之前,可以调整 2×19 年应交所得税或递延所得税;如果该调整事项发生在所得税汇算清缴之后,则调整 2×20 年应交所得税或 2×19 年递延所得税。

调整 2×20 年应交所得税需要在调整 2×19 年财务报表时先计入递延所得税,等 2×21 年进行 2×20 年所得税汇算清缴时再纳入或抵扣应纳税所得额。

本例中所得税处理方法如图 10—3 所示:

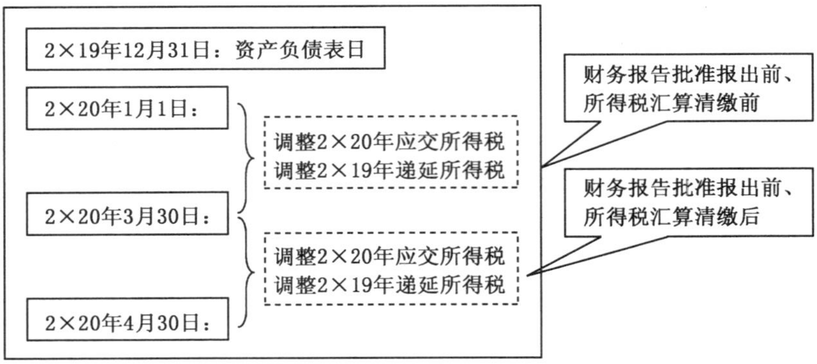

图 10—3　资产负债表日后调整事项涉税处理思路

二、资产负债表日后调整事项的内容

(一)资产负债表日后诉讼案件结案

资产负债表日后诉讼案件结案,法院判决证实了企业在资产负债表日已经存在现时义务,需要调整原先确认的与该诉讼案件相关的预计负债,或确认一项新负债。

这一事项是指在资产负债表日已经存在的现时义务尚未确认，资产负债表日后至财务报告批准报出日之前获得了新的或进一步的证据，表明符合负债的确认条件，应在财务报告中予以确认，从而需要对财务报表相关项目进行调整；或者资产负债表日已确认的某项负债，在资产负债表日后至财务报告批准报出日之间获得新的或进一步的证据，表明需要对已经确认的金额进行调整。

【例 10—6】 甲公司与乙公司签订一项销售合同，合同中订明甲公司应在 2×19 年 8 月销售给乙公司一批物资。由于甲公司未能按合同发货，致使乙公司发生重大经济损失。2×19 年 12 月乙公司将甲公司告上法庭，要求甲公司赔偿 450 万元。2×19 年 12 月 31 日法院尚未判决，甲公司按或有事项准则对该诉讼事项确认预计负债 300 万元。2×20 年 2 月 10 日，经法院判决甲公司应赔偿乙公司 400 万元。甲、乙双方均服从判决。判决当日，甲公司向乙公司支付赔偿款 400 万元。甲、乙两公司 2×19 年所得税汇算清缴均在 2×20 年 3 月 20 日完成（假定该项预计负债产生的损失不允许在预计时税前抵扣，只有在损失实际发生时，才允许税前抵扣）。甲公司 2×19 年会计利润为 10 000 万元。

1. 甲公司的账务处理

(1)2×19 年末

借：营业外支出　　3 000 000

　贷：预计负债　　3 000 000

借：所得税费用　　(100 000 000×25%)25 000 000

　递延所得税资产　　(3 000 000×25%)750 000

　贷：应交税费——应交所得税　　25 750 000

(2)2 月 10 日记录支付的赔偿款

借：以前年度损益调整——调整营业外支出　　1 000 000

　预计负债　　3 000 000

　贷：其他应付款　　4 000 000

借：其他应付款　　4 000 000

　贷：银行存款　　4 000 000

注：上述赔偿业务为 2×1 9 年的业务，这里只是通过“其他应付款” 科目进行过渡，不能直接在第(2)笔分录中贷记“银行存款”。《企业会计准则第 29 号——资产负债表日后事项》规定，对于调整事项，不能调整报告年度资产负债表中的“货币资金”以及现金流量表。

(3)调整所得税

借：应交税费——应交所得税　　(4 000 000×25%)1 000 000

　贷：以前年度损益调整——调整所得税费用　　1 000 000

借：以前年度损益调整——调整所得税费用　　(3 000 000×25%)750 000

　贷：递延所得税资产　　750 000

(4)将“以前年度损益调整”科目余额转入利润分配

借：利润分配——未分配利润　　(1 000 000－1 000 000＋750 000)750 000

　贷：以前年度损益调整　　750 000

借：盈余公积　　(750 000×10%)75 000

　贷：利润分配——未分配利润　　75 000

(5)调整报告年度2×19年会计报表相关项目的数字(财务报表略)

①资产负债表项目的调整

调减递延所得税资产75万元,调减应交税费100万元,调增其他应付款项目400万元,调减预计负债300万元;调减盈余公积7.5万元;调减未分配利润67.5(75—7.5)万元。

②利润表项目的调整

调增营业外支出100万元,调减所得税费用25(100—75)万元。

③所有者权益变动表项目的调整

调减净利润75万元;提取盈余公积项目中盈余公积一栏调减7.5万元,未分配利润调减67.5万元。

2. 乙公司的账务处理

2×19年末乙公司不编制会计分录,但是需要披露,

2×20年的会计处理如下:

(1)记录收到的赔款

借:其他应收款　4 000 000

　贷:以前年度损益调整——调整营业外收入　4 000 000

借:银行存款　4 000 000

　贷:其他应收款　4 000 000

(2)调整所得税

借:以前年度损益调整——所得税费用　(4 000 000×25%)1 000 000

　贷:应交税费——应交所得税　1 000 000

(3)将"以前年度损益调整"科目余额转入未分配利润

借:以前年度损益调整　(4 000 000—1 000 000)3 000 000

　贷:利润分配——未分配利润　3 000 000

(4)因净利润增加,补提盈余公积

借:利润分配——未分配利润　(3 000 000×10%)300 000

　贷:盈余公积　300 000

(二)资产负债表日后表明资产减值

资产负债表日后取得确凿证据,表明某项资产在资产负债表日发生了减值或者需要调整该项资产原先确认的减值金额。

这一事项是指在资产负债表日,根据当时的资料判断某项资产可能发生了损失或减值,但没有最后确定是否会发生,因而按照当时的最佳估计金额反映在财务报表中;但在资产负债表日至财务报告批准报出日之间,所取得的确凿证据能证明该事实成立,即某项资产已经发生了损失或减值,则应对资产负债表日所作的估计予以修正。

【例10—7】　2×19年4月甲公司销售给丙公司一批产品,货款为1 500万元(含增值税),丙公司于5月份收到所购物资并验收入库,按合同规定,丙公司应于收到所购物资后一个月内付款。由于丙公司财务状况不佳,到2×19年12月31日仍未付款。甲公司于12月31日编制2×19年财务报表时,已为该项应收账款提取坏账准备200万元。甲公司于2×20年2月2日(所得税汇算清缴前)收到法院通知,丙公司已宣告破产清算,无力偿还所欠部分货款。甲公司预计可收回应收账款的40%。适用的所得税税率为25%。甲公司

2×19 年财务报告批准报出日为 2×20 年 3 月 25 日。假定税法规定，坏账准备在实际发生前不得税前扣除，在实际发生时才允许税前扣除。

本例中，甲公司在收到法院通知后，首先可判断该事项属于资产负债表日后调整事项，然后根据调整事项的处理原则进行处理。具体过程如下（单位：万元）：

(1)补提坏账准备

应补提的坏账准备＝1 500×60%－200＝700(万元)

借：以前年度损益调整——调整资产减值损失　　7 000 000

　贷：坏账准备　　7 000 000

(2)调整递延所得税

借：递延所得税资产　　(7 000 000×25%)1 750 000

　贷：以前年度损益调整——所得税费用　　1 750 000

(3)将“以前年度损益调整”科目余额转入未分配利润

借：利润分配——未分配利润　　(7 000 000－1 750 000)5 250 000

　贷：以前年度损益调整　　5 250 000

(4)因净利润减少，冲销盈余公积

借：盈余公积　　525 000

　贷：利润分配——未分配利润　　525 000

(5)调整报告年度财务报表相关项目的数字(财务报表略)

①资产负债表项目的调整

调减应收账款年末数 700 万元；调增递延所得税资产 175 万元；调减盈余公积 52.5 万元；调减未分配利润(525－52.5)472.5 万元。

②利润表项目的调整

调增资产减值损失 700 万元；调减所得税费用 175 万元。

③所有者权益变动表项目的调整

调减净利润 525 万元，提取盈余公积项目中盈余公积调减 52.5 万元，未分配利润调增 52.5 万元。

(三)资产负债表日后进一步确定收入和成本

资产负债表日后进一步确定资产负债表日前购入资产的成本或售出资产的收入，这类调整事项包括两方面的内容：

第一，若资产负债表日前购入的资产已经按暂估金额等入账，资产负债表日后获得证据，可以进一步确定该资产的成本，则应对已入账的资产成本进行调整。

第二，企业在资产负债表日已根据收入确认条件确认资产销售收入，但资产负债表日后获得关于资产收入的进一步证据，如发生销售退回等，此时也应调整财务报表相关项目的金额。需要说明的是，资产负债表日后发生的销售退回，既包括报告年度或报告中期销售的商品在资产负债表日后发生的销售退回，也包括以前期间销售的商品在资产负债表日后发生的销售退回。

资产负债表所属期间或以前期间所售商品在资产负债表日后退回的，应作为资产负债表日后调整事项处理。发生于资产负债表日后至财务报告批准报出日之间的销售退回事项，可能发生于该企业年度所得税汇算清缴之前，也可能发生于该企业年度所得税汇算清缴之后，其会计处理分别如下。

1. 涉及报告年度所属期间的销售退回发生于该企业报告年度所得税汇算清缴之前的，应调整报告年度利润表的收入、成本等，并相应调整报告年度的应纳税所得额以及报告年度应缴的所得税等。

【例 10－8】 甲公司 2×19 年 11 月 3 日销售一批商品给丁公司，取得收入 150 万元(不含税，增值税税率为 13%)。甲公司发出商品后，按照正常情况已确认收入。并结转成本 100 万元。2×19 年 12 月 31 日，该笔款项尚未收到，甲公司未对应收账款计提坏账准备。2×20 年 1 月 14 日，由于产品质量问题，本批货物被退回。甲公司于 2×20 年 2 月 28 日完成 2×19 年所得税汇算清缴。

本例中，销售退回业务发生在资产负债表日后事项涵盖期间内，属于资产负债表日后调整事项。由于销售退回发生在甲公司报告年度所得税汇算清缴之前，因此，在所得税汇算清缴时，应扣除该部分销售退回所实现的应纳税所得额。

甲公司账务处理如下：

(1)2×20 年 1 月 14 日，调整销售收入

借：以前年度损益调整——调整营业收入　　1 500 000

　　应交税费——应交增值税(销项税额)　　195 000

　　贷：应收账款　　1 695 000

(2)调整销售成本

借：库存商品　　1 000 000

　　贷：以前年度损益调整——调整营业成本　　1 000 000

(3)调整应缴纳的所得税

借：应交税费——应交所得税　[(1 500 000－1 000 000)×25%]125 000

　　贷：以前年度损益调整——调整所得税费用　　125 000

(4)将“以前年度损益调整”科目余额转入利润分配

借：利润分配——未分配利润　　375 000

　　贷：以前年度损益调整　　375 000

(5)因净利润减少，调整盈余公积

借：盈余公积　　37 500

　　贷：利润分配——未分配利润　　37 500

(6)调整报告年度相关财务报表

①资产负债表项目的调整

调减应收账款 169.5 万元；调增库存商品 100 万元；调减盈余公积 3.75 万元；调减未分配利润 33.75 万元。

②利润表项目的调整

调减营业收入 150 万元；调减营业成本 100 万元。

③所有者权益变动表项目的调整

调减净利润 37.5 万元，提取盈余公积项目中盈余公积调减 3.75 万元，未分配利润调增 3.75 万元。

2. 涉及报告年度所属期间的销售退回发生于该企业报告年度所得税汇算清缴之后的，

应调整报告年度利润表的收入、成本等，但按照税法规定在此期间的销售退回所涉及的应缴所得税，应作为本年度的纳税调整事项。

【例 10—9】 沿用【例 10—8】的资料，假定销售退回的时间改为 2×20 年，则调整报告年度相关财务报表为：

（1）资产负债表项目的调整

调减应收账款 169.5 万元；调增库存商品 100 万元；调减盈余公积 3.75 万元；调减未分配利润 33.75 万元。

（2）利润表项目的调整

调减营业收入 150 万元；调减营业成本 100 万元。

（3）所有者权益变动表项目的调整

调减净利润 37.5 万元，提取盈余公积项目中盈余公积调减 3.75 万元，未分配利润调增 3.75 万元。

3 月 10 日，即报告期所得税汇算清缴之后。

甲公司账务处理如下：

（1）2×20 年 3 月 10 日，调整销售收入

借：以前年度损益调整——调整营业收入	1 500 000	
应交税费——应交增值税（销项税额）	195 000	
贷：应收账款		1 695 000

（2）调整销售成本

借：库存商品	1 000 000	
贷：以前年度损益调整——调整营业成本		1 000 000

（3）将“以前年度损益调整”科目余额转入利润分配

借：利润分配——未分配利润	500 000	
贷：以前年度损益调整		500 000

（4）因净利润减少，调整盈余公积

借：盈余公积	50 000	
贷：利润分配——未分配利润		50 000

（5）调整报告年度相关财务报表

①资产负债表项目的调整

调减应收账款 169.5 万元；调增库存商品 100 万元；调减盈余公积 5 万元；调减未分配利润 45 万元。

②利润表项目的调整

调减营业收入 150 万元；调减营业成本 100 万元。

③所有者权益变动表项目的调整

调减净利润 50 万元，提取盈余公积项目中盈余公积调减 5 万元，未分配利润调增 5 万元。

（四）资产负债表日后发现了财务舞弊或差错

这一事项是指资产负债表日后至财务报告批准报出日之前发生的属于资产负债表期间或以前期间存在的财务报表舞弊或差错，这种舞弊或差错应当作为资产负债表日后调整事

项，调整报告年度的年度财务报告或中期财务报告相关项目的数字。

【例 10-10】 甲公司 2×20 年 1 月 10 日发现 2×19 年 6 月一项已经达到预定使用状态的管理用固定资产未结转，在建工程成本为 1 500 万元，预计使用年限为 10 年，无净残值，采用直线法计提折旧。会计处理如下：

(1)冲销在建工程，办理固定资产入账

借：固定资产 15 000 000

贷：在建工程 15 000 000

(2)补提折旧

借：以前年度损益调整——固定资产折旧

(15 000 000×1/10×1/2)750 000

贷：累计折旧 750 000

(3)调整应交所得税

借：应交税费——应交所得税 (750 000×25%)187 500

贷：以前年度损益调整——调整所得税费用 187 500

(4)将“以前年度损益调整”科目余额转入利润分配

借：利润分配——未分配利润 (750 000-187 500)562 500

贷：以前年度损益调整 562 500

(5)因净利润减少，调整盈余公积：

借：盈余公积 56 250

贷：利润分配——未分配利润 56 250

【例 10-11】 甲公司系上市公司，属于增值税一般纳税人，适用的增值税税率为 13%，适用的所得税税率为 25%，所得税采用资产负债表债务法核算。不考虑除增值税、所得税以外的其他相关税费。除特别说明外，甲公司对于 3 个月以内账龄的应收款项计提坏账准备的比例确定为 0.5%。甲公司按当年实现净利润的 10%提取法定盈余公积。

甲公司 2×19 年度所得税汇算清缴于 2×20 年 2 月 28 日完成，在此之前发生的 2×19 年度纳税调整事项，均可进行纳税调整。甲公司 2×19 年度财务报告于 2×20 年 3 月 31 日经董事会批准对外报出。

2×20 年 1 月 1 日至 3 月 31 日，甲公司发生如下交易或事项：

(1)1 月 14 日，甲公司收到乙公司退回的 2×19 年 10 月 4 日从其购入的一批商品，以及税务机关开具的进货退出证明单。当日，甲公司向乙公司开具红字增值税专用发票。该批商品的销售价格(不含增值税)为 500 万元，增值税为 65 万元，销售成本为 400 万元。假定甲公司销售该批商品时，销售价格是公允的，也符合收入确认条件。至 2×20 年 1 月 14 日，该批商品的应收账款尚未收回。

(2)2 月 25 日，甲公司办公楼因电线短路引发火灾，造成办公楼严重损坏，直接经济损失 230 万元。

(3)3 月 26 日，甲公司获知丙公司被法院依法宣告破产，预计应收丙公司账款 300 万元(含增值税)收回的可能性极小，应按全额计提坏账准备。甲公司在 2×19 年 12 月 31 日已被告知丙公司资金周转困难无法按期偿还债务，因而按应收丙公司账款余额的 50%计提了坏账准备。

(4)3月5日,甲公司发现2×19年度漏记某项生产设备折旧费用200万元,金额较大。至2×19年12月31日,该生产设备生产的已完工产品尚未对外销售(不考虑所得税影响)。

(5)3月15日,甲公司决定以2 400万元收购丁上市公司股权。该项股权收购完成后,甲公司将拥有丁上市公司有表决权股份的10%。

(6)3月28日,甲公司董事会提议的利润分配方案为:分配现金股利210万元。

要求:

1. 指出甲公司发生上述所有事项中,哪些属于调整事项,哪些属于非调整事项?

2. 对于甲公司的调整事项,编制有关调整分录。

3. 填列甲公司2×19年12月31日资产负债表相关项目调整表中各项目的调整金额(调增数以"+"表示,调减数以"-"表示)。

解析:

1. 调整事项有:(1)(3)(4);非调整事项有:(2)(5)(6)

2. 对于甲公司的调整事项,调整分录如下:

事项(1)的调整分录:

借:以前年度损益调整——营业收入　5 000 000

　应交税费——应交增值税(销项税)　650 000

　贷:应收账款　5 650 000

借:库存商品　4 000 000

　贷:以前年度损益调整——营业成本　4 000 000

借:坏账准备　(5 650 000×0.5%)28 250

　贷:以前年度损益调整——资产减值　28 250

借:应交税费——应交所得税　[(5 000 000-4 000 000)×25%]250 000

　贷:以前年度损益调整——所得税费用　250 000

借:以前年度损益调整　(28 250×25%)7 062.5

　贷:递延所得税资产　7 062.5

借:利润分配——未分配利润　728 812.5

　贷:以前年度损益调整　728 812.5

借:盈余公积　(728 812.5×10%)72 881.25

　贷:利润分配——未分配利润　72 881.25

事项(3)的调整分录:

应补提的坏账准备=300-300×50%=150(万元)

借:以前年度损益调整——资产减值损失　1 500 000

　贷:坏账准备　15 00 000

借:递延所得税资产　(1 500 000×25%)375 000

　贷:以前年度损益调整　375 000

借:利润分配——未分配利润　(1 500 000-375 000)1 125 000

　贷:以前年度损益调整　1 125 000

借:盈余公积　(1 125 000×10%)112 500

　贷:利润分配——未分配利润　112 500

事项(4)的调整分录：

借：库存商品　　2 000 000

　贷：累计折旧　　2 000 000

3. 填列甲公司2×19年12月31日资产负债表相关项目调整表中各项目的调整金额，如表10—2所示：

表10—2　　甲公司2×19年12月31日资产负债表相关项目调整表

资产项目	调整金额(万元)	负债和所有者权益项目	调整金额(万元)
应收账款	−565+2.825−150=−712.175	应交税费	−65−25=−90
存货	400+200=600	盈余公积	−7.288 125−11.25=−18.538 125
固定资产	−200(折旧)	未分配利润	−72.881 25+7.288 125−112.5+11.25=−166.843 125
递延所得税资产	−0.706 25+37.5=36.793 75		
合　计	−275.381 35	合　计	−275.381 35

三、资产负债表日后调整事项涉税处理汇总

(一)资产负债表日后调整事项涉及预计负债——未决诉讼

表10—3　　资产负债表日后调整事项涉及预计负债——未决诉讼的涉税处理

	内　容	调整报告年度“应交税费——应交所得税”科目	调整报告年度“递延所得税资产”科目
发生在所得税汇算清缴之前的	假定相关支出实际发生时允许税前抵扣，如果企业不再上诉，赔款已经支付，将“预计负债”转入“其他应付款”	应调整	将原确认的递延所得税资产转回
	假定相关支出实际发生时允许税前抵扣，如果企业不服，决定上诉，则不能确认为“其他应付款”	不能调整	应调整原已确认的递延所得税资产
	假定实际支付时税法也不允许扣除涉及对外担保的预计负债	不能调整	不能调整

(二)资产负债表日后调整事项涉及减值准备

表10—4　　资产负债表日后调整事项涉及减值准备的涉税处理

内　容	调整报告年度“应交税费——应交所得税”科目	调整报告年度“递延所得税资产”科目
假定相关减值损失实际发生时允许税前扣除	不调整	补提减值准备后： 借：递延所得税资产 　贷：以前年度损益调整

(三)资产负债表日后调整事项涉及销售退回或折让(没有计提坏账准备情况下)

表 10—5　　资产负债表日后调整事项涉及销售退回或折让的涉税处理

内　容	调整报告年度“应交税费——应交所得税”科目	调整报告年度“递延所得税资产”科目
发生于报告年度所得税汇算清缴之前	调减	不调整

(四)资产负债表日后调整事项涉及差错

表 10—6　　资产负债表日后调整事项涉及差错的涉税处理

内　容	调整报告年度“应交税费——应交所得税”科目	调整报告年度“递延所得税资产”科目
只涉及损益,没有暂时性差异,也没有永久性差异。如:上年漏记折旧、上年多或少确认收入	“以前年度损益调整”如果在借方,则“应交税费——应交所得税”科目也在借方;若在贷方,则“应交税费——应交所得税”科目也在贷方	不调整
只涉及损益,存在暂时性差异,没有永久性差异。如:税法允许以后扣除的可抵扣差异,如不提减值准备;税法允许以后缴纳的应纳税差异	不调整	调整“递延所得税资产”“递延所得税负债”
只涉及损益,不存在暂时性差异,存在永久性差异。如:违反法律的罚款,如果原未计入营业外支出;国库券利息收入,原未计入投资收益	不调整	不调整

第三节　资产负债表日后非调整事项的会计处理

一、非调整事项的会计处理原则

资产负债表日后发生的非调整事项是表明资产负债表日后发生的情况的事项,与资产负债表日存在状况无关,不应当调整资产负债表日的财务报表。但有的非调整事项对财务报告使用者具有重大的影响,如不加以说明,将不利于财务报告使用者做出估计和决策。因此,应在附注中进行披露。

二、非调整事项的具体会计处理方法

资产负债表日后发生的非调整事项,应当在报表附注中披露每项重要的资产负债表日后非调整事项的性质、内容及其对财务状况和经营成果的影响。无法做出估计的,应当说明原因。

资产负债表日后非调整事项的主要例子介绍如下。

(一)资产负债表日后发生重大诉讼、仲裁和承诺

资产负债表日后发生的重大诉讼等事项,对企业影响较大,为防止误导投资者及其财务报告使用者,应当在报表附注中披露。

【例 10—12】 四川金顶股份有限公司 2×16 年度财务报告批准报出日为 2×17 年 2 月 28 日。2×17 年 2 月 21 日,该公司收到烟台市福山区人民法院执行裁定书,根据执行裁定书,烟台市福山区人民法院在执行申请执行人恒尔投资与被执行人金泉公司等借款保证合同纠纷一案中,因被执行人不能清偿生效法律文书确定的义务,四川金顶股份有限公司被追加为被执行人。法院裁定四川金顶股份有限公司应履行民事调解书所确定的法律义务,四川金顶股份有限公司银行存款 7 400 631.04 元被冻结、划拨,公司已经履行完毕未出资本息的全部义务。公司于 2×17 年 2 月 24 日提交异议诉讼资料,烟台市福山区人民法院已受理该诉讼,并出具受理案件通知书。本公司认为,上述事项诉讼结果具有较大不确定性,公司暂时无法判断该事项对公司可能造成的财务影响。

本例中,四川金顶股份有限公司在资产负债表日后事项涵盖期间发生诉讼被执行,这一事项与资产负债表日 2×16 年 12 月 31 日存在状况无关,但这一事项的披露能使财务报告使用者了解与此有关的情况及其可能带来的影响,应将此事项作为非调整事项在财务报表附注中予以披露。

(二)资产负债表日后资产价格、税收政策、外汇汇率发生重大变化

资产负债表日后发生的资产价格、税收政策和外汇汇率的重大变化,虽然不会影响资产负债表日财务报表相关项目的数据,但对企业资产负债表日后期间的财务状况和经营成果有重大影响,应当在报表附注中予以披露。如发电企业资产负债表日后发生的上网电价的调整。

(三)资产负债表日后因自然灾害导致资产发生重大损失

资产负债表日后发生自然灾害导致资产发生重大损失,这一事项虽然在资产负债表日并不存在,但它将对公司日后的财务状况和经营成果产生较大的影响,公司有义务告知会计信息的使用者,因此应当在财务报告的附注中进行披露。

(四)资产负债表日后发行股票和债券以及其他巨额举债

企业发行股票、债券以及向银行或非银行金融机构举借巨额债务都是比较重大的事项,虽然这一事项与企业资产负债表日的存在状况无关,但这一事项的披露能使财务报告使用者了解与此有关的情况及可能带来的影响,因此应当在报表附注中进行披露。

【例 10—13】 2×16 年 12 月 30 日,黑龙江国中水务股份有限公司得到中国证券监督管理委员会批复,核准公司非公开发行不超过 19 831 090 股新股。2×17 年 1 月 1 日至 2×17 年 2 月 24 日,公司非公开发行 A 股普通股票 198 310 900 股,每股发行价格 4.80 元,共计募集货币资金人民币 951 892 320 元。扣除各项发行费用人民币 2 950 310.90 元,实际募集资金净额为人民币 922 342 009.10 元,其中新增注册资本人民币 198 310 900 元,增加资本公积人民币 724 031 109.10 元。

本例中,黑龙江国中水务股份有限公司发行普通股与资产负债表日 2×16 年 12 月 31 日存在状况无关,但这一事项的能使财务报告使用者了解与此有关的情况及其可能来的影响,该公司应当将此事项作为非调整事项在财务报表附注中进行披露。

（五）资产负债表日后资本公积转增资本

企业以资本公积转增资本将会改变企业的资本（或股本）结构，影响较大，应当在报表附注中进行披露。

【例 10—14】　湖南华菱钢铁股份有限公司 2×18 年度财务报告批准报出日为 2×19 年 2 月 28 日。该公司于 2×19 年 3 月 26 日召开了股东会议。会议审议通过了《关于资本公积转增股本的预案》，公司拟以 2×18 年 12 月 31 日总股本 3 015 650 025 股为基础，以资本公积转增股本，向全体股东每 10 股转增 4 股。

在本例中，资本公积转增资本发生在资产负债表日后事项涵盖期间，不会影响 2×18 年度资产负债表日的存在状况，但资本公积转增资本后将改变股东权益的构成，属于非调整事项，该公司应当告知财务报告的使用者，并在 2×18 年度财务报告的附注中进行披露。

（六）资产负债表日后发生巨额亏损

企业资产负债表日后发生巨额亏损将会对企业报告期以后的财务状况和经营成果产生重大影响，应当在报表附注中及时披露该事项，以便为投资者或其他财务报告使用者做出正确决策提供信息。

（七）资产负债表日后发生企业合并或处置子公司

企业合并或者处置子公司的行为可以影响股权结构、经营范围等方面，对企业未来的生产经营活动产生重大影响，应当在报表附注中进行披露。

【例 10—15】　浙江升华拜克生物股份有限公司的 2×16 年度财务报告批准报出日为 2×17 年 2 月 28 日。2×17 年 1 月 20 日，浙江升华拜克生物股份有限公司第六届董事会第十五次会议决议，同时根据该公司与宁波梅山保税港区永诚誉华股权投资合伙企业（有限合伙）2×17 年 1 月签订的《内蒙古拜克生物有限公司股权转让协议》，公司以 5 975.80 万元将持有的内蒙古拜克生物有限公司 100%股权转让给宁波永诚誉华股权投资合伙企业（有限合伙），内蒙古拜克生物有限公司应付浙江升华拜克生物股份有限公司的款项在 2×17 年 5 月 31 日前归还，宁波梅山保税港区永诚誉华股权投资合伙企业（有限合伙）对该项还款义务承担不可撤销的连带担保责任，该转让已于 2×17 年 2 月 9 日完成工商变更登记。

在本例中，2×17 年 1 月 20 日，在公司 2×16 年财务报告尚未批准对外报出之前，该公司转让了子公司。该事项在 2×16 年 12 月 31 日前尚未发生，与资产负债表日存在的状况无关，不影响资产负债表日浙江升华拜克生物股份有限公司的财务报表数字，但该事项属于重要事项，会影响该公司以后期间的财务状况和经营成果，因此需要在财务报告的附注中予以披露。

（八）资产负债表日后发生的利润分配

资产负债表日后，企业制订利润分配方案，拟分配或经审议批准宣告发放股利或利润的行为，并不会导致企业在资产负债表日形成现时义务，虽然该事项的发生可导致企业负有支付股利或利润的义务，但支付义务在资产负债表日尚不存在，不应调整资产负债表日的财务报告，因此，该事项为非调整事项。但为方便财务报告使用者更充分地了解相关信息，企业需要在财务报告中适当披露该信息。

本章习题

一、单项选择题

1. 在资产负债表日后至财务报告批准报出日之间发生的下列事项中，属于资产负债表日后调整事项的是(　　)。

A. 以资本公积转增股本　　B. 宣告分配现金股利

C. 发现预计的资产减值损失严重不足　　D. 销售商品的货款收回存入银行

2. 企业对资产负债表日后事项进行会计处理时，下列报表项目中不应调整的是(　　)。

A. 损益类项目　　B. 所有者权益类项目

C. 负债类项目　　D. 货币资金类项目

3. 企业在对资产负债表日后调整事项进行会计处理时，不能调整的报表是(　　)。

A. 资产负债表　　B. 利润表

C. 现金流量表(正表)　　D. 所有者权益变动表

4. 在资产负债表日至财务报告批准报出日之间发生的下列事项中，属于资产负债日后非调整事项的是(　　)。

A. 以前年度销售的商品发生退回

B. 发现了报告期财务报表舞弊或差错

C. 有新证据表明资产负债表日对未决诉讼确认的预计负债过低

D. 董事会提出的现金股利分配方案

5. 2×19 年 12 月 31 日，A 公司对一起未决诉讼确认预计负债 300 万元。2×18 年 2 月 6 日法院判决 A 公司应赔偿 B 公司 500 万元，A、B 公司均不再上诉，A 公司所得税税率为 15%，按净利润的 10%计提法定盈余公积，所得税汇算清缴于次年 3 月 12 日，假定该项预计负债产生的损失不允许在所得税前扣除，未来期间能够产生足够的应纳税所得额用以抵扣可抵扣暂时性差异，不考虑其他因素，该事项导致 A 公司 2×19 年 12 月 31 日资产负债表中“盈余公积”期末余额调减的金额为(　　)万元。

A. 200　　B. 153　　C. 17　　D. 18

6. A 公司 2×19 年 10 月与乙公司签订一项销售合同，由于 A 公司未按合同发货，致使乙公司发生重大经济损失。被乙公司起诉，至 2×19 年 12 月 31 日法院尚未判决。A 公司 2×19 年 12 月 31 日针对该事项在资产负债表中的“预计负债”项目反映了 1 000 万元的预计赔偿款。2×20 年 3 月 5 日经法院判决，A 公司需偿付乙公司经济损失 1 200 万元。A 公司不再上诉，并于当日支付了赔偿款。A 公司 2×19 年财务报告批准报出日为 2×20 年 4 月 28 日，不考虑其他因素，报告年度资产负债表中有关项目调整正确方法是(　　)。

A.“预计负债”项目调增 200 万元；“其他应付款”项目不调整

B.“预计负债”项目调减 1 000 万；“其他应付款”项目调增 1 200 万元

C.“预计负债”项目调增 200 万元；“其他应付款”项目调增 1 200 万元

D.“预计负债”项目调减 1 200 万元；“其他应付款”项目调增 200 万元

7. 甲公司 2×19 年 12 月 31 日应收乙公司账款 100 万元，已知乙公司财务状况不佳，按照当时估计已计提坏账准备20万元。2×20年2月20日,甲公司获悉乙公司于2×20年2月18日向法院申请破产。甲公司估计应收乙公司账款全部无法收回。甲公司适用的所得税税率为25%,按照净利润的10%提取法定盈余公积,不提取任意盈余公积。2×19年财务报告于2×20年4月20日经董事会批准对外报出。甲公司因该资产负债表日后事项减少2×19年12月31日未分配利润的金额为(　　)万元。

A. 80　　B. 100　　C. 72　　D. 54

8. 甲公司2×19年12月31日应收乙公司账款2 000元,已知乙公司财务状况不佳,按照当时估计已计提坏账准备200万元。2×20年2月20日,甲公司获悉乙公司于2×20年2月18日向法院申请破产,甲公司估计应收乙公司账款全部无法收回。甲公司2×19年度财务报告于2×20年4月20日经董事会批准对外报出。则关于上述事项,下列说法中正确的是(　　)。

A. 甲公司估计乙公司账全部无法收回应作为调整事项处理

B. 甲公司估计乙公司账款全部无法收回应作为非调整事项处理

C. 甲公司估计乙公司账款全部无法收回既不是调整事项,也不是非调整事项

D. 甲公司估计乙公司账款2 000万元无法收回应计入2×19年利润表资产减值损失

9. 甲公司2×19年资产负债表日至财务报告批准报出日之间发生了以下交易事项:(1)2×19年12月发出且已确认收入的一批产品发生销售退回,商品已收到并验收入库;(2)董事会通过利润分配预案拟对2×19年利润进行分配;(3)因被担保人财务状况持续恶化,无法支付预期银行贷款,2×20年1月2日,贷款银行要求甲公司按照合同约定履行债务担保责任1 000万元,甲公司于2×19年年末未取得被担保人相关财务状况等信息,未确认与该担保事项相关的预计负债。假定不考虑其他因素,下列甲公司对资产负债表日后事项的会计处理中不正确的是(　　)。

A. 发生的商品销售退回属于资产负债表日后调整事项

B. 董事会通过利润分配预案属于资产负债表日后非调整事项

C. 利润分配预案应在财务报表附注中披露拟分配的利润

D. 担保事项应在2×19年财务报表附注中披露或有负债1 000万元

二、多项选择题

1. 下列关于资产负债表日后事项的表述中,正确的有(　　)。

A. 影响重大的资产负债表日后非调整事项应在附注中披露

B. 对资产负债表日后调整事项应当调整资产负债表日财务报表有关项目

C. 资产负债表日后事项包括资产负债表日至财务报告批准报出日之间发生的全部事项

D. 判断资产负债表日后调整事项的标准在于该事项对资产负债表日存在的情况提供了新的或进一步的证据

2. 下列发生于报告年度资产负债表日至财务报告批准报出日之间的各事项中,应调整报告年度财务报表相关项目金额的有(　　)。

A. 董事会通过报告年度利润分配预案

B. 发现报告年度财务报告存在重大会计差错

C. 资产负债表日未决诉讼结案，实际判决金额与已确认预计负债不同

D. 有新证据表明存货在报告年度资产负债表日的可变现净值与原估计不同

3. 甲股份有限公司2×19年年度财务报告经董事会批准对外公布的日期为2×20年3月30日，实际对外公布的日期为2×20年4月3日。该公司2×20年1月1日至4月3日发生的下列事项中，应当作为资产负债表日后事项中的调整事项的有（　　）。

A. 3月1日发现2×19年10月接受捐赠获得的一项固定资产尚未入账

B. 3月11日临时股东大会决议购买乙公司51%的股权并于4月2日执行完毕

C. 4月2日甲公司为从丙银行借入8 000万元长期借款而签订重大资产抵押合同

D. 2月1日与丁公司签订的债务重组协议执行完毕，该债务重组协议系甲公司于2×20年1月5日与丁公司签订

E. 3月10日甲公司被法院判决败诉并要求支付赔款1 000万元，对此项诉讼甲公司已于2×19年年末确认为预计负债

4. 甲公司2×19年资产负债表日至财务报告批准报出日（2×20年3月10日）之间发生了以下交易或事项：

(1)因被担保人财务状况恶化，无法支付预期的银行借款，2×20年1月2日，贷款银行要求甲公司按照合同约定履行债务担保责任2 000万元。因甲公司2×19年年末未取得被担保人相关财务状况等信息，未确认与该担保事项相关的预计负债。

(2)2×19年12月发出且已确认收入的一批产品发生销售退回，商品已收到并入库。

(3)经与贷款银行协商，银行同意甲公司一笔将于2×20年5月到期的借款展期2年，按照原借款合同规定，甲公司无权自主对该借款展期。

(4)董事会通过利润分配预案，拟对2×19年年度利润进行分配。

(5)2×19年10月6日，乙公司向法院提起诉讼，要求甲公司赔偿专利侵权损失600万元。截至2×19年12月31日，法院尚未判决。经向律师咨询，甲公司就该诉讼事项于2×19度确认预计负债300万元。2×20年2月5日，法院判决甲公司应赔偿乙公司专利侵权损失500万元。

(6)2×19年12月31日，甲公司应收丙公司账款余额为1 500万元，已计提的坏账准备为300万元。2×20年2月26日，丙公司发生火灾造成严重损失，甲公司预计该应收账款的80%将无法收回。

要求：根据上述资料，不考虑其他情况，回答下列第①题和第②题。

①下列各项中，属于甲公司资产负债表日后调整事项的有（　　）。

A. 发生的商品销售退回　　B. 银行同意借款展期2年

C. 法院判决赔偿专利侵权损失　　D. 董事会通过利润分配预案

E. 银行要求履行债务担保责任

②下列甲公司对资产负债表日后事项的会计处理中，正确的有（　　）。

A. 对于利润分配预案，应在财务报表附注中披露拟分配的利润

B. 对于诉讼事项，应在2×19年资产负债表中调整增加预计负债200万元

C. 对于债务担保事项，应在2×19年资产负债表中确认预计负债2 000万元

D. 对于应收丙公司款项，应在2×19年资产负债表中调整减少应收账款900万元

E. 对于借款展期事项，应在2×19年资产负债表中将该借款自流动负债重分类为非流

动负债

5. 关于资产负债表日后事项，下列说法正确的有(　　)。

A. 资产负债表日后发生的调整事项如涉及现金收支项目的，均不调整报告年度资产负债表的货币资金项目和现金流量表正表的各项数字

B. 对资产负债表日后事项中的调整事项，涉及损益的事项，通过“以前年度损益调整”科目核算，然后将该科目的余额转入“本年利润”科目

C. 资产负债表日后事项期间发生的“已证实资产发生减值”一定是调整事项

D. 资产负债表日后事项中的调整事项，无论是有利事项还是不利事项，均应当调整报告年度财务报表相关项目数字

三、判断题

1. 资产负债表日后调整事项可能涉及调整的报表有资产负债表、利润表、所有者权益变动表和现金流量表，同时若上述调整涉及附注内容，还应调整附注相关项目的数字。(　　)

2. 可供出售金融资产因资产负债表日后市价严重下跌，公司将其视为资产负债表日后调整事项。(　　)

3. 企业因日后调整事项而对资产负债表项目进行调整时，可能调整报告年度的资产负债表相关项目的年初数和年末数。(　　)

4. 资产负债表日后事项如涉及现金收支项目，应调整报告年度资产负债表的货币资金项目，但不应调整现金流量表各项目的数字。(　　)

5. 资产负债表日后董事会制定的利润分配方案中与财务报告所属期间有关的利润均属于调整事项。(　　)

四、计算分析题

长江股份有限公司(以下简称长江公司)为增值税一般纳税企业，适用的增值税税率为13%。长江公司财务报告批准报出日为次年3月31日，所得税税率为25%，采用资产负债表债务法核算，所得税汇算清缴于次年的3月15日完成。

长江公司2×20年1月1日至2×20年3月31日发生如下事项：

(1)2×20年1月20日，企业持有的一项交易性金融资产的市价下跌，该股票账面价值为500万元，现行市价为300万元。

(2)2×20年3月5日，企业发生一场火灾，造成净损失200万元。

(3)2×20年3月10日接到通知，A公司宣告破产，其所欠长江公司的款项100万元预计全部不能偿还。在2×19年12月31日前长江公司已被告知A公司资不抵债、濒临破产，长江公司按应收账款的10%计提了坏账准备。按照税法规定，如有证据表明资产已发生永久或实质性损害时，允许从应纳税所得额中扣除相关的损失。

(4)2×20年3月12日，长江公司收到法院通知，对于长江公司和B公司的经济纠纷已结案，法院判决长江公司应赔偿B公司60万元，双方均服从判决，长江公司于收到判决书当日即支付赔款。该诉讼案系因长江公司和B公司的一项业务合作，B公司因长江公司违约于20×7年12月将其告上法庭，要求其赔偿80万元。2×19年12月31日法院尚未判决，

长江公司按或有事项对该诉讼事项确认了预计负债50万元。

(5)2×20年3月14日，长江公司接到C公司通知，由于产品质量原因C公司要求退回于2×19年购买的生产设备，长江公司同意退货。该设备系长江公司自产，于2×19年12月销售给C公司一台生产设备。销售价款为80万元，长江公司已开出增值税专用发票，并将提货单交与C公司，C公司已开出商业承兑汇票，商业汇票期限为3个月，到期日为次年3月5日。由于C公司安装该设备的场地尚未确定，经长江公司同意，设备于次年1月20日再予以提货。该设备的实际成本为50万元。长江公司未对该项债权计提坏账准备。

其他资料：

(1)不考虑除增值税、所得税以外的其他相关税费。

(2)所售商品均未计提存货跌价准备。

(3)长江公司按当年实现净利润的10%提取法定盈余公积。

(4)涉及递延所得税资产的，均假定未来期间很可能取得用来抵扣暂时性差异的应纳税所得额。

(5)长江公司在2×19年年末已确认暂时性差异并计算所得税费用。

要求：

(1)判断资料中事项哪些属于调整事项，哪些属于非调整事项。对调整事项编制相关账务处理，逐笔结转“利润分配——未分配利润”；

(2)填列上述日后事项处理对长江公司2×19年度会计报表相关项目的调整金额(调增数以“+”表示，调减数以“-”表示，不调整以“0”表示)。(金额单位以万元表示)

项　目	调整金额
应收账款	
应收票据	
存货	
递延所得税资产	
其他应付款	
应交税费	
预计负债	
盈余公积	
未分配利润	
营业收入	
营业成本	
资产减值损失	
营业外支出	
所得税费用	

第十一章

企业合并

导读案例

2020 年 4 月 9 日，爱尔眼科(300015)披露并购交易报告书草案，上市公司拟以发行股份方式购买磐信投资、磐茂投资合计持有的天津中视信 100%股权，由此间接收购爱尔产业基金的 26 家眼科医院。同时，爱尔眼科拟以发行股份及支付现金方式购买众生药业持有的奥理德视光 100%股权与宣城眼科医院 80%股权，拟以发行股份方式购买李马号、尚雅丽、潍坊目乐合计持有的万州爱瑞 90%股权与开州爱瑞 90%股权。综上，该等股权的交易作价合计 18.70 亿元，其中发行股份支付对价 16.53 亿元，现金对价为 2.17 亿元。交易完成后，爱尔投资与陈邦共同持有的上市公司股份比例稍有下降，爱尔投资与陈邦仍分别为控股股东与实际控制人。爱尔眼科表示，交易完成后，相关标的医院将成为上市公司的控股子公司，上市公司将依据其发展规划和经营策略深度介入标的医院的经营管理，而业绩承诺的前提是标的医院的经营管理保持独立。Choice 数据显示，自爱尔眼科上市以来，总并购涉及标的超 60 个，总交易金额超 110 亿元。

请思考：

1. 什么是企业合并？为什么要进行企业合并？
2. 爱尔眼科采用了哪些常见的企业合并的方式？

学习目标

1. 了解企业合并的目的和内容。
2. 掌握同一控制下企业合并的会计业务处理。
3. 掌握非同一控制下企业合并的会计业务处理。

第一节　企业合并概述

一、企业合并的相关概念

我国《企业会计准则第 20 号——企业合并》将企业合并定义为：企业合并是指两个或者两个以上的单独的企业合并成一个报告主体的交易或事项。

从企业合并的定义看，是否形成企业合并，首先要看取得的企业是否构成业务；其次要看有关交易或事项发生前后，是否引起报告主体的变化。

企业合并的结果通常是一个企业取得了对一个或多个业务的控制权。如果一个企业取得了对另一个或多个企业的控制权，而被购买方（或被合并方）并不构成业务，则该交易或事项不形成企业合并。如果企业取得了不形成业务的一项资产或净资产时，应将这组资产或净资产的购买成本在组内各项可辨认资产、负债之间按照其在购买日的相对公允价值比例进行分配，不作为企业合并处理。例如，一个企业对另一个企业具有独立生产能力的生产线的合并，一般构成业务合并。典型代表是康师傅获得了百事在中国的 24 家罐装厂、瓶装业务，以及佳得乐等非碳酸业务的分销生产，这些不构成企业合并。

上述所称“业务”是指企业内部某些生产经营活动或资产负债的组合，该组合具有投入、加工处理和产出能力，能够独立计算其成本费用或所产生的收入。有关资产或资产、负债的组合是否构成一项业务，应结合所取得资产、负债的内在联系及加工处理过程等进行综合判断。

有关交易或事项发生前后，是否引起报告主体的变化，是判断是否形成企业合并的关键。而报告主体的变化产生于控制权的变化。具体有以下两种情况。

第一，交易事项发生以后，一方能够对另一方的生产经营决策实施控制，双方形成母子公司关系，涉及控制权的转移。被合并方（子公司）应纳入合并方（母公司）的合并财务报告的范围中，从合并财务报告的角度形成报告主体的变化，形成企业合并。

第二，交易事项发生以后，一方能够控制另一方的全部净资产。被合并的企业在合并后丧失其法人资格（不再是一个报告主体），也涉及控制权及报告主体的变化，形成企业合并。在实务中，对于交易或事项发生前后是否形成控制权的转移，应当遵循实质重于形式的原则，综合考虑各方面情况进行判断。

二、企业合并的分类

企业合并种类繁多，常见的分类有以下几种。

（一）按照合并后企业主体法律形式是否变化分类

企业合并按照合并后的主体法律形式是否变化进行分类，可以分为吸收合并、新设合并和控股合并 3 种。

1. 吸收合并

吸收合并是指一家企业通过发行股票、支付现金或其他资产等方式取得另一家或几家企业的全部净资产，参与合并的企业在合并后，只有合并方保持原有的法人地位，其他企

业(被合并方)丧失其原有法人资格,不再存在。例如,A 公司通过吸收合并取得了 B 公司,则这种合并方式可用下式表示:

A 公司+B 公司=A 公司

2. 新设合并

新设合并是指两家或两家以上的企业联合成立一个新的企业,用新企业的股份交换原来各企业的股份。合并后,新企业作为一个法人机构存在,原来各企业均失去法人资格,新企业在接受已解散的原企业资产的同时,也承担其债务。新企业向原企业的股东发行股票或签发出资证明,从而使原企业的股东成为新企业的股东。这种合并可以用下式表达:

A 公司+B 公司=C 公司

3. 控股合并

控股合并是指一家企业通过支付现金或其他资产、发行股票等方式取得另一家企业全部或部分有表决权的股份,从而达到能够对被投资企业(被合并方)实施控制的企业合并形式。合并后,参与合并的两家企业仍然保持其独立的法人地位,但合并方(投资企业)与被合并方(被投资企业)之间形成了母子公司关系,合并方(母公司)需要编制合并财务报表。例如,A 公司以现金购买了 B 公司 90%有表决权的股份,并能够决定 B 公司的财务政策和经营政策,则 A 公司就成为 B 公司的母公司,B 公司作为 A 公司的子公司,仍然保留其法人资格。这种合并可用下式表示:

A 公司+B 公司=A 公司+B 公司

上述所称的控制是指投资方拥有对被投资方的权力,通过参与被投资方的相关活动而享有可变回报,并且有能力运用对被投资方的权力影响其回报金额。

(二)按照是否受同一方最终控制分类

企业合并按照参与合并的各方在合并前后是否受同一方最终控制进行分类,可以分为同一控制下的企业合并和非同一控制下的企业合并。

1. 同一控制下的企业合并

同一控制下的企业合并是指参与合并的企业在合并前后均受同一方或相同的多方最终控制且该控制并非暂时性的。这里的"同一方",是指对参与合并的企业在合并前后均实施最终控制的投资者,如企业集团母公司。

这里的"相同的多方",通常是指根据投资者之间的协议约定,在对被投资单位的生产经营决策行使表决权时发表一致意见的两个或两个以上的投资者。

这里的"控制并非暂时性"是指参与合并的各方在合并前后较长的时间内受同一方或相同的多方最终控制。较长的时间通常是指在企业合并之前(合并日之前),参与合并各方在最终控制方的控制时间一般在 1 年以上(含 1 年),企业合并后所形成的报告主体在最终控制方的控制时间也应在 1 年以上(含 1 年)。

对企业合并是否是同一控制下的企业合并的判断,应当遵循实质重于形式的要求。一般情况下,同一企业集团内部各子公司之间、母公司与子公司之间进行的合并均属于同一控制下的企业合并。

例如,A、B 公司均为甲公司的子公司,B 公司拥有 C 公司 80%的股权,并控制 C 公司的财务和经营决策,现 A 公司从 B 公司手中购买了 B 公司所持有的 C 公司 80%的股权,从而使 C 公司成为 A 公司的子公司,此项合并就属于同一控制下的企业合并。

2. 非同一控制下的企业合并

非同一控制下的企业合并，是指参与合并各方在合并前后不受同一方或相同的多方最终控制的合并交易。非同一控制下的企业合并，在购买日取得对其参与企业控制权的一方为购买方，参与合并的其他企业为被购买方。购买日是指购买方实际取得被购买方控制权的日期。

第二节 同一控制下企业合并的会计处理

一、同一控制下企业合并的会计处理原则

对于同一控制下的企业合并，我国《企业会计准则第 20 号——企业合并》中要求合并方在合并日对企业合并应遵循以下原则进行相关的会计处理。

1. 合并方在合并中确认取得的被合并方的资产、负债仅限于被合并方账面上原已确认的资产和负债，合并中不产生新的资产和负债。同时，合并方在合并中取得的被合并方的各项资产、负债应维持其在被合并方的原账面价值不变。

同一控制下的企业合并，从最终控制方的角度来看，其在企业合并发生前后能够控制的净资产价值量并没有发生变化，合并方在合并中取得的被合并方各项资产、负债应按照其原账面价值入账，即便是在合并过程中，合并方支付的合并对价与取得的被合并方净资产账面价值之间存在差额，一般不确认新的商誉，但被合并方在合并前账面上原已确认的商誉应作为合并中取得的资产确认。所以，同一控制下的企业合并中不确认新的资产和负债。

2. 统一会计政策。同一控制下的企业合并，若被合并方在企业合并前采用的会计政策与合并方不一致的，合并方应当按照本企业会计政策对被合并方资产、负债的账面价值进行调整，并以调整后的账面价值作为取得资产负债的入账价值。

3. 合并方在合并中支付合并对价的账面价值与取得的净资产的入账价值之间的差额应当调整所有者权益相关项目。

同一控制下的企业合并，其实质不作为购买交易，而是作为两个或多个会计主体权益的整合。合并方在企业合并中取得的净资产的价值量相对于所支付对价的价值量之间存在差额的，不计入合并当期损益，而应当调整所有者权益。在根据合并差额调整合并方的所有者权益时，应首先调整资本公积(资本溢价或股本溢价)，资本公积(资本溢价或股本溢价)的余额不足冲减的，应冲减留存收益(盈余公积和未分配利润)。

4. 对于同一控制下的控股合并，应视同合并后形成的报告主体自最终控制方开始实施控制时一直是一体化存续下来的，参与合并各方在合并以前期间实现的留存收益应体现为合并财务报表中的留存收益。在合并财务报表中应以合并方的资本公积(经调整后的资本公积中的资本溢价或股本溢价部分)为限，在所有者权益内部进行调整，将被合并方在合并日以前期间实现的留存收益中按照持股比例计计算归属于合并方的部分自资本公积转入留存收益。

二、同一控制下控股合并的会计处理

同一控制下的控股合并中，合并方在合并日的会计处理包括两方面的内容：一是因企业

合并形成的对被合并方的长期股权投资的确认、计量及具体账务处理；二是合并日合并财务报表的编制。

1. 长期股权投资的确认、计量及账务处理

(1)长期股权投资初始投资成本的确定

按照《企业会计准则第 2 号——长期股权投资》的规定，同一控制下企业合并形成的长期股权投资，合并方应以合并日所享有的被合并方所有者权益账面价值的份额作为其初始投资成本[长期股权投资(合并日被合并方所有者权益账面价值×合并方持股比例)]。合并方在合并中取得的净资产的入账价值相对于为进行企业合并支付的对价账面价值之间的差额，不作为资产的处置损益，不影响合并当期利润表，有关差额应调整所有者权益相关项目：

第一步，先调冲“资本公积——资本溢价或股本溢价”；

第二步，再调冲“盈余公积”；

第三步，最后调冲“利润分配——未分配利润”。

具体账务处理举例如下。

【例 11－1】 M 公司以库存商品作为合并对价自 L 公司换得同一集团 N 公司 80%股份，库存商品的账面余额 800 万元，公允价值 1 000 万元，增值税率 13%，消费税率 5%，合并当日 N 公司账面净资产 700 万元，其中股本 100 万元，资本公积 180 万元，盈余公积 150 万元，未分配利润 470 万元。

借：长期股权投资	5 600 000	
资本公积	1 800 000	
盈余公积	1 500 000	
未分配利润	900 000	
贷：库存商品		8 000 000
应交税费——应交增值税(销项税额)		1 300 000
——应交消费税		500 000

【例 11－2】 M 公司以库存商品作为合并对价自 L 公司换得同一集团 Y 公司 80%股份，库存商品的账面余额 800 万元，公允价值 1 000 万元，增值税率 13%，消费税率 5%，合并当日 Y 公司账面净资产 1 500 万元，其中股本 700 万元，资本公积 180 万元，盈余公积 150 万元，未分配利润 470 万元。

借：长期股权投资	12 000 000	
贷：库存商品		8 000 000
应交税费——应交增值税(销项税额)		1 300 000
——应交消费税		500 000
资本公积——股本溢价		2 200 000

【例 11－3】 M 公司以固定资产作为合并对价自 L 公司换得同一集团 Y 公司 80%股份，该固定资产的账面原值 800 万元，累计折旧 200 万元，公允价值 1 000 万元，增值税率 13%，合并当日 Y 公司账面净资产 1 500 万元，其中股本 700 万元，资本公积 180 万元，盈余公积 150 万元，未分配利润 470 万元。

涉及固定资产进行投资的，首先将固定资产转入固定资产清理：

借：固定资产清理	6 000 000(账面价值)	

累计折旧　　2 000 000
贷：固定资产　　8 000 000
借：长期股权投资　　12 000 000
贷：固定资产清理　　6 000 000
应交税费——应交增值税（销项税额）　　1 300 000
资本公积——股本溢价　　4 700 000

（2）合并费用的处理

合并方为进行企业合并发生的各项直接相关费用，包括为进行企业合并而支付的有关的法律咨询费用、评估费用、审计费用等（不包括发行权益性证券和发行债券的佣金、手续费等），应于发生时计入当期损益（管理费用）。

【例 11－4】 M公司采用定向发行股票的方式自L公司换得同一集团Y公司80%股份，发行价格5元/股，共发行200万股，支付给证券公司的佣金和手续费50万元。合并当日Y公司账面净资产1 500万元，其中股本700万元，资本公积180万元，盈余公积150万元，未分配利润470万元。

借：长期股权投资　　12 000 000
贷：股本　　2 000 000
资本公积——股本溢价　　10 000 000
借：资本公积——股本溢价　　500 000
贷：银行存款　　500 000

2. 合并日合并财务报表的编制

同一控制下的企业合并形成母子公司关系的（控股合并），合并方一般应在合并日编制合并财务报表，一般包括合并资产负债表、合并利润表和合并现金流量表。

（1）合并资产负债表

同一控制下的企业合并，在编制合并资产负债表时，合并方和被合并方的有关资产负债均以其账面价值反映在合并财务报表中。合并方与被合并方在合并日及以前期间相互间发生的交易，应作为内部交易，按照合并财务报表编制的有关原则进行抵销。

在合并资产负债表中，对于被合并方在企业合并前实现的留存收益（盈余公积和未分配利润之和）中归属于合并方的部分，应以合并方的资本公积（资本溢价或股本溢价）的贷方余额为限，将被合并方在合并前实现的留存收益中归属于合并方的部分自“资本公积”转入“盈余公积”和“未分配利润”项目。具体按照以下两种情况进行调整。

①确认企业合并形成的长期股权投资后，合并方的资本公积（资本溢价或股本溢价）贷方余额大于被合并方合并前实现的留存收益中归属于合并方部分的，在合并资产负债表中，应将被合并方在合并前实现的留存收益中归属于合并方的部分自“资本公积”转入“盈余公积”和“未分配利润”项目。在合并工作底稿中，编制以下调整分录。

借：资本公积（被合并方合并前实现的留存收益×合并方持股比例）
贷：盈余公积（被合并方合并前的盈余公积×合并方持股比例）
未分配利润（被合并方合并前的未分配利润×合并方持股比例）

②确认企业合并形成的长期股权投资后，合并方资本公积贷方余额小于被合并方在合并前实现的留存收益中归属于合并方部分的，在合并资产负债表中，应以合并方资本公

积(资本溢价或股本溢价)的贷方余额为限,将被合并方在合并合并前实现的留存收益中归属于合并方的部分自"资本公积"转入"盈余公积"和"未分配利润"项目。在合并工作底稿中,编制以下调整分录:

借:资本公积(合并方"资本公积——资本溢价或股本溢价"的账面金额)

贷:盈余公积

未分配利润

因合并方的资本公积(资本溢价或股本溢价)余额不足,被合并方在合并前实现的留存收益中归属于合并方的部分在合并资产负债表中未予以全额恢复的,合并方应当在会计报附注中对这一情况进行说明。

(2)合并利润表

合并方在编制合并日的合并利润表时候,应包含合并方及被合并方自合并当期期初至合并日实现的净利润。双方在当期发生的交易,应当按照合并财务报表的有关原则进行抵销。

为了帮助会计信息使用者了解合并方合并利润表中净利润的构成,在同一控制下企业合并的当期,合并方在合并利润表中的"净利润"项目下面应单列"其中,被合并方在合并前实现的净利润"项目,反映合并当期期初至合并日自被合并方带入的损益。

(3)合并现金流量表

合并方在编制合并日的合并现金流量表时,应包含合并方及被合并方自合并当期期初至合并日产生的现金流量。涉及双方当期发生内部交易产生的现金流量,应按照合并财务报表准则规定的有关原则进行抵销。

同一控制下的企业合并,在编制合并日合并财务报表时,可按以下步骤进行。

第一步:加总,将合并方与被合并方个别报表相关项目的数字进行加总。

第二步:抵销,将合并方与被合并方之间发生的内部交易予以抵销(编制抵销分录)。

第三步:调整,以合并方资本公积(资本溢价或股本溢价)账面贷方余额为限,将被合并方在合并前实现的留存收益中归属于合并方的部分自"资本公积"调整转入"盈余公积"和"未分配利润"项目(编制调整分录)。

第四部:计算合并数(编制合并财务报表)。

三、同一控制下吸收合并的会计处理

在同一控制下的吸收合并中,合并方在合并日的会计处理主要涉及的问题有:一是合并方在合并日取得被合并方资产、负债入账价值的确定;二是合并方在合并中取得有关净资产的入账价值与其支付的合并对价账面价值之间差额的处理;三是合并过程中所发生的直接相关费用的处理。

1. 合并日取得资产、负债入账价值的确定

按照我国企业合并准则的规定,合并方在同一控制下吸收合并中取得的资产、负债应当按照相关资产、负债在被合并方的原账面价值入账。

2. 合并差额的处理

合并方在确认了合并中取得的被合并方的资产和负债后,以发行权益性证券作为合并对价的,所确认的净资产入账价值与发行股份面值总额的差额,应计入资本公积(资本溢价

或股本溢价),资本公积(资本溢价或股本溢价)的余额不足冲减的,相应冲减盈余公积和未分配利润;以支付现金、非现金资产作为合并对价的,所确认的净资产入账价值与支付的现金、非现金资产账面价值的差额,相应调整资本公积(资本溢价或股本溢价),资本公积(资本溢价或股本溢价)的余额不足冲减的,冲减盈余公积和未分配利润。

3. 合并过程中所发生的直接相关费用的处理

合并方为进行企业合并发生的直接相关费用包括支付的与企业合并直接相关的审计费用、资产评估费用,以及有关的法律咨询费用等增量费用,合并方应于发生时计入当期损益(管理费用)。

合并过程中所发生的直接相关费用不包括以下内容:

(1)以发行债券方式进行的企业合并,与发行债券相关的佣金、手续费等。这部分费用应计入所发行债券的初始入账金额,即作为应付债券(利息调整)入账价值的组成部分。

(2)以发行权益性证券作为合并对价所发生的与发行权益性证券相关的佣金、手续费等。这部分费用应抵减权益性证券的溢价收入,发行权益性证券无溢价或溢价金额不足以冲减的,应当冲减盈余公积和未分配利润。

第三节 非同一控制下的企业合并

一、会计处理原则

非同一控制下企业合并处理的基本原则是购买法。即将企业合并视为购买企业以一定的价款购进被购买企业的机器设备、存货等资产项目,同时承担该企业的所有负债的行为,从而按合并时的公允价值计量被购买企业的净资产,将投资成本(购买价格)超过净资产公允价值的差额确认为商誉的会计方法。

(一)确定购买方

非同一控制下的企业合并,在购买日取得对其他参与合并企业控制权的一方为购买方,参与合并的其他企业为被购买方。

(二)确定购买日

购买日是指购买方实际取得对被购买方控制权的日期。

(三)确定企业合并成本

企业合并成本包括购买方为进行企业合并支付的现金或非现金资产、发行或承担的债务、发行的权益性证券等在购买日的公允价值。

提示:合并成本中包含或有对价的公允价值。

(四)企业合并成本在取得的可辨认资产和负债之间的分配

1. 合并中取得的被购买方除无形资产以外的其他各项资产(不仅限于被购买方原已确认的资产),其所带来的未来经济利益预期很可能流入企业且公允价值能够可靠计量的,应当单独予以确认并按照公允价值计量。

2. 企业合并中取得的无形资产的确认。非同一控制下的企业合并中,购买方在对企业合并中取得的被购买方资产进行初始确认时,应对被购买方拥有的但在其财务报表中未确认的无形资产进行充分辨认和合理判断，满足以下条件之一的，应确认为无形资产：

（1）源于合同性权利或其他法定权利；

（2）能够从被购买方中分离或者划分出来，并能单独或与相关合同、资产和负债一起，用于出售、转移、授予许可、租赁或交换。

3. 合并中取得的被购买方除或有负债以外的其他各项负债，履行有关的义务很可能导致经济利益流出企业且公允价值能够可靠地计量的，应当单独予以确认为负债并按照公允价值计量。

4. 合并中取得的被购买方的或有负债，在购买日其公允价值能够可靠计量的，应当单独确认为负债并按照公允价值计量。

企业合并中，购买方按照《企业会计准则》规定的原则确认和计量合并中取得的被购买方的资产、负债在购买方财务报表中的价值可能与其计税基础之间存在差异，从而带来递延所得税的确认问题。常见的情形是以控股合并方式完成的非同一控制下企业合并中，购买方取得的被购买方可辨认资产在购买方的合并报表中按照购买日的公允价值确认和计量，但这些资产的计税基础未发生变化。

由于通常情况下资产的公允价值大于其计税基础，上述差异大多为应纳税暂时性差异，应按照《企业会计准则》的规定确认递延所得税负债。此外，以吸收合并方式进行的同一控制下企业合并，在合并不满足税法规定的免税条件时，合并方取得的被合并方资产的计税基础应调整为该资产的公允价值，与会计上按照同一控制下企业合并原则确认的账面价值之间存在差异。由于通常情况下资产的账面价值小于按照公允价值确定的新的计税基础，上述差异为可抵扣暂时性差异，应按照《企业会计准则》的规定确认递延所得税资产。

（五）企业合并成本与合并中取得的被购买方可辨认净资产公允价值份额差额的处理

1. 购买方对合并成本大于合并中取得的被购买方可辨认净资产公允价值份额的差额，应当确认为商誉。

2. 购买方对合并成本小于合并中取得的被购买方可辨认净资产公允价值份额的差额，应当按照下列规定处理：

（1）对取得的被购买方各项可辨认资产、负债及或有负债的公允价值以及合并成本的计量进行复核。

（2）经复核后合并成本仍小于合并中取得的被购买方可辨认净资产公允价值份额的，其差额应当计入当期损益（营业外收入），并在会计报表附注中予以说明。

（六）企业合并成本或合并中取得的有关可辨认资产、负债公允价值暂时确定的情况

企业合并发生当期的期末，因合并中取得的各项可辨认资产、负债及或有负债的公允价值或企业合并成本只能暂时确定的，购买方应当以所确定的暂时价值为基础对企业合并进行确认和计量。

购买日后12个月内对原确认的暂时价值进行调整的，视同在购买日进行的确认和计量，即进行追溯调整。

（七）购买日合并财务报表的编制

企业合并形成母、子公司关系的，母公司应当编制购买日的合并资产负债表，企业合并取得的被购买方各项可辨认资产、负债应当以其在购买日的公允价值计量。母公司的合并成本与取得的子公司可辨认净资产公允价值份额的借方差额，在合并资产负债表中确认为商誉;贷方差额应计入合并当期损益。因购买日不需要编制合并利润表,该差额体现在合并资产负债表上,应调整合并资产负债表留存收益。

二、非同一控制下企业合并的会计处理

(一) 以自产产品或者原材料等对外投资

以自产产品或原材料等对外投资取得控制权时,要按照公允价值确认收入,并且结转其成本。

【例 11－5】 M 公司以库存商品作为合并对价自 L 公司换得非同一集团 Y 公司 80% 股份,库存商品的账面余额 800 万元,公允价值 1 000 万元,增值税率 13%,消费税率 5%,合并当日 Y 公司账面净资产 1 500 万元,其中股本 700 万元,资本公积 180 万元,盈余公积 150 万元,未分配利润 470 万元。

借:长期股权投资	11 300 000	
贷:主营业务收入		10 000 000
应交税费——应交增值税(销项税额)		1 300 000
借:主营业务成本	8 000 000	
贷:库存商品		8 000 000
借:税金及附加	500 000	
贷:应交税费——应交消费税		500 000

(二)以固定资产对外投资

以固定资产对外进行投资,取得的长期股权投资要以换出资产的公允价值进行计量,并且要结转其投资的损益。

【例 11－6】 M 公司以固定资产作为合并对价自 L 公司换得非同一集团 Y 公司 80% 股份,该固定资产的账面原值 800 万元,累计折旧 200 万元,公允价值 1 000 万元,增值税率 13%,合并当日 Y 公司账面净资产 1 500 万元,其中股本 700 万元,资本公积 180 万元,盈余公积 150 万元,未分配利润 470 万元。

涉及固定资产进行投资的,首先将固定资产转入固定资产清理:

借:固定资产清理	6 000 000(账面价值)	
累计折旧	2 000 000	
贷:固定资产		8 000 000
借:长期股权投资	11 300 000	
贷:固定资产清理		10 000 000(公允价值)
应交税费——应交增值税(销项税额)		1 300 000
借:固定资产清理	4 000 000	
贷:资产处置损益		4 000 000

(三)以发行股票方式并购

以发行股票方式对外进行并购,其长期股权投资入账价值等于发行股票的全部公允价值,涉及支付给证券公司的佣金和手续费,直接冲减其资本公积。

【例 11－7】 M 公司采用定向发行股票的方式自 L 公司换得同一集团 Y 公司 80% 股份,发行价格 5 元/股,共发行 200 万股,支付给证券公司的佣金和手续费 50 万元。合并当

日 Y 公司账面净资产 1 500 万元，其中股本 700 万元，资本公积 180 万元，盈余公积 150 万元，未分配利润 470 万元。

借：长期股权投资　　10 000 000
　　贷：股本　　2 000 000
　　　　资本公积——股本溢价　　8 000 000
借：资本公积——股本溢价　　500 000
　　贷：银行存款　　500 000

(四)购买日合并财务报表的编制

1. 将子公司各项资产、负债由账面价值调整到公允价值

以固定资产为例，假定固定资产的公允价值大于账面价值：

借：固定资产
　　贷：资本公积

2. 确认递延所得税

借：资本公积
　　贷：递延所得税负债

购买日抵销分录：

借：股本
　　资本公积
　　其他综合收益
　　盈余公积
　　未分配利润
　　商誉(借方差额)
　　贷：长期股权投资
　　　　少数股东权益

【例 11—8】　A 公司于 2×19 年 6 月 30 日发行 1 000 万股普通股(每股面值 1 元，市场价格为 8.75 元)，取得了 B 公司 70%的股权。A 公司和 B 公司资产负债表有关数据如表 11—1 所示：假定不考虑所得税影响。

表 11—1　　A 公司 2×19 年 6 月 30 日资产负债表简表　　单位：万元

项　目	A 公司	B 公司	
	账面价值	账面价值	公允价值
资产：			
货币资金	4 312.50	450	450
存货	6 200	255	450
应收账款	3 000	2 000	2 000
长期股权投资	5 000	2 150	3 800
固定资产	7 000	3 000	5 500
无形资产	4 500	500	1 500

续表

项　目	A公司	B公司	
	账面价值	账面价值	公允价值
商誉	0	0	0
资产总计	30 012.50	8 355	13 700
负债和所有者权益：			
短期借款	2 500	2 250	2 250
应付账款	3 750	300	300
其他负债	375	300	300
负债合计	6 625	2 850	2 850
股本	7 500	2 500	
资本公积	5 000	1 500	
盈余公积	5 000	500	
未分配利润	5 887.50	1 005	
所有者权益合计	23 387.50	5 505	
负债和所有者权益总计	30 012.50	8 355	

(1)确认长期股权投资

借：长期股权投资　　87 500 000
　贷：股本　　10 000 000
　　资本公积——股本溢价　　77 500 000

(2)计算确定商誉

假定A公司除已确认资产外，不存在其他需要确认的资产及负债，则B公司首先计算合并中应确认的合并商誉：

合并商誉＝企业合并成本－合并中取得被购买方可辨认净资产公允价值份额＝8 750－[5 505＋(13 700－8 355)]×70%＝1 155(万元)

(3)编制调整和抵销分录

借：存货　　1 950 000
　长期股权投资　　16 500 000
　固定资产　　25 000 000
　无形资产　　10 000 000
　贷：资本公积　　53 450 000

借：股本　　25 000 000
　资本公积　　68 450 000
　盈余公积　　5 000 000
　未分配利润　　10 050 000
　商誉　　11 550 000

贷:长期股权投资 87 500 000

少数股东权益 32 550 000[(2 500+6 845+500+1 005)×30%]

(4)编制合并资产负债表,如表 11—2 所示

表 11—2 **A 公司 2×19 年 6 月 30 日合并资产负债表简表** 单位:万元

项 目	A公司	B公司	抵销分录		合并金额
			借 方	贷 方	
资产:					
货币资金	4 312.5	450			4 762.5
存货	6 200	255	195		6 650
应收账款	3 000	2 000			5 000
长期股权投资	13 750= 5 000+8 750	2 150	1 650	8 750	8 800
固定资产	7 000	3 000	2 500		12 500
无形资产	4 500	500	1 000		6 000
商誉	0	0	1 155		1 155
资产总计	38 762.5	8 355			44 867.5
负债和所有者权益					0
短期借款	2 500	2 250			4 750
应付账款	3 750	300			4 050
其他负债	375	300			675
负债合计	6 625	2 850			9 475
股本	8 500	2 500	2 500		8 500
资本公积	12 750	1 500	6 845	5 345	12 750
盈余公积	5 000	500	500		5 000
未分配利润	5 887.5	1 005	1 005		5 887.5
少数股东权益				3 255	3 255
所有者权益合计	32 137.5	5 505			35 392.5
负债和所有者权益总计	38 762.5	8 355			44 867.5

本章习题

一、单项选择题

1. 参与合并的各方在企业合并后法人资格均被注销,重新注册成立一家新的企业,由新注册成立的企业持有参与合并各企业的资产、负债,并在新的基础上经营的合并形式是( )。

A. 控股合并　　B. 吸收合并

C. 新设合并　　D. 同一控制下企业合并

2. 2017 年 12 月 31 日，A 公司董事会做出决议，准备购买甲公司股份；2018 年 1 月 1 日，A 公司取得甲公司 20%的股份，能够对甲公司施加重大影响；2019 年 7 月 1 日，A 公司又取得甲公司 35%的股份，从而能够对甲公司实施控制；2020 年 1 月 1 日，A 公司又取得甲公司 5%的股份，持股比例达到 60%。A 公司和甲公司无关联方关系，根据上述 A 公司对甲公司所进行的股权交易资料判断购买日为(　　)。

A. 2017 年 12 月 31 日　　B. 2018 年 1 月 1 日

C. 2019 年 7 月 1 日　　D. 2020 年 1 月 1 日

3. 甲公司为增值税一般纳税人，2020 年 1 月 1 日，甲公司以其一台生产用设备作为对价从乙公司的原股东处取得乙公司 70%的股权，能够控制乙公司的生产经营决策。当日，乙公司可辨认净资产的账面价值为 7 600 万元，公允价值为 8 300 万元；甲公司作为对价的生产设备原价为 5 150 万元，已累计提取折旧 800 万元，未计提减值准备，当日的公允价值为 5 200 万元，增值税税额为 676 万元。甲公司为进行该项企业合并另支付资产评估、审计费等 50 万元。相关资产所有权转移手续和股权过户手续于 2020 年 1 月 1 日办理完毕。甲公司和乙公司在此之前不存在任何关联方关系。假定，该项交易前甲公司和乙公司采用的会计政策相同，不考虑所得税影响。2020 年 1 月 1 日，甲公司合并资产负债表中应确认的商誉金额为(　　)万元。

A. 66　　B. 0　　C. 116　　D. 200

4. 甲公司为上市公司，于 2020 年 9 月 30 日通过定向增发本公司普通股对乙企业进行合并，以 2 股换 1 股的比例自乙企业股东处取得了乙企业全部股权(非同一控制下企业合并)。合并前甲公司流通股 1 200 万股，2020 年 9 月 30 日甲公司普通股的公允价值为 15 元/股，可辨认净资产账面价值 15 000 万元，公允价值为 17 000 万元；合并前乙企业可辨认净资产账面价值 30 000 万元，其中股本 1 600 万元，每股面值 1 元，留存收益 28 400 万元。以下合并报表中有关项目不正确的是(　　)。

A. 合并日股本为 2 200 万元　　B. 合并日留存收益为 28 400 万元

C. 合并日资本公积为 17 400 万元　　D. 合并日商誉为 3 000 万元

5. 甲公司发行 1 000 万股普通股(每股面值 1 元，市价 5 元)作为合并对价取得乙公司 100%的股权，合并后乙公司维持法人资格继续经营，合并双方合并前无关联关系，购买日乙企业的可辨认资产公允价值总额为 5 000 万元，可辨认负债公允价值总额为 2 000 万元，合并成本与享有被购买方可辨认净资产公允价值份额的差额应(　　)。

A. 计入商誉 3 000 万元

B. 计入资本公积 3 000 万元

C. 个别报表不作账务处理，编制合并财务报表时确认合并商誉 2 000 万元

D. 个别报表不作账务处理，编制合并财务报表时确认资本公积 2 000 万元

6. 下列关于控股合并的表述，错误的是(　　)。

A. 控股合并的合并方需要编制合并报表，将被合并方纳入合并范围

B. 控股合并的合并方通过企业合并交易或事项取得被合并方的控制权，对其产生重大影响

C. 控股合并的合并方取得被合并方控制权之后，被合并方仍维持其独立法人资格继续经营

D. 控股合并的被合并方成为合并方的子公司

7. A公司采用100%控股合并方式合并非关联方B公司，为进行该项企业合并，A公司定向发行了10 000万股普通股（每股面值1元，公允价值每股10元）作为对价。购买日，B公司可辨认净资产账面价值为9 000万元，公允价值为10 000万元。此外A公司发生评估咨询费用10万元，以银行存款支付。A公司和B公司不存在关联方关系，假定不考虑其他因素。A公司购买日应确认合并商誉为（　　）万元。

A. 10 000　　B. 90 000　　C. 90 260　　D. 100 000

8. 2×18年1月1日，M公司通过向N公司股东定向增发1 500万股普通股（每股面值为1元，市价为4元），取得N公司70%股权，并控制N公司，另以银行存款支付财务顾问费100万元。双方约定，如果N公司未来3年平均净利润增长率超过10%，M公司需要另外向N公司原股东支付80万元的合并对价；当日，M公司预计N公司未来3年平均净利润增长率很可能达到12%。该项交易前，M公司与N公司及其控股股东不存在关联方关系。不考虑其他因素，M公司该项企业合并的合并成本为（　　）万元。

A. 6 000　　B. 6 180　　C. 6 240　　D. 6 080

二、多项选择题

1. 下列关于企业合并中被购买方的相关处理，表述不正确的有（　　）。

A. 被购买方不需要进行任何处理

B. 非同一控制的吸收合并，被购买方应按合并中确定的有关资产、负债的公允价值调账

C. 同一控制的控股合并，被购买方不需要调整资产、负债的价值

D. 非同一控制的控股合并，被购买方需要按照合并中确认的公允价值调整相关资产、负债的价值

2. 按照法律形式，企业合并可分为（　　）。

A. 吸收合并　　B. 新设合并　　C. 控股合并　　D. 横向合并

3. 下列关于企业合并方式的表述，正确的有（　　）。

A. 企业合并方式包括控股合并、吸收合并、新设合并

B. 控股合并后，被合并方应纳入合并方的合并财务报表编制范围

C. 吸收合并后，注销被合并方法人资格，合并方取得被合并方全部净资产

D. 新设合并后，参与合并各方合并后法人资格均被注销，重新注册成立一家新公司

4. 下列关于同一控制的控股合并情况下的会计处理，表述正确的有（　　）。

A. 合并方应按照应享有被合并相对于最终控制方而言所有者权益账面价值的份额确认初始投资成本

B. 合并方应按照被合并方资产、负债的账面价值在合并报表中对其进行计量

C. 被合并方资产、负债的账面价值与计税基础之间的差额形成暂时性差异

D. 如果在最终控制方合并报表中确认了原购买被合并方时形成的合并商誉，则合并日合并方应将商誉作为被合并方净资产的一部分进行确认

第十二章

合并财务报表

导读案例

2019 年 5 月 8 日，万达影视传媒有限公司交易资产过户事宜办理完成工商变更登记手续，并取得了北京市工商行政管理局朝阳分局核发的《营业执照》(统一社会代码：9111010569230985X4)。万达影视 95.768 3%股权已过户至公司名下，本次变更完成后，万达影视成为公司控股子公司。据早前公告披露称，万达电影拟向万达投资等 20 名交易对手方发行股份购买其持有的万达影视 95.768 3%的股权，各方协商确定标的资产的交易价格为 105.23 亿元。本次交易完成后，万达电影将直接持有万达影视 95.768 3%的股权。

请思考：

1. 企业合并时为什么要编制合并报表？
2. 控股合并下，取得控制权的当天，投资方需要编制资产负债表、利润表还是现金流量表？

学习目标

1. 了解不同类型企业合并，以及如何编制财务报表。
2. 掌握合并报表时候顺流交易和逆流交易的处理。
3. 掌握合并报表时候的合并与抵销分录的处理。

第一节　合并财务报表概述

合并财务报表是以企业集团为会计主体编制的财务报表。编制合并财务报表的理论，到目前为止主要有母公司理论、实体理论以及所有权理论等。合并财务报表至少包括合并资产负债表、合并利润表、合并所有者权益变动表(或合并股东权益变动表)、合并现金流量表和附注。

一、合并财务报表的编制原则

合并财务报表的编制除在遵循财务报表编制的一般原则和要求外，还应遵循以下原则和要求：

第一，以个别财务报表为基础编制。

合并财务报表的报告主体是集团，而集团只是一个会计概念，不是一个实体，没有自己的账簿，也不需要有自己的账簿体系。编制合并报表的“原料”是需要纳入合并报表范围的母公司、各子公司提供的财务报表和其他相关资料。

第二，一体性原则。

一体性要求在编制合并财务报表时，把应纳入合并财务报表范围的各公司看成一个整体来进行处理。首先，需要以母公司的会计政策和会计期间为标准，调整有关子公司的财务报表项目；其次，需要抵销应纳入合并财务报表范围的各公司之间发生的经济业务在有关报表上的反映；最后，要分财务报表项目把有关金额的合计数算出来，作为合并财务报表该项目的金额。

第三，重要性原则。

编制合并财务报表是为有关利益主体的经济决策服务的，合并财务报表涉及多个法人，这些法人可能分布在不同的国家或地区，有不同的规模和经营范围等，为把有关集团综合实力的信息提供给合并财务报表的使用者，就需要讲究会计信息的成本效益，遵守重要性原则，解决合并财务报表项目的安排、是否抵销内部交易事项等问题。

二、合并财务报表编制的前期准备事项

第一步，统一母子公司的会计政策；

第二步，统一母子公司的资产负债表日及会计期间；

第三步，对子公司以外币表示的财务报表进行折算；

第四步，收集编制合并财务报表的相关资料。

三、合并财务报表的编制程序

第一步，设置合并工作底稿；

第二步，将母公司、纳入合并范围的子公司个别资产负债表、利润表及所有者权益变动表各项目的数据纳入合并工作底稿，并在合并工作底稿中对母公司和子公司个别财务报表各项目的数据进行加总，计算得出个别资产负债表、个别利润表及个别所有者权益变动表各项目合计数额；

第三步，编制调整分录与抵销分录；

第四步，计算合并财务报表各项目的合并金额；

第五步，填列合并财务报表。

四、合并报表的基本理论

（一）母公司理论

母公司理论所采用的合并处理方法是从母公司本身的股东利益来考虑，对于子公司少

数股东的权益，在合并报表中一般视为一项负债。合并财务报表中确定的商誉仅归属于母公司，与少数股东无关。对公司间未实现内部交易损益，顺销时产生的从合并净利润中全部抵销，逆销时产生的依据母公司所占股权比例抵销。

（二）实体理论

实体理论强调的是企业集团中全部成员企业构成的经济实体，视同只要是企业集团成员股东，无论拥有多少股权，都是共同组成经济实体的股东。在实体理论下，少数股东权益通常视为股东权益的一部分，列示于合并资产负债表中的股东权益中。合并财务报表中确定的商誉归属于所有股东。对公司间未实现内部交易损益，无论是顺销还是逆销，均属于抵销范围。目前《国际财务报告准则》以及我国《企业会计准则》就是采用的实体理论。

（三）所有权理论

在所有权理论运用于合并报表编制的时候，既不强调企业集团中存在的法定控制关系，也不强调企业集团各成员企业所构成的经济实体，而是强调编制合并报表的企业对另一企业的经济活动和财务决策具有重大影响的所有权。在采用所有权理论的情况下，对于其拥有所有权的企业的资产、负债和当期实现的净损益，均按照一定的比例合并计入合并财务报表，不涉及少数股东权益的列报。

第二节　合并范围的确定

一、以“控制”为基础，确定合并范围

合并财务报表的合并范围应当以控制为基础予以确定。控制是指投资方拥有对被投资方的权力，通过参与被投资方的相关活动而享有可变回报，并且有能力运用对被投资方的权力影响其回报金额。

投资方在判断能否控制被投资方时，具体判断如下。

（一）被投资方的设立目的

当判断对被投资方的控制时，投资方应考虑被投资方的设立目的，以明确哪些是相关活动、相关活动的决策机制、谁拥有现时能力主导这些活动，以及谁从这些活动中获得可变回报。

【例 12－1】 A 企业为有限合伙企业，经营期限为 3 年。A 企业将全部资金用于对非关联方 B 公司的一家全资子公司 C 增资，增资完成后，A 企业持有 C 公司 60％有表决权的股份，B 公司持有 C 公司 40％有表决权的股份。根据协议，B 公司将在 3 年后以固定价格回购 A 企业持有的 C 公司股份。C 公司是专门建造某大型资产并用于租赁的项目公司，建造期为 5 年，A 企业增资时，该资产已经建造了 2 年。

A 企业并不能主导 C 公司的相关活动，而且 A 企业也无法通过参与 C 公司的相关活动取得可变回报，A 企业是通过 B 公司回购股份的方式收回其投资成本并取得收益的，因此，即使 A 企业拥有半数以上的表决权，也不能控制被投资方 C 公司。

（二）判断通过涉入被投资方的活动享有的是否为可变回报

1. 可变回报的定义

享有控制权的投资方，通过参与被投资方相关活动，享有的是可变回报。可变回报是不固定且可能随着被投资方业绩变化而变化的回报，可以仅是正回报、负回报，或者同时包括正回报和负回报。

2. 可变回报的形式

投资方在评价其享有被投资方的回报是否可变以及可变的程度时，需基于合同安排的实质，而不是法律形式。例如，投资方持有固定利息的债券投资时，由于债券存在违约风险，投资方需承担被投资方不履约而产生的信用风险，因此投资方享有的固定利息回报也可能是一种可变回报。又如，投资方管理被投资方资产而获得的固定管理费也是一种变动回报，因为投资方是否能获得此回报依赖于被投资方是否获得足够的收益以支付该固定管理费。

（三）判断投资方是否对被投资方拥有权力，并能够运用此权力影响回报金额

1. 权力的定义

投资方能够主导被投资方的相关活动时，称投资方对被投资方享有"权力"。在判断投资方是否对被投资方拥有权力时，应注意以下几点：

（1）权力只表明投资方主导被投资方相关活动的现时能力，并不要求投资方实际行使其权力。即如果投资方拥有主导被投资方相关活动的现时能力，即使这种能力尚未被实际行使，也视为该投资方拥有对被投资方的权力；

（2）权力是一种实质性权利，而不是保护性权利；

（3）权力是为自己行使的，而不是代其他方行使；

（4）权力通常表现为表决权，但有时也可能表现为其他合同安排。

2. 相关活动

（1）识别相关活动

相关活动是指对被投资方的回报产生重大影响的活动。这些活动可能包括但不限于：商品或劳务的销售和购买；金融资产的管理；资产的购买和处置；研究与开发活动；确定资本结构和获取融资。

同一企业在不同环境和情况下，相关活动也可能有所不同。

（2）分析相关活动的决策机制

就相关活动作出的决策包括但不限于：

①对被投资方的经营、融资等活动作出决策，包括编制预算；

②任命被投资方的关键管理人员或服务提供商，并决定其报酬，以及终止该关键管理人员的劳务关系或终止与服务提供商的业务关系。

（3）两个或两个以上投资方能够分别单方面主导被投资方的不同相关活动时，如何判断哪方拥有权力。

在具体判断哪个投资方对被投资方拥有权力时，投资方通常需要考虑的因素包括：

①被投资方的设立目的；

②影响被投资方利润率、收入和企业价值的决定因素；

③各投资方拥有的与上述决定因素相关的决策职权的范围，以及这些职权分别对被投资方回报的影响程度。

【例 12－2】　A 公司和 B 公司共同投资设立 C 公司。C 公司的主营业务活动为药品研发和销售。根据 C 公司章程和合资协议的约定，在所研发药品获得相关监管部门的生产批准前，A 公司可以单方面主导 C 公司药品研发活动，而在获得相关监管部门的生产批准后，则由 B 公司单方面主导该药品的生产和营销决策。

药品研发：A 公司拥有权力。

药品生产和销售：B 公司拥有权力。

3.“权力”是一种实质性权利

(1)实质性权利

实质性权利是指持有人在对相关活动进行决策时，有实际能力行使的可执行权利。通常情况下，实质性权利应当是当前可执行的权利，但在某些情况下目前不可行使的权利也可能是实质性权利。

(2)保护性权利

保护性权利旨在保护持有这些权利的当事方的权益，而不赋予当事方对这些权利所涉及的主体的权力。

仅持有保护性权利的投资方不能对被投资方实施控制，也不能阻止其他方对被投资方实施控制。

4. 权力的持有人应为主要责任人

权力是能够“主导”被投资方相关活动的现时能力，可见，权力是为自己行使的(行使人为主要责任人)，而不是代其他方行使权力(行使人为代理人)。

在评估控制时，代理人的决策权应被视为由主要责任人直接持有，权力属于主要责任人，而非代理人。

5. 权利的一般来源——来自表决权

(1)直接或间接持有被投资方半数以上表决权

①直接拥有半数以上；

②间接拥有半数以上；

③直接和间接合计拥有半数以上。

(2)持有被投资方半数以上表决权但无权力

如相关活动被政府、法院和管理人主导等。

投资方虽然持有被投资方半数以上表决权，但当这些表决权不是实质性权利时，其并不拥有对被投资方的权力。

(3)直接或间接结合，也只拥有半数或半数以下表决权，但仍然可以通过表决权判断拥有权力

第三节 同一控制下的合并报表

一、同一控制下取得子公司合并日合并财务报表的编制

合并过程中发生的审计、评估和法律服务等相关费用计入管理费用，不涉及抵销处理的问题。

合并财务报表的主体是母公司和子公司组成的企业集团，该集团的所有者是母公司投

资者，因此，在合并报表日，应抵销母公司长期股权投资与子公司所有者权益。抵销分录：

借：股本

　资本公积

　盈余公积

　未分配利润

　贷：长期股权投资

　　少数股东权益

同一控制下企业合并的基本处理原则是视同合并后形成的报告主体在合并日及以前期间一直存在，在编制合并日合并财务报表时，应将母公司长期股权投资和子公司所有者权益抵销，但子公司由原企业集团其他企业控制时的留存收益在合并财务报表中是存在的，所以对于被合并方在企业合并前实现的留存收益（盈余公积和未分配利润之和）中归属于合并方的部分，在合并工作底稿中，应编制下列会计分录：

借：资本公积（以资本溢价或股本溢价的贷方余额为限）

　贷：盈余公积（归属于现行母公司部分）

　　未分配利润（归属于现行母公司部分）

【提示】

(1)同一控制下企业合并不产生新商誉。

(2)同一控制下企业合并中按一体化存续原则，在合并财务报表上，对被合并方在企业合并前实现的留存收益中归属于合并方的部分，应自合并方资本公积（资本溢价或股本溢价）转入留存收益。

【例 12—3】 甲公司 2020 年 1 月 1 日以 28 600 万元的价格取得 A 公司 80%的股权，A 公司净资产的公允价值为 35 000 万元。甲公司在购买 A 公司过程中发生审计、评估和法律服务等相关费用 120 万元。上述价款均以银行存款支付。甲公司与 A 公司均为同一控制下的企业，且均为非金融企业。A 公司采用的会计政策与甲公司一致。A 公司股东权益总额为 32 000 万元，其中股本为 20 000 万元，资本公积为 8 000 万元，盈余公积为 1 200 万元，未分配利润为 2 800 万元。合并后，甲公司在 A 公司股东权益中所拥有的份额为 25 600 万元。

甲公司对 A 公司长期股权投资的初始投资成本为 25 600 万元。购买该股权过程中发生的审计、估值等相关费用直接计入当期损益，即计入当期管理费用。

借：长期股权投资——A 公司	256 000 000	
管理费用	1 200 000	
资本公积	30 000 000	
贷：银行存款	287 200 000(28 600+120)	
借：股本	200 000 000	
资本公积	80 000 000	
盈余公积	12 000 000	
未分配利润	28 000 000	
贷：长期股权投资		256 000 000
少数股东权益		64 000 000
借：资本公积	32 000 000	

贷：盈余公积 9 600 000(12 000 000×80%)

未分配利润 22 400 000(28 000 000×80%)

二、直接投资及同一控制下取得子公司合并日后合并财务报表的编制

(一)长期股权投资成本法核算的结果调整为权益法核算的结果

调整分录如下：

1. 投资当年

(1)调整被投资单位盈利

借：长期股权投资

贷：投资收益

(2)调整被投资单位亏损

借：投资收益

贷：长期股权投资

(3)调整被投资单位分派现金股利

借：投资收益

贷：长期股权投资

(4)调整子公司其他综合收益变动(假定其他综合收益增加)

借：长期股权投资

贷：其他综合收益——本年(若减少，做相反分录)

(5)调整子公司除净损益、其他综合收益以及利润分配以外的所有者权益的其他变动(假定所有者权益增加)

借：长期股权投资

贷：资本公积——本年(若减少，做相反分录)

2. 连续编制合并财务报表

应说明的是，本期合并财务报表中年初“所有者权益”各项目的金额应与上期合并财务报表中的期末“所有者权益”对应项目的金额一致，因此，上期编制合并财务报表时涉及股本(或实收资本)、资本公积、其他综合收益、盈余公积等项目的，在本期编制合并财务报表调整和抵销分录时均应用“股本(或实收资本)——年初”“资本公积——年初”“其他综合收益——年初”和“盈余公积——年初”项目代替。

对于上期编制调整和抵销分录时涉及利润表中的项目及所有者权益变动表“未分配利润”项目，在本期编制合并财务报表调整分录和抵销分录时均应用“年初未分配利润”项目代替。

(1)调整以前年度被投资单位盈亏

借：长期股权投资

贷：年初未分配利润

(注：若为亏损则做相反分录)

(2)调整被投资单位本年盈利

借：长期股权投资

贷：投资收益

(3)调整被投资单位本年亏损

借:投资收益

　　贷:长期股权投资

(4)调整被投资单位以前年度分派现金股利

借:年初未分配利润

　　贷:长期股权投资

(5)调整被投资单位当年分派现金股利

借:投资收益

　　贷:长期股权投资

(6)调整子公司以前年度其他综合收益变动(假定其他综合收益增加)

借:长期股权投资

　　贷:其他综合收益——年初

(若减少,做相反分录)

(7)调整子公司本年其他综合收益变动(假定其他综合收益增加)

借:长期股权投资

　　贷:其他综合收益——本年

(若减少,做相反分录)

(8)调整子公司以前年度除净损益、其他综合收益以及利润分配以外的所有者权益的其他变动(假定所有者权益增加)

借:长期股权投资

　　贷:资本公积——年初

(若减少,做相反分录)

(9)调整子公司本年除净损益、其他综合收益以及利润分配以外的所有者权益的其他变动(假定所有者权益增加)

借:长期股权投资

　　贷:资本公积——本年

(若减少,做相反分录)

(二)合并抵销处理

在合并工作底稿中,对长期股权投资的金额进行调整后,长期股权投资的金额正好反映母公司在子公司所有者权益中所拥有的份额。或者也可以不进行权益法调整而直接抵销,本章所有举例中都是按照先调整后抵销的原则处理的。要编制合并财务报表,在此基础上还必须按照编制合并财务报表的要求进行合并抵销处理,将母公司与子公司之间的内部交易对合并财务报表的影响予以抵销。

1. 母公司长期股权投资与子公司所有者权益的抵销

借:股本(实收资本)

　　资本公积

　　其他综合收益

　　盈余公积

　　年末未分配利润

贷：长期股权投资（母公司）

少数股东权益（子公司所有者权益×少数股东持股比例）

请注意：在合并财务报表中，子公司少数股东分担的当期亏损超过了少数股东在该子公司期初所有者权益中所享有的份额的（即发生超额亏损），其余额仍应当冲减少数股东权益，即少数股东权益可以出现负数。

2. 母公司对子公司、子公司相互之间持有对方长期股权投资的投资收益的抵销

借：投资收益

少数股东损益

年初未分配利润

贷：提取盈余公积

对所有者（或股东）的分配

年末未分配利润

同时，被合并方在企业合并前实现的留存收益中归属于合并方的部分，应自资本公积转入留存收益。

【例 12—4】 接【例 12—3】，甲公司于 2020 年 1 月 1 日，以 28 600 万元的价格取得 A 公司 80%的股权，使其成为子公司。

A 公司 2020 年 1 月 1 日股东权益总额为 32 000 万元，其中股本为 20 000 万元，资本公积为 8 000 万元，盈余公积为 1 200 万元，未分配利润为 2 800 万元；2020 年 12 月 31 日，股东权益总额为 38 000 万元，其中股本为 20 000 万元，资本公积 8 000 万元，盈余公积为 3 200 万元，未分配利润为 6 800 万元。

A 公司 2020 年全年实现净利润 10 500 万元，经公司董事会提议并经股东会批准，2020 年提取盈余公积 2 000 万元，向股东宣告分派现金股利 4 500 万元。

将成本法核算的结果调整为权益法核算结果的相关的调整分录如下：

借：长期股权投资——A 公司	84 000 000	
贷：投资收益		84 000 000
借：投资收益	36 000 000	
贷：长期股权投资——A 公司		36 000 000

经过上述调整分录后，甲公司对 A 公司长期股权投资的账面价值为 30 400 万元（25 600＋8 400－3 600）。甲公司对 A 公司长期股权投资账面价值 30 400 万元正好与母公司在 A 公司股东权益所拥有的份额相等。

第四节 非同一控制下的合并报表

一、非同一控制下取得子公司购买日合并财务报表的编制

（一）按公允价值对非同一控制下取得子公司的财务报表进行调整调整分录

以固定资产为例，假定固定资产公允价值大于账面价值如下：

借：固定资产——原价（调增固定资产价值）

贷:资本公积

借:资本公积

贷:递延所得税负债

(二)母公司长期股权投资与子公司所有者权益抵销处理

借:股本(实收资本)

资本公积

其他综合收益

盈余公积

未分配利润

商誉(借方差额)

贷:长期股权投资

少数股东权益

【例 12—5】 甲公司 2020 年 1 月 1 日以定向增发公司普通股票的方式,购买取得 A 公司 70%的股权。甲公司定向增发普通股股票 10 000 万股(每股面值为 1 元),甲公司普通股股票面值每股为 1 元,市场价格每股为 2.95 元。甲公司和 A 公司均为非金融企业,甲公司并购 A 公司属于非同一控制下的企业合并,假定不考虑所得税、甲公司增发该普通股股票所发生的审计以及发行等相关的费用。

A 公司在购买日股东权益总额为 32 000 万元,其中股本为 20 000 万元,资本公积为 8 000 万元、盈余公积为 1 200 万元、未分配利润为 2 800 万元。A 公司购买日应收账款账面价值为 3 920 万元、公允价值为 3 820 万元;存货的账面价值为 20 000 万元、公允价值为 21 100 万元;固定资产账面价值为 18 000 万元、公允价值为 21 000 万元。购买日股东权益公允价值总额为 36 000 万元。

甲公司将购买取得 A 公司 70%的股权作为长期股权投资入账,其账务处理如下:

借:长期股权投资——A 公司 295 000 000

贷:股本 100 000 000

资本公积 195 000 000

编制购买日的合并资产负债表时,将 A 公司资产和负债的评估增值或减值分别调增或调减相关资产和负债项目的金额。在合并工作底稿中调整分录如下:

借:存货 11 000 000

固定资产 30 000 000

贷:应收账款 1 000 000

资本公积 40 000 000

接【例 12—5】,基于资产和负债的公允价值对 A 公司财务报表调整后,有关计算如下:

A 公司调整后的资本公积=8 000+4 000=12 000(万元)

A 公司调整后的股东权益总额=32 000+4 000=36 000(万元)

合并商誉=29 500−36 000×70%=4 300(万元)

少数股东权益=36 000×30%=10 800(万元)

借:股本 200 000 000

资本公积 120 000 000(80 000 000+40 000 000)

盈余公积　12 000 000
未分配利润　28 000 000
商誉　43 000 000
贷:长期股权投资——A公司　295 000 000
少数股东权益　108 000 000

二、非同一控制下取得子公司购买日后合并财务报表的编制

(一)对子公司个别财务报表进行调整

对于非同一控制下企业合并中取得的子公司,应当根据母公司在购买日设置的备查簿中登记的该子公司有关可辨认资产、负债的公允价值,对子公司的个别财务报表进行调整,使子公司的个别财务报表反映为在购买日公允价值基础上确定的可辨认资产、负债等在本期资产负债表日应有的金额。

被购买方一项固定资产,采用年限平均法计提折旧,无残值,预计尚可使用年限为10年,购买日为2019年1月1日。

调整分录(以固定资产为例,假定固定资产公允价值大于账面价值)如下:

1. 投资当年

借:固定资产——原价(调整固定资产价值)
　贷:资本公积
借:资本公积
　贷:递延所得税负债
借:管理费用(当年按公允价值应补提折旧)
　贷:固定资产——累计折旧
借:递延所得税负债
　贷:所得税费用

【提示】 因按公允价值补提折旧会减少应纳税暂时性差异,所以递延所得税负债应转回,由于补提折旧计入管理费用,影响利润总额,因此,递延所得税负债转回时对应所得税费用,而不是资本公积。

2. 连续编制合并财务报表

借:固定资产——原价(调整固定资产价值)
　贷:资本公积——年初
借:资本公积——年初
　贷:递延所得税负债
借:年初未分配利润(年初累计补提折旧)
　贷:固定资产——累计折旧
借:递延所得税负债
　贷:年初未分配利润
借:管理费用(当年补提折旧)
　贷:固定资产——累计折旧
借:递延所得税负债

贷：所得税费用

【例12－6】 2×19年1月1日，P公司用银行存款3 000万元购得S公司80%的股份（假定P公司与S公司的企业合并属于非同一控制下的企业合并）。购买日，S公司有一栋办公楼，其公允价值为700万元，账面价值为600万元，按年限平均法计提折旧额，预计使用年限为20年，无残值。假定A办公楼用于S公司的总部管理。其他资产和负债的公允价值与其账面价值相等。

假定S公司的会计政策和会计期间与P公司一致，不考虑P公司和S公司的内部交易及合并资产、负债的所得税影响。

要求：

（1）在合并财务报表中编制2×19年12月31日对S公司个别报表的调整分录。

（2）在合并财务报表中编制2×20年12月31日对S公司个别报表的调整分录。

（1）

借：固定资产　　1 000 000

　　贷：资本公积　　1 000 000

借：管理费用　　50 000（1 000 000÷20）

　　贷：固定资产——累计折旧　　50 000

（2）

借：固定资产　　1 000 000

　　贷：资本公积　　1 000 000

借：年初未分配利润　　50 000

　　贷：固定资产——累计折旧　　50 000

借：管理费用　　50 000

　　贷：固定资产——累计折旧　　50 000

（二）长期股权投资由成本法调整为权益法

长期股权投资成本法核算的结果调整为权益法核算的结果的会计处理与同一控制原理相同。

【提示】 在计算调整后被投资单位净利润时，无需考虑内部交易的影响。若内部交易影响少数股东损益和少数股东权益，则单独进行会计处理。

（三）抵销分录

1. 母公司长期股权投资与子公司所有者权益的抵销

借：股本（实收资本）

　　资本公积

　　其他综合收益

　　盈余公积

　　未分配利润

　　商誉（借方差额）

　　贷：长期股权投资（母公司）

　　　　少数股东权益（子公司所有者权益×少数股东投资持股比例）

2. 母公司对子公司、子公司相互之间持有对方长期股权投资的投资收益的抵销

借:投资收益
　　少数股东损益
　　年初未分配利润
　　贷:提取盈余公积
　　　　对所有者(或股东)的分配
　　　　未分配利润

【例 12—7】　甲公司 2020 年 1 月 1 日以定向增发普通股票的方式,购买持有 A 公司 70%的股权。甲公司对 A 公司长期股权投资的金额为 29 500 万元,甲公司购买日编制的合并资产负债表中确认合并商誉 4 300 万元。

A 公司在购买日股东权益总额为 32 000 万元,其中股本为 20 000 万元,资本公积为 8 000 万元、盈余公积为 1 200 万元、未分配利润为 2 800 万元。

A 公司购买日应收账款账面价值为 3 920 万元、公允价值为 3 820 万元;存货的账面价值为 20 000 万元、公允价值为 21 100 万元;固定资产账面价值为 18 000 万元、公允价值为 21 000 万元。

A 公司 2020 年 12 月 31 日股东权益总额为 38 000 万元,其中股本为 20 000 万元,资本公积为 8 000 万元、盈余公积为 3 200 万元、未分配利润为 6 800 万元。A 公司 2020 年全年实现净利润 10 500 万元,A 公司当年提取盈余公积 2 000 万元、向股东分配现金股利 4 500 万元。

截至 2020 年 12 月 31 日,应收账款按购买日确认的金额收回,确认的坏账已核销;购买日存货公允价值增值部分,当年已全部实现对外销售;购买日固定资产原价公允价值增加系公司用办公楼增值。该办公楼采用的折旧方法为年限平均法,该办公楼剩余折旧年限为 20 年,假定该办公楼评估增值在未来 20 年内平均摊销。

1. 甲公司 2020 年年末编制合并财务报表时相关项目计算如下:

A 公司调整后本年净利润=10 500+[100(购买日应收账款公允价值减值的实现而调减资产减值损失)−1 100(购买日存货公允价值增值的实现而调增营业成本)−150(固定资产公允价值增值计算的折旧而调增管理费用)]=9 350(万元)

150 万元系固定资产公允价值增值 3 000 万元按剩余折旧年限摊销。

A 公司调整后本年年末未分配利润=2 800(年初)+9 350−2 000(提取盈余公积)−4 500(分派股利)=5 650(万元)

权益法下甲公司对 A 公司投资的投资收益=9 350×70%=6 545(万元)

权益法下甲公司对 A 公司长期股权投资本年年末余额=29 500+6 545−4 500(分派股利)×70%=32 895(万元)

少数股东损益=9 350×30%=2 805(万元)

少数股东权益的年末余额=10 800+2 805−4 500×30%=12 255(万元)

2. 甲公司 20×1 年编制合并财务报表时,应当进行如下调整抵销处理:

(1)按公允价值对 A 公司财务报表项目进行调整。根据购买日 A 公司资产和负债的公允价值与账面价值之间的差额,调整 A 公司相关公允价值变动的资产和负债项目及资本公积项目。

在合并工作底稿中,其调整分录如下:

借：存货　11 000 000
　固定资产　30 000 000
　贷：应收账款　1 000 000
　　资本公积　40 000 000
借：营业成本　11 000 000
　贷：存货　11 000 000
借：管理费用　1 500 000
　贷：固定资产　1 500 000
借：应收账款　1 000 000
　贷：信用减值损失　1 000 000

(2)按照权益法对甲公司财务报表项目进行调整

借：长期股权投资——A 公司　65 450 000
　贷：投资收益　65 450 000
借：投资收益　31 500 000
　贷：长期股权投资　31 500 000

(3)长期股权投资与所有者权益的抵销

借：股本　200 000 000
　资本公积　120 000 000(80 000 000+40 000 000)
　盈余公积　32 000 000
　未分配利润　56 500 000
　商誉　43 000 000
　贷：长期股权投资　328 950 000
　　少数股东权益　122 550 000

(4)投资收益与子公司利润分配等项目的抵销

借：投资收益　65 450 000
　少数股东损益　28 050 000
　未分配利润——年初　28 000 000
　贷：提取盈余公积　20 000 000
　　向股东分配利润　45 000 000
　　年末未分配利润　56 500 000

(5)应收股利与应付股利的抵销

借：其他应付款——应付股利　31 500 000
　贷：其他应收款——应收股利　31 500 000

【例 12－8】　接【例 12－7】，A 公司在购买日相关资产和负债等资料同上，即购买日 A 公司股东权益总额为 32 000 万元，其中股本为 20 000 万元，资本公积为 8 000 万元、盈余公积为 1 200 万元、未分配利润为 2 800 万元。A 公司购买日应收账款账面价值为 3 920 万元、公允价值为 3 820 万元；存货的账面价值为 20 000 万元、公允价值为 21 100 万元；固定资产账面价值为 18 000 万元、公允价值为 21 000 万元。

截至 2020 年 12 月 31 日，应收账款按购买日公允价值的金额收回；购买日的存货，当年已实现对外销售；购买日固定资产公允价值增加的系公司管理用办公楼，该办公楼采用的折旧方法为年限平均法。该办公楼剩余折旧年限为 20 年，假定该办公楼评估增值在未来 20 年内平均摊销。

A 公司 2021 年 12 月 31 日股东权益总额为 44 000 万元，其中股本为 20 000 万元、资本公积为 8 000 万元、盈余公积为 5 600 万元、未分配利润为 10 400 万元。A 公司 2021 年全年实现净利润 12 000 万元，A 公司当年提取盈余公积 2 400 万元、向股东分配现金股利 6 000 万元。

1. 甲公司编制 2021 年度合并财务报表时，相关项目计算如下：

A 公司调整后本年净利润＝12 000－150（固定资产公允价值增值计算的折旧）＝11 850（万元）

A 公司调整后本年年初未分配利润＝6 800＋100（上年实现的购买日应收账款公允价值减值）－1 100（上年实现的购买日存货公允价值增值）－150（固定资产公允价值增值计算的折旧）＝5 650（万元）

A 公司调整后本年年末未分配利润＝5 650＋11 850－2 400（提取盈余公积）－6 000（分派股利）＝9 100（万元）

权益法下甲公司对 A 公司投资的投资收益＝11 850×70%＝8 295（万元）

权益法下甲公司对 A 公司长期股权投资本年年末余额＝32 895（上年年末长期股权投资余额）＋8 295－6 000（分配股利）×70%＝36 990（万元）

少数股东损益＝11 850×30%＝3 555（万元）

少数股东权益的年末余额＝12 255＋3 555－6 000×30%＝14 010（万元）

2. 甲公司 2021 年编制合并财务报表时，应当进行的调整抵销处理如下：

（1）按公允价值对 A 公司财务报表项目进行调整其调整分录如下

借：存货	11 000 000	
固定资产	30 000 000	
贷：应收账款		1 000 000
资本公积		40 000 000
借：年初未分配利润	11 000 000	
贷：存货		11 000 000
借：年初未分配利润	1 500 000	
贷：固定资产		1 500 000
借：应收账款	1 000 000	
贷：年初未分配利润		1 000 000
借：管理费用	1 500 000	
贷：固定资产		1 500 000

或：

借：固定资产	28 500 000（30 000 000－1 500 000）	
年初未分配利润	11 500 000	
贷：资本公积		40 000 000
借：管理费用	1 500 000	

贷:固定资产　　1 500 000

(2)按照权益法对甲公司财务报表项目进行调整

借:长期股权投资　　65 450 000

　贷:年初未分配利润　　65 450 000

借:年初未分配利润　　31 500 000

　贷:长期股权投资　　31 500 000

借:长期股权投资　　82 950 000

　贷:投资收益　　82 950 000

借:投资收益　　42 000 000

　贷:长期股权投资　　42 000 000

(3)长期股权投资与子公司所有者权益的抵销

借:股本　　200 000 000

　资本公积　　120 000 000

　盈余公积　　56 000 000

　未分配利润　　91 000 000

　商誉　　43 000 000

　贷:长期股权投资　　369 900 000

　　少数股东权益　　140 100 000

(4)投资收益与子公司利润分配等项目的抵销

借:投资收益　　82 950 000

　少数股东损益　　35 550 000

　年初未分配利润　　56 500 000

　贷:提取盈余公积　　24 000 000

　　向股东分配利润　　60 000 000

　　年末未分配利润　　91 000 000

(5)应收股利与应付股利的抵销

借:其他应付款——应付股利　　42 000 000

　贷:其他应收款——应收股利　　42 000 000

第五节　内部交易的业务处理

一、不考虑存货跌价准备情况下内部商品销售业务的抵销

【例 12—9】 甲公司系 A 公司的母公司。甲公司本期个别利润表的营业收入中有 2 000 万元,系向 A 公司销售商品实现的收入,其商品成本为 1 400 万元,销售毛利率为 30%。A 公司本期从甲公司购入的商品本期均未实现销售,期末存货中包含有 2 000 万元从甲公司购进的商品,该存货中包含的未实现内部销售损益为 600 万元。

抵销分录:

借:营业收入　　20 000 000

　贷:营业成本　　14 000 000

　　存货　　6 000 000

借:年初未分配利润(年初存货中包含的未实现内部销售利润)

　营业收入(本期内部商品销售产生的收入)

　贷:营业成本

　　存货(期末存货中未实现内部销售利润)

上述抵销分录的原理为:本期发生的未实现内部销售收入与本期发生存货中未实现内部销售利润之差即为本期发生的未实现内部销售成本。抵销分录中的"年初未分配利润"和"存货"两项之差即为本期发生的存货中未实现内部销售利润。

一般将上述抵销分录分为:

1. 将年初存货中未实现内部销售利润抵销

借:年初未分配利润(期初存货中未实现内部销售利润)

　贷:营业成本

2. 将本期内部商品销售收入抵销

借:营业收入(本期内部商品销售产生的收入)

　贷:营业成本

3. 将期末存货中未实现内部销售利润抵销

借:营业成本

　贷:存货(期末存货中未实现内部销售利润)

【例 12—10】 P公司2018年10月1日取得S公司80%股份,能够控制S公司生产经营决策。2019年P公司实现净利润1 000万元,S公司按购买日公允价值持续计算的净利润为200万元。2019年3月1日,S公司向P公司出售一批存货,成本为80万元,未计提存货跌价准备,售价为100万元,至2019年12月31日,P公司将上述存货对外出售70%。2020年P公司实现净利润1 100万元,S公司按购买日公允价值持续计算的净利润为300万元,至2×19年12月31日,P公司将上述存货全部对外销售,2020年未发生内部交易。假定不考虑所得税等其他因素的影响。

要求:

(1)计算2019年合并净利润。

(2)计算2019年少数股东损益。

(3)计算2019年归属于P公司的净利润。

(4)计算2020年合并净利润。

(5)计算2020年少数股东损益。

(6)计算2020年归属于P公司的净利润。

【分析】

(1)2019年存货中包含的未实现利润=(100－80)×(1－70%)=6(万元)

2019年合并净利润=(1 000+200)－6=1 194(万元)

(2)2019年少数股东损益=200×20%－6×20%=38.8(万元)

(3)2019年归属于P公司的净利润=1 194－38.8=1 155.2(万元)

或:2019 年归属于 P 公司的净利润＝1 000＋200×80％－6×80％＝1 155.2(万元)

(4)2019 年存货中包含的未实现利润 6 万元在 2×19 年实现

2020 年合并净利润＝(1 100＋300)＋6＝1 406(万元)

(5)2020 年少数股东损益＝300×20％＋6×20％＝61.2(万元)

(6)2020 年归属于 P 公司的净利润＝1 406－61.2＝1 344.8(万元)

或:2020 年归属于 P 公司的净利润＝1 100＋300×80％＋6×80％＝1 344.8(万元)

二、内部债权债务项目的抵销

在编制合并资产负债表时,需要进行抵销处理的内部债权债务项目主要包括:

1. 应收账款与应付账款;
2. 应收票据与应付票据;
3. 预付账款与预收账款(或合同负债);
4. 债权投资与应付债券;

抵销分录为:

借:债务类项目

　　贷:债权类项目

【例 12—11】 甲公司系 A 公司的母公司。甲公司个别资产负债表应收账款中有 600 万元为应收 A 公司账款;应收票据中有 400 万元为应收 A 公司票据;债权投资中有 A 公司发行的应付债券 2 500 万元。

对此,甲公司在编制合并财务报表时,应当将这些内部债权债务抵销。其抵销分录如下:

(1)内部应收账款与应付账款抵销

借:应付账款　　6 000 000

　　贷:应收账款　　6 000 000

(2)内部应收票据与应付票据抵销

借:应付票据　　4 000 000

　　贷:应收票据　　4 000 000

(3)债权投资与应付债券抵销

借:应付债券　　25 000 000

　　贷:债权投资　　25 000 000

三、内部交易固定资产的抵销

(一)将期初固定资产原价中未实现内部销售利润抵销

借:年初未分配利润

　　贷:固定资产——原价

(期初固定资产原价中未实现内部销售利润)

(二)将期初累计多提折旧抵销

借:固定资产——累计折旧(期初累计多提折旧)

　　贷:年初未分配利润

(三)将本期购入的固定资产原价中未实现内部销售利润抵销

1. 一方销售的商品,另一方购入后作为固定资产

借:营业收入(本期内部固定资产交易产生的收入)

　　贷:营业成本(本期内部固定资产交易产生的销售成本)

　　　　固定资产——原价

(本期购入的固定资产原价中未实现内部销售利润)

2. 一方的固定资产,另一方购入后仍作为固定资产

借:资产处置收益

　　贷:固定资产——原价

(四)将本期多提折旧抵销

借:固定资产——累计折旧(本期多提折旧)

　　贷:管理费用

【例 12—12】 A 公司和 B 公司同为甲公司控制下的两个子公司。A 公司将其净值为 1 280 万元的某厂房,以 1 500 万元的价格变卖给 B 公司作为固定资产使用。A 公司因该内部固定资产交易实现收益 220 万元,并列示于其个别利润表之中。B 公司以 1 500 万元的金额将该厂房作为固定资产的原价入账,并列示其个别资产负债表之中。

在该内部固定资产交易中,A 公司因交易实现收入 220 万元。

其抵销分录如下:

借:资产处置收益	2 200 000	
贷:固定资产——原价		2 200 000

【例 12—13】 A 公司和 B 公司同为甲公司控制下的两个子公司。A 公司于 2020 年 12 月,将自己生产的产品销售给 B 公司作为固定资产使用,A 公司销售该产品的销售收入为 1 680 万元,销售成本为 1 200 万元,B 公司以 1 680 万元的价格作为该固定资产的原价入账。

在合并工作底稿中应进行如下抵销处理:

借:营业收入	16 800 000	
贷:营业成本		12 000 000
固定资产——原价		4 800 000

【例 12—14】 A 公司和 B 公司同为甲公司控制下的两个子公司。A 公司于 2020 年 1 月 1 日,将自己生产的产品销售给 B 公司作为固定资产使用,A 公司销售该产品的销售收入为 1 680 万元,销售成本为 1 200 万元。B 公司以 1 680 万元的价格作为该固定资产的原价入账。B 公司购买的该固定资产用于公司的行政管理,该固定资产属于不需要安装的固定资产,当月投入使用,其折旧年限为 4 年,预计净残值为零。为简化合并处理,假定该内部交易固定资产在交易当年按 12 个月计提折旧。

甲公司在编制合并财务报表时,应当进行如下抵销处理:

(1)将该内部交易固定资产相关销售收入与销售成本及原价中包含的未实现内部销售利润予以抵销。

在合并工作底稿中应进行如下抵销处理:

借:营业收入	16 800 000	

贷：营业成本　　12 000 000

　固定资产——原价　　4 800 000

(2)将当年计提的折旧和累计折旧中包含的未实现内部销售损益予以抵销。

在合并工作底稿中应进行如下抵销处理：

借：固定资产——累计折旧　　1 200 000

　贷：管理费用　　1 200 000

四、内部交易无形资产的抵销

1. 将期初无形资产原价中未实现内部销售利润抵销

借：年初未分配利润

　贷：无形资产——原价

(期初无形资产原价中未实现内部销售利润)

2. 将期初累计多提摊销抵销

借：无形资产——累计摊销(期初累计多提摊销)

　贷：年初未分配利润

3. 将本期购入的无形资产原价中未实现内部销售利润抵销

借：资产处置收益

　贷：无形资产——原价

4. 将本期多提摊销抵销

借：无形资产——累计摊销(本期多提摊销)

　贷：管理费用

【例 12－15】 甲公司系 A 公司的母公司，甲公司 2020 年 1 月 8 日向 A 公司转让无形资产一项，转让价格为 820 万元，该无形资产的账面成本为 700 万元。A 公司购入该无形资产后，即投入使用，确定使用年限为 5 年。A 公司 2020 年 12 月 31 日资产负债表中无形资产项目的金额为 656 万元，利润表管理费用项目中记有当年摊销的该无形资产价值 164 万元。

此时，A 公司该无形资产入账价值为 820 万元，其中包含的未实现内部销售利润为 120 万元；按 5 年的期限，本期摊销的金额为 164 万元(与固定资产不同，无形资产从取得的当月起开始摊销)，其中包含的未实现内部销售利润的摊销额为 24 万元。

甲公司在编制 2020 年度合并财务报表时，应当对该内部无形资产交易进行如下抵销处理：

(1)将 A 公司受让取得该内部交易无形资产时其价值中包含的未实现内部销售利润抵销：

借：资产处置收益　　1 200 000

　贷：无形资产　　1 200 000

(2)将 A 公司本期内部交易无形资产价值摊销额中包含的未实现内部销售利润抵销：

借：累计摊销　　240 000

　贷：管理费用　　240 000

第六节　合并现金流量表的编制

一、合并现金流量表概述

合并现金流量表是综合反映母公司及其子公司组成的企业集团，在一定会计期间现金流入、现金流出数量以及其增减变动情况的财务报表。现金流量表要求按照收付实现制反映企业经济业务引起的现金流入和现金流出。

二、编制合并现金流量表需要抵销的项目

编制合并现金流量表时需要进行抵销处理的项目，主要有：

(1)母公司与子公司、子公司相互之间当期以现金投资或收购股权增加的投资所产生的现金流量；

(2)母公司与子公司、子公司相互之间当期取得投资收益收到的现金与分配股利、利润或偿付利息支付的现金；

(3)母公司与子公司、子公司相互之间以现金结算债权与债务所产生的现金流量；

(4)母公司与子公司、子公司相互之间当期销售商品所产生的现金流量；

(5)母公司与子公司、子公司相互之间处置固定资产、无形资产和其他长期资产收回的现金净额与购建固定资产、无形资产和其他长期资产支付的现金等；

(6)母公司与子公司相互之间当期发生的其他内部交易所产生的现金流量等。

【例 12－16】 甲公司相关年度发生的交易或事项如下：

(1)2018 年 1 月 1 日，甲公司以发行 4 000 万股普通股(面值 1 元/股)为对价，从控股股东乙公司处购买其持有的丙公司 70%股权。当日，甲公司所发行股份的公允价值为 7 元/股；丙公司账面所有者权益为 22 000 万元，其中股本 2 000 万元，资本公积 8 000 万元，盈余公积 8 000 万元，未分配利润 4 000 万元。另外，甲公司以银行存款支付中介机构费用 1 000 万元。

甲公司当日对丙公司的董事会进行改选，改选后能够控制丙公司的相关活动。

(2)2018 年 3 月 10 日，甲公司将其生产的成本为 600 万元的商品以 800 万元的价格出售给丙公司。至 2018 年 12 月 31 日，丙公司自甲公司购入的商品已对外出售 40%，售价为 400 万元；其余 60%部分尚未对外销售，形成存货。

2018 年 7 月 2 日，甲公司以 1 800 万元的价格将一项专利技术转让给丙公司使用。该专利技术的成本为 1 200 万元，已摊销 120 万元，未计提减值准备。丙公司将受转让的非专利技术用于内部管理，原预计使用 10 年，已使用 1 年，预计尚可使用 9 年，预计净残值为零，采用直线法摊销。

至 2018 年 12 月 31 日，丙公司尚未支付上述交易的价款；甲公司对账龄在 1 年以内包括关联方在内的应收款项，按照其余额的 5%计提坏账准备。

(3)2018 年度，丙公司实现净利润 3 000 万元，因持有金融资产确认其他综合收益 600 万元。2018 年 12 月 31 日，丙公司账面所有者权益为 25 600 万元，其中股本 2 000 万元，资

本公积 8 000 万元，其他综合收益 600 万元，盈余公积 8 300 万元，未分配利润 6 700 万元。

(4)丙公司 2019 年度第一季度实现净利润 1 000 万元，其他综合收益未发生变化。2019 年 3 月 31 日，丙公司账面所有者权益为 26 600 万元，其中股本 2 000 万元，资本公积 8 000 万元，其他综合收益 600 万元，盈余公积 8 300 万元，未分配利润 7 700 万元。

(5)2019 年 4 月 1 日，甲公司支付价款 14 600 万元自外部独立第三方购买其所持丙公司 30%股权，从而使丙公司成为甲公司的全资子公司。甲公司另向提供服务的中介机构支付费用 300 万元。

其他有关资料：第一，合并日，丙公司在其个别财务报表中资产、负债的账面价值与其在乙公司合并财务报表中的账面价值相同。第二，甲公司和丙公司均按照净利润的 10%提取法定盈余公积，不计提任意盈余公积。第三，本题不考虑相关税费及其他因素。

要求：

①根据资料(1)，判断甲公司合并丙公司的类型，说明理由，计算甲公司对丙公司长期股权投资的成本，并编制相关会计分录；编制合并日甲公司合并丙公司的抵销分录。

②根据上述资料，编制甲公司 2018 年度合并财务报表相关的调整和抵销分录。

③根据资料(5)，判断甲公司 2019 年 4 月购买丙公司 30%股权的性质，计算对丙公司 30%股权投资在甲公司个别财务报表中应确认的金额，并编制相关会计分录。

④根据上述资料，编制甲公司购买丙公司 30%股权时合并财务报表相关的调整和抵销分录。

【分析】

(1)甲公司从控股股东处购买丙公司 70%股权能够对丙公司实施控制，则该项合并为同一控制下的企业合并。

理由：甲公司和丙公司合并前后均受乙公司控制，且非暂时性的，因此甲公司取得丙公司股权属于同一控制下企业合并。

长期股权投资的初始投资成本＝被投资方相对于最终控制方持续计算的净资产的份额＋最终控制方收购被合并方形成的商誉＝22 000×70% ＝15 400(万元)

借：长期股权投资	154 000 000	
贷：股本		40 000 000
资本公积——股本溢价		114 000 000
借：管理费用	10 000 000	
贷：银行存款		10 000 000

合并日的抵销处理：

借：股本	20 000 000	
资本公积	80 000 000	
盈余公积	80 000 000	
未分配利润	40 000 000	
贷：长期股权投资		154 000 000
少数股东权益		66 000 000(220 000 000×30%)
借：资本公积	84 000 000	
贷：盈余公积		56 000 000(80 000 000×70%)

　　　　未分配利润　　　　　　　　　　　28 000 000(40 000 000×70%)

(2)①将成本法调整为权益法

借:长期股权投资　　　　　　　　21 000 000(30 000 000×70%)

　　贷:投资收益　　　　　　　　　　　　　　　21 000 000

借:长期股权投资　　　　　　　　4 200 000 (6 000 000×70%)

　　贷:其他综合收益　　　　　　　　　　　　　4 200 000

②内部交易抵销

借:营业收入　　　　　　　　　　　　　　8 000 000

　　贷:营业成本　　　　　　　　　　　　　　　8 000 000

借:营业成本 1 200 000　　　　[(8 000 000－6 000 000)×60%]

　　贷:存货　　　　　　　　　　　　　　　　　1 200 000

借:资产处置收益　　　　　　7 200 000(18 000 000－10 800 000)

　　贷:无形资产——原价　　　　　　　　　　　7 200 000

借:无形资产——累计摊销　　　　4 00 000(7 200 000÷9×6/12)

　　贷:管理费用　　　　　　　　　　　　　　　4 00 000

借:应付账款　　　　　　　　26 000 000(18 000 000+8 000 000)

　　贷:应收账款　　　　　　　　　　　　　　　26 000 000

借:应收账款——坏账准备　　　　1 300 000(26 000 000×5%)

　　贷:信用减值损失　　　　　　　　　　　　　1 300 000

③抵销权益

借:股本　　　　　　　　　　　　　　　20 000 000

　　资本公积　　　　　　　　　　　　　80 000 000

　　其他综合收益　　　　　　　　　　　6 000 000

　　盈余公积　　　　　　　　　　　　　83 000 000

　　未分配利润　　　　　　　　　　　　67 000 000

　　贷:长期股权投资　　　　　　　　　　　　　179 200 000

　　　　少数股东权益　　　　　　　　　　　　　76 800 000

[(20 000 000+80 000 000+6 000 000+83 000 000+67 000 000)×30%]

借:投资收益　　　　　　　　　　　　　21 000 000

　　少数股东损益　　　　　　　9 000 000(30 000 000×30%)

　　年初未分配利润　　　　　　　　　　40 000 000

　　贷:提取盈余公积　　　　　　　　　　　　　3 000 000

　　　　未分配利润　　　　　　　　　　　　　　67 000 000

借:资本公积　　　　　　　　　　　　　84 000 000

　　贷:盈余公积　　　　　　　　　56 000 000(80 000 000×70%)

　　　　未分配利润　　　　　　　　28 000 000(40 000 000×70%)

(3)甲公司2×09年4月购买丙公司30%股权属于权益性交易,因甲公司原持有丙公司70%的股权,能够对其实施控制,取得控制权后进一步购买子公司的少数股权,属于权益性交易。甲公司个别报表中购买丙公司股权应确认长期股权投资的金额=付出对价的公允价值＋直接相关税费＝14 600＋300＝14 900(万元)。

借:长期股权投资　　149 000 000

　　贷:银行存款　　149 000 000

(4)①调整分录

借:资本公积　　69 200 000

　　贷:长期股权投资　　69 200 000(14 900—26 600×30%)

借:长期股权投资　　28 000 000

　　贷:投资收益　　7 000 000(1 000×70%)

　　　　年初未分配利润　　21 000 000

借:长期股权投资　　4 200 000

　　贷:其他综合收益　　4 200 000

②抵销权益

借:股本　　20 000 000

　　资本公积　　80 000 000

　　其他综合收益　　6 000 000

　　盈余公积　　83 000 000

　　未分配利涯　　77 000 000

　　贷:长期股权投资　　266 000 000(15 400＋14 900—6 920＋2 800＋420)

借:投资收益　　7 000 000

　　少数股东损益　　3 000 000

　　年初未分配利润　　67 000 000

　　贷:未分配利润　　77 000 000

借:资本公积　　84 000 000

　　贷:盈余公积　　56 000 000(8 000×70%)

　　　　未分配利润　　28 000 000(4 000×70%)

本章习题

一、单项选择题

1. 非同一控制下的企业合并,母公司在取得合并的当天需要编制合并(　　)。

A. 资产负债表　　B. 利润表

C. 现金流量表　　D. 所有者权益变动表

2. 甲公司 2019 年 1 月 1 日用银行存款 3 200 万元购入其母公司持有的乙公司 80%的有表决权股份,合并当日乙公司相对于最终控制方而言的所有者权益账面价值为 3 500 万元,假定最终控制方合并报表未确认商誉。2019 年 5 月 8 日乙公司宣告分派 2018 年度现金股利 300 万元。2019 年度乙公司实现净利润 500 万元。2020 年乙公司实现净利润 700 万元。此外,乙公司 2020 年购入的以公允价值计量且其变动计入其他综合收益的金融资产公允价值上升导致其他综合收益增加 100 万元。不考虑其他因素影响,则在 2020 年年末甲公司编制合并财务报表调整分录时,长期股权投资按权益法调整后的余额为(　　)万元。

A. 3 200　　B. 2 800　　C. 3 600　　D. 4 000

3. 2020 年 1 月 1 日，甲公司以增发 1 000 万股普通股(每股市价 1.5 元，每股面值 1 元)作为对价，从 W 公司处取得乙公司 80%的股权，能够对乙公司实施控制，另用银行存款支付发行费用 80 万元。当日，乙公司可辨认净资产账面价值为 1 600 万元，公允价值为 1 800 万元，差额为乙公司一项固定资产所引致，该项固定资产的账面价值为 300 万元，公允价值为 500 万元。甲公司与 W 公司不具有关联方关系；假定有关各方选择采用免增值税处理。假定甲、乙公司适用的所得税税率是 25%，所得税均采用资产负债表债务法核算。该项企业合并的合并商誉为(　　)万元。

A. 20　　B. 60　　C. 100　　D. 180

4. 甲公司 2020 年 1 月 1 日从集团外部取得乙公司 80%股份，能够对乙公司实施控制。2020 年 1 月 1 日，乙公司除一项固定资产外，其他资产、负债的公允价值与账面价值相等，该固定资产账面价值为 500 万元，公允价值为 600 万元，尚可使用年限为 10 年，采用年限平均法计提折旧，预计净残值为 0。2020 年甲公司实现净利润 2 000 万元，乙公司实现净利润为 600 万元。2020 年乙公司向甲公司销售一批 A 商品，该批 A 商品售价为 100 万元，成本为 60 万元，至 2020 年 12 月 31 日，甲公司将上述商品对外出售 60%。2020 年甲公司向乙公司销售一批 B 商品，该批 B 商品售价为 200 万元，成本为 100 万元，至 2020 年 12 月 31 日，乙公司将上述商品对外出售 80%。甲公司和乙公司适用的所得税税率均为 25%。则甲公司 2020 年合并利润表中归属于母公司的净利润为(　　)万元。

A. 2 462.4　　B. 2 446.4　　C. 2 449.4　　D. 2 000

5. 甲公司和乙公司没有关联方关系。甲公司 2020 年 1 月 1 日以银行存款 1 000 万元购入乙公司 100%股权(交易后乙公司仍保留独立的法人资格)，当日乙公司可辨认净资产公允价值为 800 万元，账面价值为 700 万元，其差额为一项固定资产评估增值所致。该固定资产在购买日的公允价值为 400 万元，账面价值为 300 万元，预计尚可使用年限为 5 年，采用年限平均法计提折旧，预计净残值为 0。2020 年乙公司实现净利润 300 万元。假定不考虑所得税等其他因素，该项固定资产在 2020 年 12 月 31 日合并报表上列示的金额为(　　)万元。

A. 240　　B. 300　　C. 320　　D. 400

6. 黄河公司为甲公司和乙公司的母公司。2020 年 6 月 1 日，甲公司将本公司生产的一批产品出售给乙公司，售价 1 200 万元(不含增值税，下同)，成本为 700 万元。至 2020 年 12 月 31 日，乙公司已对外售出该批存货的 60%，售价为 820 万元。不考虑其他因素，2020 年 12 月 31 日在合并财务报表中因该事项列示的营业成本为(　　)万元。

A. 0　　B. 280　　C. 420　　D. 820

二、综合题

A 公司发行 1 800 万股每股面值 1 元的普通股股票，换取 B 公司股东原持有的 80%的股份，假定不考虑相关发行费用，A 公司和 B 公司合并前资产负债表资料如下。涉及合并各方同属一个企业集团，确定 2019 年 12 月 31 日为合并日。假定不考虑所得税的影响。

2019 年 12 月 31 日 A 公司和 B 公司合并前有关资料如表 12—1 所示：

表 12—1 **2019 年 12 月 31 日 A 公司和 B 公司合并前有关资料** 单位：万元

项　目	A 公司	B 公司
长期股权投资	0	0
股本	1 300	1 400
资本公积	800	1 000
盈余公积	600	400
未分配利润	500	200
所有者权益合计	3 200	3 000

要求：请在表 12—2 填列 A 公司合并日合并报表工作底稿的有关项目。

表 12—2 **A 公司合并日合并报表工作底稿** 单位：万元

项目	A 公司	B 公司	合计数	抵销分录		合并数
				借方	贷方	
长期股权投资						
股本						
资本公积						
盈余公积						
未分配利润						
少数股东权益						

三、业务题

1. 2020 年 1 月 1 日，甲公司以银行存款 8 000 万元，自乙公司购入丙公司 90% 的股份。乙公司系甲公司的母公司的全资子公司。

2020 年 1 月 1 日，丙公司股东权益在甲公司的母公司合并财务报表中的账面价值为 14 000 万元，其中股本 8 000 万元，资本公积 3 000 万元，盈余公积 1 000 万元，未分配利润 2 000 万元。

2020 年乙公司当年实现净利润 1 500 万元，提取法定盈余公积金 150 万元，当年购入的其他债权投资因公允价值上升确认的其他综合收益为 200 万元。

要求：(1)编制甲公司购入丙公司 90% 股权的会计分录。

(2)编制甲公司 2019 年度合并财务报表时候的调整分录及相关的抵销分录。

2. A 公司于 2019 年 3 月 1 日以银行存款 1 000 万元取得 B 公司 20% 的股权，当日 B 公司可辨认净资产公允价值为 4 000 万元(与账面价值相等)。取得投资后 A 公司派人参与 B 公司的生产经营决策。

2019 年 3 月 1 日至 2019 年 12 月 31 日 B 公司实现净利润 2 000 万元，自用房地产转换为公允价值计量的投资性房地产确认其他综合收益 500 万元，当年，B 公司未宣告发放现金股利或利润，无其他权益变动。

2020 年 1 月 1 日，A 公司又以银行存款 3 000 万元进一步取得 B 公司 40% 的股权，至此合计持有B公司股权的比例为60%，能够对B公司实施控制。

购买日B公司可辨认净资产的公允价值为7 000万元(与账面价值相等)，A公司之前取得B公司的20%股权于购买日的公允价值为1 500万元。

B公司2020年1月1日账面股东权益总额为7 000万元，其中股本为2 000万元、资本公积为900万元、其他综合收益500万元、盈余公积为1 000万元、未分配利润为2 600万元。

B公司2020年实现净利润1 000万元，未发生其他计入所有者权益变动的交易和事项。

假定：

①A公司和B公司均按净利润的10%计提盈余公积，A公司和B公司在投资前无关联方关系。

②不考虑其他因素的影响。

要求：

(1)编制A公司2019年个别财务报表的相关会计分录，并计算2019年年末个别财务报表中该项长期股权投资的账面价值。

(2)编制A公司2020年度购买日个别财务报表的相关会计分录，并计算2020年年末个别财务报表中对B公司长期股权投资的账面价值。

(3)计算2020年1月1日购入B公司40%股权对合并财务报表中投资收益的影响金额。

(4)计算购买日在合并资产负债表中列示的商誉金额。

(5)编制A公司2020年合并财务报表的相关调整抵销分录。

参考文献

[1]中华人民共和国财政部．企业会计准则[M]．上海：立信会计出版社，2020.
[2]中国注册会计师协会．会计[M]．北京：中国财政经济出版社，2019.
[3]徐丽军，耿黎．高级财务会计[M]．北京：高等教育出版社，2019.
[4]游春晖，王菁．高级财务会计[M]．北京：清华大学出版社，2019.
[5]罗勇．高级财务会计[M]．上海：立信会计出版社，2018.
[6]傅荣．高级财务会计[M]．北京：中国人民大学出版社，2018.
[7]龙月娥．高级财务会计[M]．北京：中国人民大学出版社，2018.
[8]邵俊波．高级财务会计理论与实务[M]．上海：复旦大学出版社，2018.
[9]汤湘希．高级财务会计[M]．北京：经济科学出版社，2017.
[10]曲远洋．高级财务会计[M]．上海：上海财经大学出版社，2016.
[11]孙自愿，蒋卫东，李文美．高级财务会计学：理论与实务[M]．徐州：中国矿业大学出版社，2016.
[12]刘永泽，傅荣．高级财务会计[M]．大连：东北财经大学出版社，2015.